革命文献与民国时期文献
保护计划

成果

中国近代华侨教育史料丛编

华侨教育图书馆建设（暨南大学图书馆史料）卷 下

罗志欢
李炳球 ／编
刘 强

齊魯書社

洪年图书馆星期报告

（五月十日至十六日）

一、书报收入

中文 书籍卅二册 西文 书籍三册
中文 杂志卅五册 西文 杂志廿六册

二、借阅统计（五月五日至十一日）

来馆阅览共计 二五〇六人 每日平均三五五人
借出馆外共计 五四八人 每日平均七八人

三、款项出纳

旧管 二百三十二元二角九分 新收 无
开支 百五十一元九角五分 滚存 八十元零三角四分

四、馆务状况

付装书籍 无 装成书籍 十四册

入库书籍 中文 六十三册；西文 一百四十二册

编成卡目 中文 三百余张；西文 二百余张

五、馆员请假

曹 裕 续假 龙自强 事假四天

（《暨南校刊》1930 年第 67 期）

洪年图书馆阅览人数统计表

（十九年五月五日至五月十一日）

星期 时间	一		二		三		四		五		六		日		本周合计	每日平均
	A	B	A	B	A	B	A	B	A	B	A	B	A	B		
8—9			14	12	8	13	13	10	16	12	10	14	10	14	146	24
9—10	13	10	19	17	15	16	17	16	12	16	19	26	17	18	231	33
10—11	12	14	17	18	16	18	13	20	16	19	18	30	13	17	241	34
11—12	9	12	4	7	13	7	7	12	6	9	12	16	9	6	129	18
1—2	9	7	16	12	8	12	7	11	7	10			7	11	117	20
2—3	10	18	12	13	14	20	14	19	11	18			16	14	179	27
3—4	14	21	15	15	16	19	16	21	9	17			12	11	186	31
4—5	5	6	8	9	11	8	5	8	5	10			8	8	91	15
7—8	41	32	33	39	40	36	35	39	45	56			32	36	464	77
8—9	30	33	38	38	39	38	33	25	42	36			35	27	414	69
9—10	25	28	24	29	26	27	37	38	27	25			13	9	308	51
本日合计	168	181	200	209	206	214	197	219	196	228	59	86	172	171	2506	
每时平均	15	16	18	19	19	19	18	2	18	21	15	21	16	16	251	

A 阅览室　　B 杂志室

（《暨南校刊》1930 年第 67 期）

洪年图书馆阅览人数统计表

（十九年五月五日至五月十一日）

时间＼星期		一	二	三	四	五	六	日	本周合计	每日平均
上午	阅览室	34	54	52	50	50	59	49	348	50
	杂志室	36	54	54	58	56	86	55	399	57
	共计	70	108	106	108	106	145	104	747	107
下午	阅览室	38	51	49	42	32		43	255	43
	杂志室	50	49	59	59	55		44	318	53
	共计	90	100	108	101	87		87	573	96
晚间	阅览室	96	95	105	105	114		80	595	99
	杂志室	93	106	101	102	117		72	591	99
	共计	189	201	206	207	231		152	1186	198
总计		349	409	420	416	424	145	343	2506	401

（《暨南校刊》1930年第67期）

洪年图书馆各类图书借阅统计表

(十九年五月五日至五月十一日)

星期 类别	一	二	三	四	五	六	日	本周合计	每日平均	百分比
普通类	12	15	18	13	20	8	18	104	15	11.5
哲理科学	8	9	12	7	9	5	11	61	9	6.9
教育科学	13	19	18	9	10	6	11	86	12	9.3
社会科学	25	34	40	31	18	13	15	176	25	19.2
艺术	1		2	2		1	1	7	1	0.8
自然科学	9	12	16	14	9	10	13	83	12	9.2
应用科学	16	24	23	28	9	12	9	126	28	13.8
语言	2		3	1	9	3	1	19	3	2.3
文学	26	54	43	35	29	15	20	222	32	24.6
史地	4	5	2	4	9	2	2	28	4	3.1
总计	116	177	177	144	122	75	101	912	130	100.0

(《暨南校刊》1930 年第 67 期)

洪年图书馆图书借阅次数统计表

（十九年五月五日至五月十一日）

科别＼星期·性质·时间	星期一									星期二									星期三									星期四								
	借出				取阅				合计	借出				取阅				合计	借出				取阅				合计	借出				取阅				合计
	上午	下午	晚	共计	上午	下午	晚	共计		上午	下午	晚	共计	上午	下午	晚	共计		上午	下午	晚	共计	上午	下午	晚	共计		上午	下午	晚	共计	上午	下午	晚	共计	
中国文学系				9				5	14				12				11	23				8				4	12				11				5	16
英国文学系				2				1	3				4				3	7				2				2	4				2				5	7
数学系				2				1	3				5				2	7				3				1	4				6				2	8
教育系				7				8	15				10				7	17				19				12	31				4				9	13
政治系				8				9	17				15				12	27				26				13	39				28				3	31
法律系				2				1	3				2				1	3				2					2				2					2
商学院				5				7	12				18				13	31				15				10	25				10				12	22
大学预科																																				
高中部				16				13	29				16				12	28				18				9	27				9				6	15
初中部				8				5	13				10				9	19				14				7	21				12				3	15
教职员				3					3				5				1	6				5				1	6				6				2	8
历史系				2				1	3				6				3	9				2				1	3				2				4	6
生物系								1	1													2				1	3				1					1
总计				64				52	116				103				74	177				116				61	177				93				51	144

（续表）

星期 性质 时间 科别	星期五								合计	星期六								合计	星期日								合计	本周合计			每日平均			百分比
	借出				取阅					借出				取阅					借出				取阅					借出	取阅	合计	借出	取阅	合计	
	上午	下午	晚	共计	上午	下午	晚	共计		上午	下午	晚	共计	上午	下午	晚	共计		上午	下午	晚	共计	上午	下午	晚	共计								
中国文学系				15				5	20				3				3	6				8				2	10			101			14	10.7
英国文学系				1				1	2				3				1	4				4					4			31			4	3.0
数学系				2				2	4				2				1	3				5					5			34			5	3.8
教育系				7				6	13				2				8	10				14				9	23			122			17	13.0
政治系				5				6	11				2				8	10				6				3	9			144			21	16.0
法律系				2				1	3				1					1				1				1	2			17			2	1.4
商学院				8				9	17				5				10	15				10				6	16			138			20	15.0
大学预科																																		
高中部				13				13	26				9				6	15				11				8	19			158			23	17.6
初中部				5				8	13				3				4	7				5				4	9			97			14	10.7
教职员				7				1	8				2					2				4					2			37			5	3.8
历史系				5					5				2					2												28			4	3.1
生物系																														5			1	0.8
总计				70				52	122				34				41	75				68				33	101			912			130	100.0

（《暨南校刊》1930年第67期）

洪年图书馆新书目录

（民国十八年度下学期布告第五次
民国十九年五月廿九日）

书码	著者	书名	册数	发行处
		000 总记		
000.6-14		福州侨务公报	1	
010.5-14		国立中山大学图书馆周刊	4	
010.5-5		北平图书馆月刊	2	
020-162	阮　元	皇清经解	400	学海堂本
020-21	王先谦	皇清经解续编	320	南菁书院本
020.1-78	皮锡瑞	经学通论	5	上海涵芬楼
040.7-449	陶宗仪	说　郛	40	上海商务
042.6-775	罗大经	鹤林玉露	3	上海涵芬楼
052-1		一　般	5	
052-11.8		国学月报	1	
052-12		区政导报	1	
052-13.1		新　月	1	
052-13.6		新闽前锋	1	
052-4.41		中国公论	1	
052.09-13		新纪元周报	2	
052.4-13		新女性	3	

		100 哲理科学		
105 - 10.7		哲学评论	1	
178.505 - 8		拒毒月刊	1	
178.505 - 13		禁烟公报	1	
		200 教育科学		
202.214 - 806	吉林省教育厅	吉林省学校教育统计表	1	吉林教育厅
202.23 - 815	广州市教育厅	广州市教育统计	1	广州教育局
205.2 - 4.3		太仓教育	1	
205.2 - 6.2		吉林教育公报周刊	1	
205.2 - 10.1		国立浙江大学教育周刊	6	
205.2 - 12.3		湖南教育	2	
205.2 - 12.7		无锡教育	1	
205.2 - 14.1		广西教育	2	
206.2 - 806	二全教育会议	第二次全国教育会议日刊	1	
206.2 - 916	暨大南洋文化事业部	南洋华侨教育会议报告	1	上海暨大
210 - 535	程湘帆	中国教育行政	1	上海商务
210.5 - 4		国立中央大学教育行政周刊	4	
210.5 - 6		安徽教育行政周刊	1	
210.5 - 11		湖北教育行政周刊	1	

213.28－811-2	教育部	现行重要教育法令汇编	1	南京教育部
213.286－811	教育部	划一教育机关公文格式办法	1	上海中华
215.8－803	上海市教育局	业务报告	2	上海教育局
215.8－815	广州市教育局	广州市教育局报告书	1	广州教育局
228.5－3		上海中学校半月刊	1	
228.5－8		东北大学周刊	3	
228.5－11		国立劳动大学周刊	5	
228.5－11.1		国立大学联合会月刊	3	
228.5－11.4		清华周刊	3	
228.5－14.24		广东国民大学周刊	2	
237.6－811	教育部	幼稚园小学课程暂行标准	1	上海商务
237.7－811	教育部	中小学课程暂行标准	2	上海卿云图书公司

300　社会科学

310.5－12		统计月报	1	
310.5－12.4		社会月刊	2	
317.3385－3		上海货价季刊	1	
320.4－5		民众先锋	1	
320.4－6		再造旬刊	1	
320.4－9		前　进	1	

320.4－9.2	革命评论	1
320.4－13	新时代(月刊)	1
329.284－4.1	中央周报	3
329.284－10	训政旬刊	1
329.285－4	中央半月刊	1
329.285－6	血路(旬刊)	1
329.285－9	建国月刊	2
329.285－10	训练半月刊	1
330.5－13.6	经济半月刊	3
352.3－11	国民政府公报	7
352.31－5	立法院公报	1
352.34－6	行政院公报	10
352.361－4	内政公报	4
352.367－6	全国注册局公报	2
352.406－4	中央政治会议武汉分会月刊	1
352.406－4.1	中央政治会议广州分会月刊	1
352.406－6	江苏省政府公报	7
352.406－6.9	江苏旬刊	2
352.406－8	河南省政府公报	1
352.406－8.1	河北省政府公报	12
352.406－9	陕西省政府公报	11
352.406－12	湖北省政府公报	7
352.406－12.3	湖南省政府公报	9

352.406-14		福建省政府公报	10	
352.406-14.1		广东省政府公报	2	
352.406-14.2		广西公报(旬刊)	2	
352.445-10		浙江民政旬刊	2	
352.445-10.2		浙江民政月刊	4	
352.5-5		市政公报	1	
352.5-5.3		市政月刊	2	
352.5-6		汕头市政公报	3	
352.5-8		武汉市政公报	1	
352.5-9		首都市政公报	5	
352.5-13		汉口市政公报	1	
352.5-13.1		新汉口(月刊)	1	
370.6-6		江苏财政公报	3	
372.05-4		中央银行旬刊	1	
386.05-10		海事(月刊)	1	
388.05-10		航空杂志(月刊)	1	
397.05-5		民俗(周刊)	5	

400 艺术

420-841	商务印书馆	名人书画集	29	上海商务
428-834-1	文明书局	画册大观第一集	14	上海文明书局
428-834-2	文明书局	画册大观第二集	12	上海文明书局
428-834-3	文明书局	画册大观第三集	14	上海文明书局
428-836	有正书局	中国名画集	29	上海有正书局
428-836-2	有正书局	名画外集	34	上海有正书局
428.35-775	罗振玉	增订历代符牌图录	1	东方学会摹印本

428.51－248	周在浚等	天发神忏碑考	1	东方学会摹印本
432.32－841	涵芬楼印	西清续鉴	42	上海涵芬楼
433.32－841	涵芬楼印	宁寿鉴古	32	上海涵芬楼

500 自然科学

549.05－22		矿业周报	1	
550.5－6		地质汇报	1	

600 应用科学

610.5－19		医药评论(半月刊)	1	
610.5－6		安徽建设(月刊)	1	
620.5－9.4		建设公报	1	
620.52－4		工程(月刊)	1	
627.05－4		太湖流域水利季刊	2	
627.05－12		扬子江水道整理委员会月刊	1	
630.5－13		农声(月刊)	1	
630.6－13		农矿公报	6	
630.5－6		交通公报	11	
650.05－9		津浦之声(月刊)	1	
655.06－9		津浦铁路公报(月刊)	2	
655.06－21	沪宁沪杭甬管理局	铁路公报(旬刊)	10	
655.06－21－9		铁道公报	5	
660.5－34		工商半月刊	4	

660.5-11		国货月刊	1	
660.5-11.5		商业杂志(月刊)	1	
660.5-12		卷烟月刊	1	
660.5-15		潮梅商会联合会半月刊	1	
660.6-3		工商公报	5	
661.305-16		会计学报	1	
		800 文学		
823-393	徐孚远	钓璜堂存稿	8	金山姚氏刊本
826-312	俞 樾	俞曲园尺牍	2	上海商务
827.05-9		秋野(月刊)	3	
827.05-10		泰东月刊	3	
827.05-14		语丝(周刊)	5	
827.1-21	王文濡	古今说部丛书	60	上海中国图书公司
828.05-8		儿童世界(周刊)		
		900 地理历史		
920.5-11		国立中山大学语言历史学研究所周刊	3	
925.9-21	王国维	蒙古史料四种校注	4	北平清华研究院
920-08-2	丁 谦	浙江图书馆丛书	8	浙江图书馆校刊
920-16-151	李 济	安阳发掘报告	1	北平北海中央研究所

(《暨南校刊》1930年第67期)

洪年图书馆星期报告

(五月廿四日至卅日)

一、书报收入

中文书籍　四十一册　　西文书籍　四十八册
中文杂志　二十六册　　西文杂志　四十三册

二、借阅统计(五月十九日至廿五日)

来馆阅览共计一九八四人　每日平均三一〇人
借出馆外共计五八九人　　每日平均九二人

三、款项出纳

旧管　　四十元零四角九分
新收　　五百元
开支　　七十七元四角七分
滚存　　四百六十三元零二分

四、馆务状况

付装书籍　　无　　装成书籍　　无
入库书籍　十四册　　编成卡目　一千余张

五、馆员请假

曹　裕　出席远东运动会续假　　周梅安　事假半日

六、杂记

廿九日摄本馆全体人员合影及各室影片,为印刷年鉴之用。

云南教育厅考察员童仲华先生赠《扩张云南实业教育意见书》《云南温泉志补》《木砚斋讲演稿》《参观越南河内第六次市会记》《清代名媛诗录》及《云南地震考》各一册,即函谢。

(《暨南校刊》1930年第68期)

洪年图书馆阅览人数统计表

(十九年五月十九日至五月廿五日)

时间＼星期		一	二	三	四	五	六	日	本周合计	每日平均
上午	阅览室	30	37	56	59	50	42	38	312	45
	杂志室	31	48	56	39	57	67	42	340	48
	共计	61	85	112	98	107	109	80	652	93
下午	阅览室	39	57	56	56	37		39	284	47
	杂志室	46	54	58	53	52		39	302	50
	共计	85	101	114	109	89		78	586	97
晚间	阅览室	50	78	60	82	62		38	370	62
	杂志室	51	71	53	89	79		33	376	63
	共计	101	149	113	171	141		71	746	125
总计		247	345	339	378	337	109	229	1984	315

(《暨南校刊》1930年第68期)

洪年图书馆各类图书借阅统计表

（十九年五月十九日至五月廿五日）

类别＼星期	一	二	三	四	五	六	日	本周合计	每日平均	百分比
普通类	6	24	15	23	31	17	15	131	19	15.1
哲理科学	11	9	8	8	7	2	7	52	7	5.6
教育科学	15	13	9	8	12	8	5	70	10	7.9
社会科学	31	35	19	29	21	5	11	151	21	16.7
艺术		3	1	3	2	2		11	2	1.6
自然科学	19	9	8	11	9		5	61	9	7.1
应用科学	9	8	8	13	13	8	3	62	9	7.1
语言	3	4	2	2	2			13	2	1.7
文学	47	68	36	56	46	25	5	283	40	31.7
史地	14	6	11	5	5	2	9	52	7	5.6
总计	155	179	117	158	148	69	60	886	126	100.0

（《暨南校刊》1930 年第 68 期）

洪年图书馆阅览人数统计表

（十九年五月十九日至五月廿五日）

星期 时间	一		二		三		四		五		六		日		本周合计	每日平均
	A	B	A	B	A	B	A	B	A	B	A	B	A	B		
8—9			9	12	16	12	9	8	12	9	8	12	9	10	126	21
9—10	9	11	12	16	18	17	16	14	14	18	9	18	13	14	199	28
10—11	13	15	9	14	16	19	19	9	16	21	16	19	9	10	205	29
11—12	8	5	7	6	6	8	15	8	8	9	9	18	7	8	122	17
1—2	11	13	18	13	8	9	16	14	9	15			5	7	138	63
2—3	16	19	16	15	18	21	17	18	13	16			10	10	189	32
3—4	8	9	15	17	17	19	16	13	9	13			17	14	167	28
4—5	4	5	8	9	13	9	7	8	6	8			7	8	92	15
7—8	26	21	38	33	18	15	42	49	33	36			15	13	339	57
8—9	17	19	34	29	25	24	33	35	21	32			14	17	300	50
9—10	7	11	6	9	17	14	7	5	8	11			9	3	107	18
本日合计	119	128	172	173	172	167	197	181	149	188	42	67	115	114	1984	
每时平均	20	21	25	25	25	25	28	26	21	27	11	17	16	16	303	

A　阅览室　　B　杂志室

（《暨南校刊》1930 年第 68 期）

洪年图书馆图书借阅次数统计表

（十九年五月十九日至五月念五日）

科别＼星期／性质／时间	星期一		合计	星期二		合计	星期三		合计	星期四		合计
	借出	取阅		借出	取阅		借出	取阅		借出	取阅	
	上午 下午 晚 共计	上午 下午 晚 共计		上午 下午 晚 共计	上午 下午 晚 共计		上午 下午 晚 共计	上午 下午 晚 共计		上午 下午 晚 共计	上午 下午 晚 共计	
中国文学系	8	3	11	16	4	20	8	3	11	8	13	21
英国文学系	4	4	8	7	3	10	1	1	2	4	2	6
数学系	2	2	4	5	1	6	4		4	7	2	9
教育系	10	5	15	21	4	25	11	7	18	13	2	15
政治系	15	5	20	23	6	29	16	3	19	21	5	26
法律系	2	1	3	11	3	14	6		6			
商学院	13	12	25	9	13	22	11	12	23	19	13	32
大学预科												
高中部	24	8	32	21	14	35	9	6	15	15	11	26
初中部	10	4	14	6	5	11	13	3	16	13	9	22
教职员	9	2	11	5	2	7						
历史系	9	3	12					3	3			
生物系										1		1
总计	106	49	155	124	55	179	79	38	117	101	57	158

(续表)

星期 性质 时间 科别	星期五 借出 上午 下午 晚 共计	星期五 取阅 上午 下午 晚 共计	合计	星期六 借出 上午 下午 晚 共计	星期六 取阅 上午 下午 晚 共计	合计	星期日 借出 上午 下午 晚 共计	星期日 取阅 上午 下午 晚 共计	合计	本周合计 借出 取阅 合计	每日平均 借出 取阅 合计	百分比
中国文学系	9	13	22	3	1	4	2	1	3	92	13	10.3
英国文学系	3	2	5	1		1	4	3	7	39	6	4.8
数学系	5	1	6				2		2	31	4	3.2
教育系	15	5	20	6	3	9	4	3	7	109	16	12.7
政治系	12	4	16	3	2	5	2	3	5	120	17	13.5
法律系	3		3							26	4	3.2
商学院	9	11	20	3	5	8	3	3	6	126	18	14.3
大学预科												
高中部	14	9	23	18	13	31	15	3	18	180	26	20.6
初中部	14	6	20	3	4	7	9	1	10	100	14	11.1
教职员	6		6	2		2				26	4	3.2
历史系	5	1	6	2		2	1		2	25	4	
生物系	1		1							2		
总计	96	52	148	41	28	69	42	18	60	886	126	100.0

(《暨南校刊》1930年第68期)

洪年图书馆星期报告

（五月卅一日至六月六日）

一、书报收入

中文书籍	七十四册	西文书籍	二十七册
中文杂志	七十一册	西文杂志	二十七册

二、借阅统计(五月廿六日至六月一日)

来馆阅览共计	二四〇〇人	每日平均三七六人
借出馆外共计	六〇〇人	每日平均　九四人

三、款项出纳

旧管	四百六十三元零二分
新收	无
开支	一百九十九元四角七分五厘
滚存	二百六十三元五角四分五厘

四、馆务状况

付装书籍	无	装成书籍	无
入库书籍	中文廿九册 西文六　册		
抄成中文书目	十张	整理入库书籍	四百种

五、馆员请假

曹　裕　　出席远东运动会续假

六、杂记

商学院赠《中国逐渐采行金本位币制法草案》二册、《工商半月刊》二卷六号一册。

南京安徽中学赠该校第四届高中毕业纪念刊一册。

(《暨南校刊》1930 年第 69 期)

洪年图书馆阅览人数统计表

(十九年五月廿六日至六月一日)

时间＼星期		一	二	三	四	五	六	日	本周合计	每日平均
上午	阅览室	45	57	53	56	45	44	39	339	48
	杂志室	50	61	76	67	59	61	51	425	61
	共　计	95	118	129	123	104	105	90	764	109
下午	阅览室	44	54	65	50	55		23	291	49
	杂志室	46	61	68	62	66		42	345	57
	共　计	90	115	133	112	121		65	636	106
晚间	阅览室	92	71	78	94	96		62	493	82
	杂志室	93	74	90	98	85		67	507	85
	共　计	185	145	168	192	181		129	1000	167
共计		370	378	430	427	406	105	284	2400	382

(《暨南校刊》1930 年第 69 期)

洪年图书馆各类图书借阅统计表

(十九年五月廿六日至六月一日)

类别＼星期	一	二	三	四	五	六	日	本周合计	每日平均	百分比
普通类	27	26	38	16	12	6	3	128	18	13.4
哲理科学	6	7	12	11	8	4	2	50	7	5.2
教育科学	9	11	19	15	14	8	5	81	12	8.9
社会科学	19	32	28	26	21	16	12	154	22	16.4
艺术	5	3	2		3	1		14	2	1.5
自然科学	14	2	19	12	8	10	6	71	10	7.3
应用科学	24	10	18	15	14	12	11	104	15	11.1
语言	5	6	4		2			17	2	1.5
文学	53	49	45	28	55	21	12	263	38	28.4
史地	13	10	16	4	8	2	1	54	8	6.0
总计	175	156	201	127	145	80	52	936	134	100.0

(《暨南校刊》1930 年第 69 期)

洪年图书馆图书借阅次数统计表

（十九年五月念六日至六月一日）

星期 / 性质 / 时间 / 科别	星期一		合计	星期二		合计	星期三		合计	星期四		合计
	借出	取阅		借出	取阅		借出	取阅		借出	取阅	
	上午 下午 晚 共计	上午 下午 晚 共计		上午 下午 晚 共计	上午 下午 晚 共计		上午 下午 晚 共计	上午 下午 晚 共计		上午 下午 晚 共计	上午 下午 晚 共计	
中国文学系	13	2	15	4	6	10	5	12	17	9	5	14
英国文学系	7	3	10	4	5	9	7	6	13	4	5	9
数学系	3	1	4	3	2	5	8		8	1		1
教育系	13	4	17	13	4	17	16	10	26	14	8	22
政治系	21	9	30	20	6	26	14	5	19	6	3	9
法律系	6	1	7	3		3	2		2			
商学院	17	7	24	16	18	34	16	18	34	14	11	25
大学预科												
高中部	26	12	38	10	13	23	23	12	35	13	9	22
初中部	8	6	14	6	6	12	19	9	28	8	6	14
教职员	11	3	14	6	4	10	4	3	7	5	2	7
历史系	2		2	5		5	7		7	3		3
生物系					2	2	5		5	1		1
总计	127	48	175	90	66	156	126	75	201	78	49	127

（续表）

星期 / 性质 / 时间 / 科别	星期五		合计	星期六		合计	星期日		合计	本周合计			每日平均			百分比
	借出	取阅		借出	取阅		借出	取阅		借出	取阅	合计	借出	取阅	合计	
	上午 下午 晚 共计	上午 下午 晚 共计		上午 下午 晚 共计	上午 下午 晚 共计		上午 下午 晚 共计	上午 下午 晚 共计								
中国文学系	14	6	20	5	2	7	4	2	6			89			13	9.7
英国文学系	3	2	5	1	1	2		2	2			50			7	5.2
数学系	3	1	4	1		1		1	1			24			3	2.2
教育系	11	7	18	9	4	13	6	3	9			122			17	12.7
政治系	15	8	23	14	6	20	4	2	6			133			19	14.2
法律系	2		2	1		1						15			2	1.5
商学院	16	10	26	11	5	16	5	3	8			167			24	17.0
大学预科																
高中部	14	12	26	6	4	10	6	4	10			164			24	17.9
初中部	9	6	15	3	2	5	5	2	7			95			14	10.4
教职员	4		4	2	1	3		1	1			46			7	5.2
历史系	2		2	2		2	1	1	2			23			3	2.2
生物系												8			1	0.7
总计	93	52	145	55	25	80	31	21	52			936			134	100.0

（《暨南校刊》1930年第69期）

洪年图书馆阅览人数统计表

（十九年五月廿六日至六月一日）

时间＼星期	一		二		三		四		五		六		日		本周合计	每日平均
	A	B	A	B	A	B	A	B	A	B	A	B	A	B		
8—9			8	9	11	15	10	12	12	18	6	18	9	10	141	24
9—10	18	21	18	24	12	20	15	18	19	16	15	16	9	12	233	33
10—11	18	15	19	15	15	23	16	19	9	19	14	15	15	17	229	33
11—12	9	14	12	13	12	18	15	18	5	6	9	12	6	12	161	23
1—2	11	9	15	19	7	9	11	15	16	18			4	6	140	26
2—3	16	15	16	16	19	21	19	18	18	21			8	17	204	34
3—4	8	13	14	18	21	23	15	16	14	19			8	9	179	30
4—5	8	9	9	8	18	15	5	13	7	8			3	10	113	19
7—8	37	33	33	29	37	36	38	46	39	37			21	28	414	69
8—9	38	36	31	34	26	31	45	47	43	40			33	34	438	73
9—10	17	24	7	11	15	23	11	5	14	8			8	5	148	25
本日合计	181	189	182	196	196	234	200	227	196	210	44	61	124	160	2400	
每时平均	30	32	26	28	28	33	29	32	28	30	11	15	18	28	363	

A 阅览室　　B 杂志室

（《暨南校刊》1930 年第 69 期）

洪年图书馆阅览人数统计表

(十九年六月二日至六月八日)

时间 \ 星期		一	二	三	四	五	六	日	本周合计	每日平均
上午	阅览室	43	51	85	64	60	54	69	436	62
	杂志室	39	37	77	57	66	49	76	401	58
	共计	82	88	162	121	126	103	145	837	120
下午	阅览室	41	51	55	55	60		46	308	51
	杂志室	55	50	61	69	47		55	337	56
	共计	96	101	116	124	107		101	645	107
晚间	阅览室	107	100	111	107	100		66	591	98
	杂志室	114	98	104	107	105		91	619	103
	共计	221	198	215	214	205		157	1210	201
共计		399	387	493	459	438	103	403	2682	428

(《暨南校刊》1930 年第 72 期)

洪年图书馆各类图书借阅统计表

（十九年六月二日至六月八日）

类别＼星期	一	二	三	四	五	六	日	本周合计	每日平均	百分比
普通类	15	8	12	6	4	6	6	57	8	6.9
哲理科学	6	6	8	5	3	2	2	32	5	4.3
教育科学	8	11	12	12	9	8	4	64	9	7.8
社会科学	18	26	24	28	26	25	18	165	24	20.7
艺术		2	1	1		2	1	7	1	0.8
自然科学	4	8	10	13	14	11	7	67	10	8.4
应用科学	14	18	17	16	21	14	13	113	16	13.8
语言	2	1			1	2	1	7	1	0.8
文学	37	32	52	52	48	18	27	266	38	32.7
史地	5	4	8	5	4	3	4	33	5	4.3
总计	109	116	144	138	130	91	83	811	116	100.0

（《暨南校刊》1930 年第 72 期）

洪年图书馆图书借阅次数统计表

（十九年六月二日至六月八日）

星期／性质／时间／科别	星期一			星期二			星期三			星期四		
	借出	取阅	合计	借出	取阅	合计	借出	取阅	合计	借出	取阅	合计
	上午 下午 晚 共计	上午 下午 晚 共计		上午 下午 晚 共计	上午 下午 晚 共计		上午 下午 晚 共计	上午 下午 晚 共计		上午 下午 晚 共计	上午 下午 晚 共计	
中国文学系	6	11	17	5	6	11	12	8	20	6	4	10
英国文学系	2	1	3	1	1	2	1	2	3	3	1	4
数学系	2	1	3	2		2	1	2	3	1		1
教育系	9	5	14	9	7	16	16	14	30	14	8	22
政治系	13	8	21	11	6	17	8	4	12	12	8	20
法律系	1		1					1	1	2	2	4
商学院	14	11	25	16	4	20	15	13	28	16	11	27
大学预科												
高中部	7	6	13	14	9	23	14	10	24	12	9	21
初中部	6	3	9	8	6	14	8	6	14	12	7	19
教职员	2	1	3	6		6	6	1	7			
历史系				2	3	5	1		1	4	1	5
生物系							1		1	3	2	5
总计	62	47	109	74	42	116	83	61	144	85	53	138

（续表）

科别＼星期／性质／时间	星期五		合计	星期六		合计	星期日		合计	本周合计			每日平均			百分比
	借出	取阅		借出	取阅		借出	取阅		借出	取阅	合计	借出	取阅	合计	
	上午 下午 晚 共计	上午 下午 晚 共计		上午 下午 晚 共计	上午 下午 晚 共计		上午 下午 晚 共计	上午 下午 晚 共计								
中国文学系	3	2	5	4	2	6	6	3	9			78			11	9.4
英国文学系	2	1	3	1	1	2		1	1			17			2	1.7
数学系	2		2	1		1						12			2	1.7
教育系	12	7	19	6	3	9	11	4	15			125			18	15.5
政治系	14	12	26	10	4	14	8	5	13			123			18	15.5
法律系	2		2	1		1						9			1	0.9
商学院	12	12	24	12	6	18	6	4	10			162			23	19.8
大学预科																
高中部	16	13	29	10	8	18	12	8	20			148			21	18.1
初中部	8	6	14	5	4	9	5	6	11			90			13	11.2
教职员				8	1	9						25			4	3.4
历史系	3	2	5	2		2	2	2	4			22			3	2.6
生物系	1		1	2		2										
总计	75	55	130	62	29	91	50	33	83			811			116	100.0

（《暨南校刊》1930年第72期）

洪年图书馆阅览人数统计表

（十九年六月二日至六月八日）

时间＼星期	一		二		三		四		五		六		日		本周合计	每日平均
	A	B	A	B	A	B	A	B	A	B	A	B	A	B		
8—9			9	8	18	12	15	11	18	19	18	12	18	16	174	29
9—10	18	15	18	15	30	32	19	18	19	25	15	16	20	24	284	41
10—11	16	16	15	12	28	25	18	15	17	15	12	13	19	22	243	35
11—12	9	8	9	2	9	8	12	13	6	7	9	8	12	14	126	18
1—2	10	12	6	8	11	14	11	13	15	14			12	14	140	23
2—3	11	18	18	13	15	18	18	21	21	16			13	18	200	33
3—4	12	16	16	16	16	13	17	22	18	13			13	18	190	32
4—5	8	9	11	13	13	16	9	13	6	4			8	5	115	19
7—8	46	48	47	45	46	42	53	49	53	56			32	38	555	93
8—9	44	45	44	45	47	43	47	45	38	44			29	37	508	85
9—10	17	21	9	8	18	19	7	13	9	5			5	16	147	25
本日合计	191	208	202	185	251	242	226	233	220	218	54	49	181	222	2682	
每时平均	19	21	28	17	23	22	21	21	20	20	13	12	16	20	263	

A 阅览室　　B 杂志室

（《暨南校刊》1930 年第 72 期）

洪年图书馆星期报告

（六月七日至二十日）

一、书报收入

中文书籍　一百三十九册　西文书籍　八册
中文杂志　二百十六册　西文杂志　七十三册

二、借阅统计（六月九日至十五日）

来馆阅览共一二三七五人　每日平均　三九六人
借出馆外共四四五人　每日平均　七〇人

三、款项出纳

旧管　二百六十三元五角四分五厘
新收　无
开支　二百十元五角五分六厘
滚存　五十二元九角八分九厘

四、馆务状况

付装书籍　五百五十册　装成书籍　无
入库书籍　中文　四十册
　　　　　西文　五十五册　编成卡目　一千余册
抄成中文书目　二十二张　重整入库书籍　三百册

五、馆员请假

宋荫奎　　病假三日　　宋荫瀛　　病假二日

六、杂记

新派佐理员林大沾先生九日到馆办事。

曹裕先生九日到馆销假。

出版室赠《十万卷楼说诗文丛》二册。

郑校长赠《工商法规辑览》（卷一）、《票据法》二册、《工商浅说》十三册、《首都工人卫生展览会报告》、《工厂卫生》、《工人教育计划纲要》、《职工俱乐部计划大纲》各一册。

安徽教育厅编译处赠《一年来之安徽教育》一册。

中国公学赠《文理学院庚午级毕业纪念刊》一册。

总理奉安专刊编纂委员会赠《总理奉安实录》上下各一册。

中央执行委员会宣传部赠《工人救国》《国民政府建国大纲》《收回租界运动》《民权初步浅说》《革命青年》《总理谈话新编》《三民主义提要》《节制资本浅说》《关税自主与中国前途》《中俄关于中东路之交涉史略》《撤废领事裁判权运动》《农业政策浅说》《三民主义之认识》《国历之认识》《中国国民党宣言汇刊》《中央周报新年增刊》各一册。

邵挺先生赠喜士定《世界文艺丛书》一册。

季达先生赠《朝鲜华侨概况》一册。

以上赠书诸君当即随时分别函谢。

（《暨南校刊》1930年第74期）

洪年图书馆阅览人数统计表

(十九年六月九日至六月十五日)

时间＼星期		一	二	三	四	五	六	日	本周合计	每日平均
上午	阅览室	41	62	55	50	58	53	26	345	49
	杂志室	48	66	67	45	57	45	28	356	51
	共计	89	128	122	95	115	98	54	701	100
下午	阅览室	61	59	58	63	81		22	344	57
	杂志室	73	45	62	65	67		27	339	57
	共计	134	104	120	128	148		49	683	114
晚间	阅览室	107	120	126	101			59	513	103
	杂志室	110	100	119	103			46	478	96
	共计	217	220	245	204			105	991	199
共计		440	452	487	427	263	98	208	2375	413

(《暨南校刊》1930年第74期)

洪年图书馆各类图书借阅统计表

(十九年六月九日至六月十五日)

类别＼星期	一	二	三	四	五	六	日	本周合计	每日平均	百分比
普通类	12	7	8	7	11	6	3	54	8	7.6
哲理科学	4	5	4	9	6	8	2	38	5	4.8
教育科学	8	8	9	11	11	12	5	63	9	8.9
社会科学	16	21	24	18	22	26	8	135	19	18.1
艺术	2	1		1		1		5	1	0.1
自然科学	8	10	13	10	13	14	3	71	10	9.5
应用科学	13	16	19	13	16	18	6	101	14	13.3
语言	4	3	2	4		3		16	2	1.9
文学	33	37	30	39	31	24	13	207	30	28.6
史地	5	8	6	6	8	4	6	43	6	5.7
总计	105	116	115	118	118	116	46	734	105	100.0

(《暨南校刊》1930年第74期)

洪年图书馆阅览人数统计表

（十九年六月九日至六月十五日）

时间＼星期	一		二		三		四		五		六		日		本周合计	每日平均
	A	B	A	B	A	B	A	B	A	B	A	B	A	B		
8—9			12	9	16	18	19	10	15	13	10	9	5	6	142	24
9—10	16	21	18	19	15	22	12	15	18	19	18	15	7	10	225	32
10—11	12	15	17	21	16	18	15	13	16	17	16	13	12	8	209	30
11—12	13	12	15	17	8	9	4	7	9	8	9	8	2	4	125	18
1—2	14	18	18	16	13	16	13	16	11	13			6	5	159	27
2—3	19	23	15	13	21	25	16	13	28	19			5	7	204	34
3—4	18	19	18	11	18	13	21	18	26	21			8	10	101	33
4—5	10	13	8	5	6	8	13	18	16	14			3	5	119	20
7—8	46	49	53	38	57	51	49	58					27	21	449	90
8—9	45	42	54	45	44	50	45	39					22	18	404	81
9—10	16	19	13	17	25	18	7	6					10	7	138	28
本日合计	209	231	241	211	229	248	214	213	139	124	53	45	107	101	2375	
每时平均	21	23	22	19	22	22	20	19	17	16	13	11	10	9	244	

A 阅览室　　B 杂志室

（《暨南校刊》1930 年第 74 期）

洪年图书馆图书借阅次数统计表

（十九年六月九日至六月十五日）

星期 / 性质 / 时间 / 科别	星期一			星期二			星期三			星期四		
	借出	取阅	合计	借出	取阅	合计	借出	取阅	合计	借出	取阅	合计
	上午 下午 晚 共计	上午 下午 晚 共计		上午 下午 晚 共计	上午 下午 晚 共计		上午 下午 晚 共计	上午 下午 晚 共计		上午 下午 晚 共计	上午 下午 晚 共计	
中国文学系	6	5	11	4	2	6	6	5	11	6	6	12
英国文学系		2	2	4	5	9	4	4	8	4	6	10
数学系	2	1	3	2		2				1	2	3
教育系	8	5	13	6	5	11	8	4	12	8	6	14
政治系	11	8	19	12	6	18	13	5	18	12	2	14
法律系	1		1	4		4				4		4
商学院	8	6	14	14	11	25	14	12	26	12	10	22
大学预科												
高中部	12	8	20	13	8	21	9	8	17	8	6	14
初中部	9	7	16	6	3	9	8	3	11	6	4	10
教职员	4	2	6	3	2	5	4	2	6	8		8
历史系				1		1						
生物系				3	2	5	4	2	6	4	3	7
总计	61	44	105	72	44	116	70	45	115	73	45	118

（续表）

科别（星期 / 性质 / 时间）	星期五 借出（上午 下午 晚 共计）	星期五 取阅（上午 下午 晚 共计）	合计	星期六 借出（上午 下午 晚 共计）	星期六 取阅（上午 下午 晚 共计）	合计	星期日 借出（上午 下午 晚 共计）	星期日 取阅（上午 下午 晚 共计）	合计	本周合计 借出	本周合计 取阅	本周合计 合计	每日平均 借出	每日平均 取阅	每日平均 合计	百分比
中国文学系	6	3	9	4	5	9	5	3	8			66			9	9
英国文学系	2	2	4	1	2	3	3	1	4			40			6	5.7
数学系	2		2	3	1	4	2		2			16			2	1.9
教育系	7	4	11	8	3	11	4	4	8			80			11	10.9
政治系	11	8	19	12	6	18	2	2	4			110			16	15.1
法律系	2		2		2	2	1		1			14			2	1.9
商学院	12	8	20	9	12	21	6		6			134			19	18.1
大学预科																
高中部	13	9	22	11	8	19	5	3	8			121			17	16.2
初中部	9	6	15	5	6	11	3	2	5			77			11	10.9
教职员	4	2	6	8	1	9						40			6	5.7
历史系	2	1	3	1	2	3						7			1	0.1
生物系	3	2	5	3	3	6						29			4	3.8
总计	73	45	118	65	51	116	31	15	46			734			105	100.0

（《暨南校刊》1930年第74期）

洪年图书馆星期报告

（六月廿一日至廿七日）

一、书报收入

中文书籍　十八册　中文杂志　一百三十九册

西文书籍　十四册　西文杂志　廿五册

二、借阅统计（六月十六日至廿二日）

来馆阅览共计　四〇九九人

每日平均　六四〇人

借出馆外共计　无（因暑假期近书籍不再借出）

每日平均　无

三、款项出纳

旧管　五十二元九角八分九厘

新收　七元

开支　三元九角

滚存　五十六元零八分九厘

四、馆务状况

付装书籍　无

装成书籍　无

入库书籍　中文　六十册

　　　　　西文　无

编成卡目	一千余张
抄成中文书目	六张
整理入库书籍	一百六十册(装成四十册)

五、馆员请假

鲍益清　　病假二日

(《暨南校刊》1930 年第 75 期)

洪年图书馆星期报告

(六月廿八日至七月四日)

一、书报收入

中文书籍	七十七册	中文杂志	八十一册
西文书籍	五册	西文杂志	三十二册

二、借阅统计(六月廿三日至廿九日)

来馆阅览共计	三四〇二人
每日平均	五三二人
借出馆外共计	无(暑期中不借书出馆)
每日平均	无

三、款项出纳

旧管	五十六元零八角九分
新收	无

开支　　无

滚存　　五十六元零八角九分

四、馆务状况(有一部分暂告结束)

付装书籍　　无

装成书籍　　无

入库书籍　　无

改编卡目　　一千余张

整理入库书籍　七月四日全体馆员帮同整理业已完竣

五、馆员请假

孙岫人　　事假四天

宋荫瀛　　事假一天

六、杂记

刘弘济先生赠《大同学述要》一册,即函谢。

规定时期阅览时间自七月七日起至八月三十一日止,暂为改定上午八时至十一时,下午二时至四时,晚间七时至九时。惟星期六下午及星期日停止开放。

(《暨南校刊》1930年第75期)

洪年图书馆阅览人数统计表

(十九年六月十六日至六月二十二日)

时间 \ 星期		一	二	三	四	五	六	日	本周合计	每日平均
上午	阅览室	40	71	82	85	73	115	128	594	85
	杂志室	39	66	104	84	63	98	136	590	84
	共计	79	137	186	169	136	213	264	1184	169
下午	阅览室	57	86	116	151	146		94	650	93
	杂志室	60	98	127	132	138		97	652	93
	共计	117	184	243	283	284		191	1302	186
晚间	阅览室	128	136	144	127	137		141	813	116
	杂志室	123	149	146	134	125		123	800	114
	共计	251	285	290	261	262		264	1613	230
共计		454	611	719	713	628	213	719	4099	585

(《暨南校刊》1930年第75期)

洪年图书馆各类图书借阅统计表

(十九年六月十六日至六月二十二日)

类别\星期	一	二	三	四	五	六	日	本周合计	每日平均	百分比
普通类	6	7	11	6	12	4	3	49	7	7.8
哲理科学	3	5	6	8	11	3	2	38	5	5.5
教育科学	6	8	9	13	12	5	2	55	8	8.9
社会科学	18	16	29	21	28	16	11	139	20	22.2
艺术	1	1	3					5	1	1.1
自然科学	8	6	11	8	16	9	4	62	9	10.0
应用科学	16	15	18	14	14	11	5	93	13	14.4
语言	2	1						3	1	1.1
文学	17	21	26	14	26	16	10	130	19	21.1
史地	5	8	12	9	11	4	2	51	7	7.8
总计	82	88	125	93	130	68	39	625	90	100.0

(《暨南校刊》1930年第75期)

洪年图书馆图书借阅次数统计表

（十九年六月十六日至六月廿二日）

星期 / 性质 / 时间 / 科别	星期一		合计	星期二		合计	星期三		合计	星期四		合计
	借出	取阅		借出	取阅		借出	取阅		借出	取阅	
	上午 下午 晚 共计	上午 下午 晚 共计		上午 下午 晚 共计	上午 下午 晚 共计		上午 下午 晚 共计	上午 下午 晚 共计		上午 下午 晚 共计	上午 下午 晚 共计	
中国文学系		8			5			8			8	
英国文学系		4			5			4			4	
数学系		1						4			3	
教育系		8			12			21			7	
政治系		9			14			33			18	
法律系		1						2			7	
商学院		21			13			9			14	
大学预科												
高中部		19			24			26			16	
初中部		7			8			8			9	
教职员		2			3			2			4	
历史系		2			4			5			2	
生物系								3			1	
总计		82			88			125			93	

（续表）

星期/性质/时间/科别	星期五		合计	星期六		合计	星期日		合计	本周合计			每日平均			百分比
	借出	取阅		借出	取阅		借出	取阅		借出	取阅	合计	借出	取阅	合计	
	上午 下午 晚 共计	上午 下午 晚 共计		上午 下午 晚 共计	上午 下午 晚 共计		上午 下午 晚 共计	上午 下午 晚 共计								
中国文学系		9			6			4				48			7	7.7
英国文学系		6			2			4				29			4	4.4
数学系		4			2							14			2	2.2
教育系		6			7			3				64			9	10.0
政治系		31			8			5				118			17	18.9
法律系		4			7							21			3	3.3
商学院		23			8			4				92			13	14.4
大学预科																
高中部		21			16			8				130			19	21.1
初中部		12			7			5				56			8	8.8
教职员		4										15			2	2.2
历史系		6			3			4				26			4	4.4
生物系		4			2			2				12			2	2.2
总计		130			86			39				625			90	100.0

（《暨南校刊》1930年第75期）

洪年图书馆阅览人数统计表

（十九年六月十六日至六月廿二日）

星期／时间	一		二		三		四		五		六		日		本周合计	每日平均
	A	B	A	B	A	B	A	B	A	B	A	B	A	B		
8—9			25	13	23	25	22	18	21	19	28	23	41	43	301	50
9—10	11	10	23	20	26	28	28	25	23	21	35	31	45	51	377	54
10—11	16	12	16	18	18	27	26	24	16	14	34	29	32	34	316	45
11—12	13	12	12	15	15	24	19	17	13	9	18	15	10	8	200	29
1—2	14	13	21	23	36	39	36	38	41	46			28	29	364	61
2—3	17	15	25	28	29	41	45	41	42	35			25	32	375	63
3—4	13	18	22	26	28	29	41	35	40	39			25	27	343	57
4—5	13	14	18	21	23	18	29	18	23	18			16	9	220	37
7—8	54	49	53	58	57	59	63	67	64	62			64	54	704	117
8—9	55	53	53	64	63	60	57	62	54	49			59	57	686	114
9—10	19	21	30	27	24	27	7	5	19	14			18	12	223	37
本日合计	225	217	298	313	342	377	363	350	356	326	115	98	363	356	4099	
每时平均	22	22	27	28	31	34	33	32	33	30	29	25	33	32	411	

A 阅览室　　B 杂志室

（《暨南校刊》1930 年第 75 期）

洪年图书馆阅览人数统计表

（十九年六月二十三日至六月二十九日）

时间 \ 星期		一	二	三	四	五	六	日	本周合计	每日平均
上午	阅览室	79	114	88	116	65	65	42	569	81
	杂志室	69	115	80	123	64	66	43	560	80
	共　计	148	229	168	239	129	131	85	1129	161
下午	阅览室	140	110	87	70	75		31	513	86
	杂志室	146	111	90	77	61		34	519	86
	共　计	286	221	177	147	136		65	1032	172
晚间	阅览室	164	142	157	71	49		34	617	103
	杂志室	161	150	152	85	50		26	624	104
	共　计	325	292	309	156	99		60	1241	207
共计		759	742	654	542	364	131	210	3402	540

（《暨南校刊》1930 年第 75 期）

洪年图书馆阅览人数统计表

（十九年六月二十三日至六月二十九日）

时间＼星期	一		二		三		四		五		六		日		本周合计	每日平均
	A	B	A	B	A	B	A	B	A	B	A	B	A	B		
8—9			28	26	21	20	32	35	21	25	22	24	11	13	278	46
9—10	26	24	36	38	28	25	34	37	16	14	18	19	14	16	345	49
10—11	35	29	35	34	26	24	28	32	20	18	16	18	12	11	338	48
11—12	18	16	15	17	13	11	22	19	8	7	9	5	5	3	168	24
1—2	38	39	31	35	18	19	16	18	9	11			8	9	251	42
2—3	41	43	32	33	26	30	21	24	23	18			7	8	306	51
3—4	45	46	31	28	25	28	25	26	25	23			11	14	327	55
4—5	14	18	16	15	18	13	8	9	18	9			5	3	148	25
7—8	64	64	64	67	66	64	39	45	26	22			17	13	551	92
8—9	64	64	61	64	63	64	27	21	17	20			15	11	491	82
9—10	36	33	17	19	28	24	5	19	6	8			2	2	199	33
本日合计	383	376	366	376	332	322	257	285	189	175	65	66	107	103	3402	
每时平均	38	38	33	34	30	29	23	26	17	16	14	14	10	9	331	

A 阅览室　　B 杂志室

（《暨南校刊》1930 年第 75 期）

洪年图书馆各类图书借阅统计表

（十九年六月二十三日至六月二十九日）

类别 \ 星期	一	二	三	四	五	六	日	本周合计	每日平均	百分比
普通类	6	4	6	4	7	5	4	36	5	4.9
哲理科学	4	5	8	5	6	6	6	40	6	5.8
教育科学	6	6	11	8	12	8	8	59	8	7.4
社会科学	23	20	23	21	18	24	8	137	20	19.4
艺术			2			2	3	7	1	0.9
自然科学	13	11	15	18	16	19	9	101	14	13.6
应用科学	11	9	21	19	16	17	5	98	14	13.6
语言				2			5	7	1	0.9
文学	26	29	25	31	28	23	11	173	25	23.3
史地	9	13	9	11	14	7	3	66	9	8.7
总计	98	97	120	119	117	111	62	724	103	100.0

（《暨南校刊》1930 年第 75 期）

洪年图书馆图书借阅次数统计表

（十九年六月廿三日至六月二十九日）

星期 / 性质 / 时间 / 科别	星期一			星期二			星期三			星期四		
	借出	取阅	合计	借出	取阅	合计	借出	取阅	合计	借出	取阅	合计
	上午 下午 晚 共计	上午 下午 晚 共计		上午 下午 晚 共计	上午 下午 晚 共计		上午 下午 晚 共计	上午 下午 晚 共计		上午 下午 晚 共计	上午 下午 晚 共计	
中国文学系		3			4			6			8	
英国文学系		2			3			4			5	
数学系		3			2			5			3	
教育系		8			6			9			8	
政治系		18			15			16			17	
法律系		2			3			5			4	
商学院		13			14			18			16	
大学预科												
高中部		21			26			28			26	
初中部		16			14			18			21	
教职员												
历史系		8			6			8			6	
生物系		4			4			3			5	
总计		98			97			120			119	

(续表)

星期 / 性质 / 时间 / 科别	星期五		合计	星期六		合计	星期日		合计	本周合计	每日平均	百分比
	借出	取阅		借出	取阅		借出	取阅		借出 取阅 合计	借出 取阅 合计	
	上午 下午 晚 共计	上午 下午 晚 共计		上午 下午 晚 共计	上午 下午 晚 共计		上午 下午 晚 共计	上午 下午 晚 共计				
中国文学系		4			3			4		32	5	4.9
英国文学系		8			5			4		31	4	3.9
数学系		4			2			1		20	3	2.9
教育系		13			11			9		64	9	8.7
政治系		18			13			11		108	16	15.5
法律系		2			1					17	2	1.9
商学院		14			15			9		99	14	13.6
大学预科												
高中部		29			36			10		176	25	24.2
初中部		17			18			11		115	16	15.2
教职员												
历史系		5			6			3		42	6	5.8
生物系		3			1					20	3	2.9
总计		117			111			62		724	103	100.0

(《暨南校刊》1930年第75期)

洪年图书馆星期报告

（九月九日至十六日）

一、书报收入

中文书籍　一四二
中文杂志　八九
西文书籍　一四
西文杂志　五三

二、借阅统计

来馆阅览共计　八一二人
每日平均　一一六人
借出馆外共计　三一五人
每日平均　四五人

三、款项出纳

旧管　十三元四角二分九厘
新收　五百元
开支　一百零三角二分
滚存　四百一十三元一角零九厘

四、编目

西文　一百廿三本

五、馆员请假

沈景乾请假两日。

（《暨南校刊》1930 年第 82 期）

洪年图书馆借书规则

一、教员借书规则

（一）凡本校教员，均有借书权利，但每学期开始教员初次借书应由教务处来函介绍，以为根据。

（二）凡教科用书待借取一学期参考书，借期以四星期为限，总数至多不得过二十本。

（三）借书人不得私自将本馆书籍转借他人。

（四）如有因事离校者，请将所借书籍及所领借书证交还本馆。

（五）损失书籍照书价加倍赔偿。

二、学生借书规则

（一）本学期领取借书证及阅书证一律以注册证为凭。

（二）用借书证借书得借出馆外，阅书证借书只准在馆内借阅。

（三）借书证每张得借一册，借期以两星期为限。

（四）过期一日，罚大洋二分，罚款未交不能再借。

（五）借书证或阅书证遗失声明补给须缴大洋两角。

（六）借书证或阅书证遗失，在未声明补给之前，借出书籍应由原领证人负责。

(七)损失书籍照书价加倍赔偿。

三、附上学期学生借书未还一览

借书证号数	姓　名	书　名	备　注
34	王希唐	*Accounting Theory*	
53	李禄寿	*Writing of Today*	
373	陈德峤	*History of Political Theories*	
555	岑立善	小仙源	
815	施晓清	物理学讲义(卷二)	
864	李梦伊	*Elementary Psychology*	
881	徐光明	思维术	
905	卢冠群	*A Principle of Economics*	
906	卢冠群	*Democracy and Organization of Political Parties*	
918	周日毅	秀州中学详章	
965	陈毓泰	*Golden Treasury of Irish Verse*	
1091	周鸿西	*American Political Theories*	
1092	周鸿西	*Foreign Relations of China*	
1164	乔　岳	朱子学派(四)	
1286	张曙光	*The Blue Bird*	
1073	赵骅骝	板桥文集(一)	
1074	赵骅骝	板桥文集(三)	
622	叶余生	板桥文集(二)	

上列诸君请将所借书籍即速归还,否则取消借书权。

借书证遗失声明

吴克家借书证 742 号遗失,已来馆声明另行补给。以后原借书证发现作废。特此登刊申明。

(《暨南校刊》1930 年第 82 期)

洪年图书馆阅览人数统计表

（十九年九月十五日至九月廿一日）

时间＼星期		一	二	三	四	五	六	日	本周合计	每日平均
上午	阅览室	27	15	16	29	28	32	18	165	24
	杂志室	35	22	22	37	32	34	20	202	29
	共　计	62	37	38	66	60	66	83	367	53
下午	阅览室	16	14	20	30	30		14	124	21
	杂志室	21	24	28	37	36		18	164	27
	共　计	37	38	48	67	66		32	288	48
晚间	阅览室	13	13	21	16	18		19	100	17
	杂志室	18	18	18	20	20		19	113	19
	共　计	31	31	39	36	38		38	213	36
共计		130	106	125	169	164	66	108	868	137

(《暨南校刊》1930 年第 83 期)

洪年图书馆阅览人数统计表

（十九年九月十五日至九月廿一日）

时间＼星期	一		二		三		四		五		六		日		本周合计	每日平均
	A	B	A	B	A	B	A	B	A	B	A	B	A	B		
8—9	4	6	2	4	3	2	4	6	4	7	4	6	3	2	57	8
9—10	8	11	4	5	4	6	10	13	9	11	9	10	5	6	111	16
10—11	10	12	6	8	5	9	11	12	11	8	15	13	7	9	136	19
11—12	5	6	3	5	4	5	4	6	4	6	4	5	3	3	63	9
1—2	2	3	1	3		3	5	8	4	5			2	3	41	6
2—3	4	4	3	6	5	8	9	9	8	12			5	6	79	11
3—4	8	10	8	11	9	11	12	14	12	15			4	7	121	17
4—5	2	4	2	4	4	6	4	6	6	4			3	2	47	7
7—8	4	5	2	6	5	6	4	6	4	6			4	6	58	8
8—9	6	7	8	10	11	9	10	11	9	11			11	8	111	16
9—10	3	6	3	2	5	3	2	3	5	3			4	5	44	6
本日合计	56	74	42	64	57	68	75	94	75	88	32	34	51	57	868	
每时平均	5	7	4	6	5	6	7	9	7	8	8	9	5	5	91	

A 阅览室　　B 杂志室

（《暨南校刊》1930 年第 83 期）

洪年图书馆图书借阅次数统计表

（十九年九月十五日至九月廿一日）

星期／性质／时间／科别	星期一			星期二			星期三			星期四			星期五			星期六			星期日			本周合计	每日平均	百分比
	借出共计	取阅共计	合计	借出共计	取阅共计	合计	借出共计	取阅共计	合计	借出共计	取阅共计	合计	借出共计	取阅共计	合计	借出共计	取阅共计	合计	借出共计	取阅共计	合计	合计	合计	
文学院	2	8		2	4		3	6		2	5		3	3		3	2		2	5		50	7	14.9
理学院	1	2			2			1		1	2		2	3		2	1		1	1		19	3	6.4
商学院	2	4		3	4		2	4		3	4		3	5		4	3		2	2		45	6	12.8
法学院		1								1	1					2	1		1			7	1	2.1
高中部	1	8		1	5			7		6	8		6	8		6	5		3	4		68	10	21.3
初中部		4		2	3			5		4	7		2	7		5	4		2	3		48	7	14.9
教员	2	2		3	2		5	1		3	1		6	2		4						31	4	8.5
职员	2	3		3	1		2			2			3	2		3						21	3	6.4
教育学院		2		2	4		3	4		2	4		5	4		3	4		3	2		42	6	12.8
总计	10	34	44	16	25	41	15	28	43	24	32	56	30	34	64	32	20	52	14	17	31	331	47	100.0

（《暨南校刊》1930年第83期）

洪年图书馆各类图书借阅统计表

(十九年九月十五日至九月廿一日)

类别 \ 星期	一	二	三	四	五	六	日	本周合计	每日平均	百分比
普通类	6	4	3	4	6	4	2	29	4	8.5
哲理科学	4	2	2	3	4	3	2	20	3	6.4
教育科学	5	7	5	4	3	2	4	30	4	8.5
社会科学	8	9	10	12	8	6	8	61	9	20.0
艺术				1				1	0	0
自然科学	5	3	5	4	6	4	5	32	5	10.6
应用科学	6	8	9	7	6	5	7	48	7	14.9
语言	2	1		3	1			7	1	2.1
文学	6	4	8	14	26	26	3	87	12	25.5
史地	2	3	1	4	4	2		16	2	4.3
总计	44	41	43	56	64	52	31	331	47	100.0

(《暨南校刊》1930年第83期)

洪年图书馆阅览人数统计表

(十九年九月廿二日至九月廿八日)

时间 \ 星期		一	二	三	四	五	六	日	本周合计	每日平均
上午	阅览室	34	34	45	34	38	38	21	244	35
	杂志室	44	36	57	37	35	42	24	275	39
	共　计	78	70	102	71	73	80	45	519	74
下午	阅览室	34	45	42	38	32		21	212	35
	杂志室	38	45	40	40	46		23	232	39
	共　计	72	90	8	78	78		44	444	74
晚间	阅览室	22	23	35	27	28		12	147	24
	杂志室	24	23	32	27	27		32	155	26
	共　计	46	46	67	54	55		34	302	50
共计		196	206	251	203	206	80	123	1265	198

(《暨南校刊》1930 年第 83 期)

洪年图书馆阅览人数统计表

（十九年九月廿二日至九月廿八日）

时间＼星期	一		二		三		四		五		六		日		本周合计	每日平均
	A	B	A	B	A	B	A	B	A	B	A	B	A	B		
8—9	4	8	3	5	6	9	6	4	4	6	8	10	5	3	81	12
9—10	11	13	9	13	15	21	9	13	14	12	12	16	6	8	172	24
10—11	14	16	15	14	18	20	15	14	16	14	14	14	9	11	204	29
11—12	5	7	7	4	6	7	4	6	4	3	4	2	1	2	62	9
1—2	6	6	8	6	8	9	6	8	8	10			4	3	80	13
2—3	11	14	16	18	14	15	12	16	12	18			6	8	160	27
3—4	13	14	17	16	16	13	15	14	8	16			8	10	160	27
4—5	6	4	4	5	4	3	5	2	4	2			3	2	44	6
7—8	3	8	8	9	12	9	7	6	5	8			3	8	86	14
8—9	13	12	12	11	18	17	16	18	16	14			5	12	164	27
9—10	6	4	3	3	5	6	4	3	7	5			4	2	52	9
本日合计	90	106	102	104	122	129	99	104	98	108	38	42	54	69	1265	
每时平均	8	10	9	9	11	12	9	9	9	10	10	10	5	6	127	

（《暨南校刊》1930 年第 83 期）

洪年图书馆图书借阅次数统计表

（十九年九月廿二日至九月廿八日）

星期／性质／时间／科别	星期一			星期二			星期三			星期四			星期五			星期六			星期日			本周合计	每日平均	百分比
	借出	取阅	合计	借出	取阅	合计	借出	取阅	合计	借出	取阅	合计	借出	取阅	合计	借出	取阅	合计	借出	取阅	合计			
	共计	共计		共计	共计		共计	共计		共计	共计		共计	共计		共计	共计		共计	共计		合计	合计	
文学院	9	11		6	9		14	12		8	7		14	12		6	4		7	2		121	17	13.4
理学院	6	8		8	8		7	6		6	3		8	6		6	2		5	1		80	11	8.6
商学院	12	5		13	15		12	9		10	12		12	8		8	6		6	4		132	19	14.9
法学院	17	12		16	17		18	11		14	12		26	16		10	7		6	3		185	26	20.5
高中部	8	7		11	12		14	7		13	8		5	6		6	5		5	4		111	16	12.6
初中部	6	4		8	9		12	5		12	9		4	4		4	4		4	4		89	13	10.2
教员	4	2		5	4		8	4		6	2		6	2		3	1					47	7	5.5
职员	3	1		2	4		6	2		1			5	1		1			1	1		28	4	3.2
教育学院	9	7		8	2		12	3		8	5		14	13		5	5		3	4		98	14	11.0
总计	74	57	131	77	80	157	103	59	162	78	58	136	94	68	162	49	34	83	37	23	60	891	127	100.0

（《暨南校刊》1930年第83期）

洪年图书馆星期报告

(十月一日至七日)

一、书报收入

中文书籍	六册
中文杂志	一〇八册
西文书籍	五册
西文杂志	六八册

二、借阅统计

来馆阅览统计	一六〇七人
每日平均	二二九人
借出馆外共计	一二六一人
每日平均	一八〇人

三、款项出纳

旧管	三十五元一角八分四厘
新收	五百元
开支	四百二十元零五角五厘
滚存	一百十四元六角七分九厘

四、编目

中文	廿八册
西文	五册旧书改编十二册

五、馆员请假

林大沾续假二星期

尹矞川请假一星期

（《暨南校刊》1930年第84期）

洪年图书馆阅览人数统计表

（十九年九月廿九日至十月五日）

时间＼星期		星期一	星期二	星期三	星期四	星期五	星期六	星期日	本周合计	每日平均
上午	阅览室	29	46	47	51	51	59	25	308	44
	杂志室	30	50	40	61	60	59	31	331	47
	共计	59	96	87	112	111	118	56	639	91
下午	阅览室	42	51	52	55	48		26	274	46
	杂志室	42	52	44	58	54		23	273	45
	共计	84	103	96	113	102		49	547	91
晚间	阅览室	28	36	35	38	40		28	205	34
	杂志室	29	32	44	44	42		25	216	36
	共计	57	68	79	82	82		53	421	70
总计		200	267	262	307	295	118	158	1607	252

（《暨南校刊》1930年第84期）

洪年图书馆阅览人数统计表

（十九年九月廿九日至十月五日）

星期 时间	星期一		星期二		星期三		星期四		星期五		星期六		星期日		本周合计	每日平均
	A	B	A	B	A	B	A	B	A	B	A	B	A	B		
8—9	4	5	8	12	7	5	8	12	7	8	12	11	3	5	107	15
9—10	8	10	15	17	14	13	16	17	19	23	18	17	11	12	210	30
10—11	12	11	18	18	19	16	21	24	18	24	23	24	8	10	246	35
11—12	5	4	5	3	7	6	6	8	7	5	6	7	3	4	76	11
1—2	7	6	11	8	8	4	9	12	4	6			4	2	18	14
2—3	12	14	16	17	16	14	16	18	16	18			8	10	175	29
3—4	15	16	20	21	22	19	24	21	21	24			12	8	223	37
4—5	8	6	4	6	6	7	6	7	7	6			2	3	68	11
7—8	8	12	12	10	13	15	8	14	16	12			8	5	133	22
8—9	16	14	16	18	14	23	24	26	18	23			14	16	222	37
9—10	4	3	8	4	8	6	6	4	6	7			6	4	66	11
本日合计	99	101	133	134	134	128	144	163	139	156	59	59	79	79	1007	
每时平均	9	9	12	12	12	11	13	15	13	14	14	15	7	7	103	

A 阅览室　　B 杂志室

（《暨南校刊》1930 年第 84 期）

洪年图书馆各类图书借阅统计表

（十九年九月廿九日至十月五日）

类别 \ 星期	一	二	三	四	五	六	日	本周合计	每日平均	百分比
普　　通	6	11	8	14	4	4	3	50	7	3.9
哲理科学	7	9	6	11	5	3	2	43	6	3.3
教育科学	15	14	11	15	18	8	6	87	12	6.6
社会科学	39	45	49	48	46	36	21	284	41	22.7
艺　　术		3		1	2	1		7	1	0.6
自然科学	28	29	26	28	26	26	14	177	25	13.9
应用科学	31	35	30	35	24	30	16	201	29	16.1
语　　言	4	6	2	4	5	3	1	25	4	2.2
文　　学	46	76	59	84	46	18	6	335	48	26.7
史　　地	6	12	6	13	9	4	2	52	7	3.9
总　　计	182	240	197	253	185	133	71	1261	180	100.0

（《暨南校刊》1930 年第 84 期）

洪年图书馆图书借阅次数统计表

（十九年九月廿九日至十月五日）

星期 / 性质 / 时间 / 科别	星期一			星期二			星期三			星期四			星期五			星期六			星期日			本周合计	每日平均	百分比
	借出共计	取阅共计	合计	借出共计	取阅共计	合计	借出共计	取阅共计	合计	借出共计	取阅共计	合计	借出共计	取阅共计	合计	借出共计	取阅共计	合计	借出共计	取阅共计	合计	合计	合计	
文学院	13	12		15	13		15	11		16	12		16	12		8	6		4	3		156	22	12.2
理学院	11	8		18	12		15	10		21	16		16	8		12	4		5	2		158	23	12.8
商学院	14	11		16	15		17	12		19	17		16	13		14	7		6	3		180	26	14.4
法学院	26	14		34	28		26	15		34	21		29	18		18	6		7	3		279	40	22.2
高中部	14	12		17	15		15	11		20	15		12	10		12	6		10	4		173	25	13.9
初中部	9	6		12	9		12	8		16	13		6	4		8	4		11	4		122	17	9.4
教员	5	2		3			4	1		4	2		8	3		4	1					37	5	2.8
职员	2			4			3			2	1		4			4			2	2		24	3	1.7
教育学院	12	11		15	14		12	10		12	12		6	4		11	8		2	3		132	19	10.6
总计	106	76	182	134	106	240	119	78	197	144	109	253	113	72	185	91	42	133	47	24	71	1261	180	100.0

（《暨南校刊》1930年第84期）

洪年图书馆星期报告

（十月十五日至廿七日）

一、书报收入

中文书籍	三二六本	中文杂志	一九二本
西文书籍	三三本	西文杂志	六〇本

二、借阅统计

来馆阅览共计	一六八四人
每日平均	二七二人
借出馆外共计	一一五三人
每日平均	一六五人

三、款项出纳

旧管	一百九十一元一角六分二厘
新收	无
开支	四十三元八角九分
滚存	一百四十七元二角七分二厘

四、编目

中文	三十九册　卡片一百九十五张
西文	二十八册

五、馆员请假

鲍益清

（《暨南校刊》1930 年第 87 期）

洪年图书馆阅览人数统计表

（十九年十月十三日至十月十九日）

时间＼星期	星期一		星期二		星期三		星期四		星期五		星期六		星期日		本周合计	每日平均
	A	B	A	B	A	B	A	B	A	B	A	B	A	B		
8—9		5	4	7	7	8	5	2	3	6	1	2	3	2	58	8
9—10	9	8	7	5	10	9	12	13	4	10	3	4	1	5	100	14
10—11	13	12	18	13	16	15	7	14	8	9	6	3	8	4	146	21
11—12	7	6	4	8	7	5	8	4	9	2	2	2	3	2	69	10
1—2	12	10	9	16	4	8	7	8	4	12			9	13	117	20
2—3	18	20	21	25	12	19	14	20	17	19			12	6	203	34
3—4	15	14	27	19	18	21	25	18	20	28			4	3	212	35
4—5	9	6	10	9	8	5	15	7	9	4			2	1	85	14
7—8	21	20	26	30	28	21	18	17	29	30			6	5	251	42
8—9	40	38	21	29	39	30	38	29	21	27			4	7	323	54
9—10	12	9	8	6	18	14	11	8	12	16			4	2	120	20
本日合计	159	153	155	167	167	155	160	140	136	163	12	11	56	50	1684	
每时平均	14	14	14	15	15	14	15	13	12	14	3	3	5	5	156	

A 阅览室　　B 杂志室

（《暨南校刊》1930 年第 87 期）

洪年图书馆阅览人数统计表

（十九年十月十三日至十月十九日）

时间 \ 星期		星期一	星期二	星期三	星期四	星期五	星期六	星期日	本周合计	每日平均
上午	阅览室	32	33	40	32	24	12	15	188	27
	杂志室	31	33	37	33	27	11	13	185	26
	共　计	63	66	77	65	51	23	28	373	53
下午	阅览室	54	67	42	61	50		27	301	50
	杂志室	55	69	53	53	63		23	316	53
	共　计	109	136	95	114	113		50	617	103
晚间	阅览室	73	55	85	67	62		14	356	59
	杂志室	67	65	65	54	73		14	338	57
	共　计	140	120	150	121	135		28	694	116
总　计		312	322	322	300	299	23	106	1684	272

（《暨南校刊》1930年第87期）

洪年图书馆各类图书借阅统计表

（十九年十月十三日至十月十九日）

星期 类别	一	二	三	四	五	六	日	本周合计	每日平均	百分比
普通类	13	15	12	18	8	12	4	82	12	2.7
哲理科学	9	7	8	17	15	8	3	67	10	6.0
教育科学	19	16	14	25	21	16	9	120	17	10.3
社会科学	28	31	34	36	45	24	18	216	31	18.7
艺术	1		3		2	1	1	8	1	0.6
自然科学	19	21	18	17	18	14	12	119	17	10.3
应用科学	23	24	24	25	26	16	8	146	21	12.3
语言	4	2	8	3	2		1	20	3	1.8
文学	70	61	60	68	37	28	28	352	50	30.3
史地	3	6	4	2	2	3	3	23	3	1.8
总计	189	183	185	211	176	122	87	1153	165	100.0

（《暨南校刊》1930年第87期）

洪年图书馆图书借阅次数统计表

（十九年十月十三日至十月十九日）

星期 性质 时间 科别	星期一			星期二			星期三			星期四			星期五			星期六			星期日			本周	每日	百分比
	借出	取阅	合计	借出	取阅	合计	借出	取阅	合计	借出	取阅	合计	借出	取阅	合计	借出	取阅	合计	借出	取阅	合计	合计	平均	
	共计	共计		共计	共计		共计	共计		共计	共计		共计	共计		共计	共计		共计	共计		合计	合计	
文学院	13	11		10	8		15	13		16	14		11	8		6	3		8	4		140	20	12.1
理学院	9	7		8	6		12	8		9	8		8	7		5	2		4	2		95	14	8.5
商学院	16	13		17	14		16	12		14	13		9	10		12	8		11	7		172	24	14.5
法学院	24	19		21	16		21	15		24	19		18	17		18	12		11	8		243	35	21.2
高中部	13	12		14	13		9	12		16	15		14	12		11	7		8	4		160	23	13.9
初中部	9	8		12	9		10	8		14	12		12	10		8	5		5	3		125	18	10.9
教员	8	2		4	4		5			4	2		6	2		2						39	6	3.6
职员	2			3	1		3			2	1		4	2		4	2		2	2		28	4	2.4
教育学院	12	11		13	10		15	11		15	13		14	12		9	8		5	3		151	21	12.3
总计	106	83	189	102	81	183	106	79	185	114	97	211	96	80	176	75	47	122	54	33	87	1153	165	100.0

（《暨南校刊》1930 年第 87 期）

洪年图书馆星期报告

（十月廿七至十一月二日）

一、书报收入

中文书籍	一四册	中文杂志	一一四册
西文书籍	三一册	西文杂志	三五册

二、借阅统计

来馆阅览共计	二一〇七人
每日平均	三〇一人
借出馆外共计	一四二二人
每日平均	二〇三人

三、款项出纳

旧管	一百四□元二角七分二厘
新收	无
开支	一百零五□一分四厘
滚存	四十六元□角五分八厘

四、编目

中文	三十八册编□片一百五十二张
西文	二十六册

五、馆员请假

鲍益清

(《暨南校刊》1930 年第 88 期)

洪年图书馆阅览人数统计表

(十九年十月二十日至十月廿六日)

时间＼星期	星期一		星期二		星期三		星期四		星期五		星期六		星期日		本周合计	每日平均
	A	B	A	B	A	B	A	B	A	B	A	B	A	B		
8—9	8	10	10	5	8	6	11	9	8	11	9	10	4	2	111	16
9—10	12	14	12	17	15	13	15	16	19	20	15	17	3	7	195	28
10—11	16	9	13	16	11	16	14	8	24	13	9	11	2	1	163	23
11—12	7	12	9	7	4	7	5	6	7	4	6	3	4	6	87	12
1—2	19	14	18	16	14	17	16	10	9	13			2	4	152	25
2—3	20	21	23	25	19	16	21	18	26	18			1	3	211	35
3—4	18	17	17	20	13	14	15	20	12	11			5	8	170	28
4—5	15	13	9	14	4	6	9	5	7	5			2	4	93	16
7—8	39	45	48	42	31	27	34	26	28	19			47	41	427	71
8—9	27	34	32	21	29	27	33	26	25	21			39	35	349	58
9—10	6	5	9	7	13	11	8	8	20	9			28	31	155	26
本日合计	187	194	200	190	161	160	181	152	185	144	39	41	137	136	2107	
每时平均	17	18	18	17	14	14	16	14	17	13	9	10	12	12	199	

A 阅览室　　B 杂志室

(《暨南校刊》1930 年第 88 期)

洪年图书馆阅览人数统计表

(十九年十月二十日至十月廿六日)

时间＼星期		星期一	星期二	星期三	星期四	星期五	星期六	星期日	本周合计	每日平均
上午	阅览室	43	44	38	45	58	39	13	280	40
	杂志室	45	45	42	39	48	41	10	270	38
	共　计	88	89	80	84	106	80	23	550	78
下午	阅览室	72	67	50	61	54		10	314	52
	杂志室	65	75	53	53	47		19	312	52
	共　计	137	142	103	114	101		29	626	104
晚间	阅览室	72	89	73	75	73		114	496	71
	杂志室	84	70	65	60	49		107	435	72
	共　计	156	159	138	135	122		221	931	143
总　计		381	390	321	333	329	80	273	2107	325

(《暨南校刊》1930 年第 88 期)

洪年图书馆各类图书借阅统计表

（十九年十月二十日至十月廿六日）

类别 \ 星期	一	二	三	四	五	六	日	本周合计	每日平均	百分比
普通类	19	30	25	20	16	8	12	130	19	9.4
哲理科学	12	5	9	12	11	3	7	59	9	4.4
教育科学	37	19	30	28	32	14	10	170	24	11.8
社会科学	28	42	54	54	48	23	21	270	38	18.6
艺术	4	4	3	0	1	0	0	12	2	1.0
自然科学	23	12	14	32	36	15	16	148	21	10.3
应用科学	29	15	27	12	14	7	15	119	17	8.4
语言	13	11	13	24	13	4	11	89	13	5.6
文学	46	59	27	63	69	27	19	310	44	21.6
史地	26	35	19	16	8	6	5	115	16	7.9
总计	237	232	221	261	248	107	116	1422	203	100.0

（《暨南校刊》1930年第88期）

洪年图书馆图书借阅次数统计表

（十九年十月二十日至十月廿六日）

星期/性质/时间/科别	星期一			星期二			星期三			星期四			星期五			星期六			星期日			本周合计	每日平均	百分比
	借出共计	取阅共计	合计	借出共计	取阅共计	合计	借出共计	取阅共计	合计	借出共计	取阅共计	合计	借出共计	取阅共计	合计	借出共计	取阅共计	合计	借出共计	取阅共计	合计	合计	合计	
文学院	12	16		17	19		10	17		10	19		16	15		3	14		5	12		185	26	12.8
理学院	11	9		6	13		2	14		5	12		12	13		1	3		3	4		108	16	7.9
商学院	18	20		21	24		18	22		7	28		14	14		8	9		12	8		223	32	15.8
法学院	28	17		15	18		15	19		21	23		20	17		4	9		6	10		222	32	15.8
高中部	11	18		11	7		19	16		19	18		18	16		2	8		4	7		174	25	12.3
初中部	7	14		3	6		4	18		5	16		22	18		4	9		3	8		187	19	9.4
教员	15	3		21	5		9	4		20	6		14	0		0	0		1	1		99	14	6.9
职员	1	1		4	2		1	2		4	4		4	0		1	3		1	2		30	4	2.0
教育学院	11	25		19	21		16	15		23	21		20	15		12	17		11	18		244	35	17.2
总计	114	123	237	117	115	232	94	127	221	114	147	261	140	108	248	35	72	107	46	70	116	1422	203	100.0

（《暨南校刊》1930年第88期）

暨大新添图书仪器

▲价值一万一千五百元

国立暨南大学本学期开学以来,货质上建设良多。最近又添购大中学部教科参考图书四千元,中西杂志百余种,计一千五百元;理学院各项仪器四千五百元;教育学院心理实验仪器一千五百元,总共一万一千五百元。郑校长认为未足,仍设法续添,为图充实此华侨学府云。

(《申报》1930 年 11 月 11 日)

暨大图书馆规模恢弘

中文图书目录不日出版

暨大图书馆中西文藏书极称繁富,最近又到有大批典籍。除西文目录早经刊行外,现中文目录亦已付印,不日出版。出版后将连同西文分赠国内外各大图书馆。所有历年储存报纸亦分别装订,以便翻阅,并设研究室。闻将来更添设各科导师,聘请专家定期莅馆指导云。

(《申报》1930 年 12 月 6 日)

暨南大学之藏书

国立暨南大学,本学期开学以来,物质上建设良多。最近又添购大中学部教科参考图书四千元,中西杂志百余种,计一千五百元,合算各项仪器费,已至一万一千五百元。郑校长仍认为未足,尚在设法续添,力图充实此华侨学府。至该馆图书目录,除西文部分早经刊行外,现中文部分亦已付印,不日出版。出版后,将一并分赠国内外各大图书馆。所有历年存储报纸,亦分别装订,以便翻阅。并设研究室,闻将来更添设各科导师,聘请专家定期莅馆指导云。

(《中华图书馆协会会报》第6卷第3期,1930)

洪年图书馆历年增书

暨大洪年图书馆历年购入书籍,现作一简报。计十六年二千五百册,值银三千七百九十七元四角六分;十七年一万八千九百五十七册,值银二万二千三百二十六元九角一分;十八年三千五百七十册,值银六千六百〇四角四分;十九年三千五百六十二册,值银一万〇九百六十七元九角九分。较十六年未改组以前,共增加书籍二万八千五百八十九册,计银四万三千六百九十二元八角,其进步较诸同等大学无多逊色云。

(《中华图书馆协会会报》第 6 卷第 4 期,1931)

洪年图书馆规程

第一条、本馆依照本条例之规定办理本馆一切事宜。

第二条、本馆由校长聘任馆长一人,统理全馆事务,督率馆员,执行职务。副馆长一人,协助馆长办理一切事项。

第三条、本馆暂设以下各股:

(一)登录股,专司登记中西书籍、检查卷册、核对发票等事;

(二)编目股,专司中西图籍编目等事;

(三)典藏股,专司书库图书传递收入、借出保管等事;

(四)总务股,专司图书购订统计及文书会计庶务等事。

第四条、各股设主任一人,股员若干人。主任承馆长、副馆长之命,督率股员办理本股一切事务。

第五条、各股办理事务遇有本股人员不敷支配时,得由馆长酌添人员或指派他股人员帮同办理。

第六条、各股人员因事或因病请假者须经馆长核准,将经办事务陈明主任,委托其他人员代办。

第七条、本馆凡遇有重要问题,得由馆长临时召集馆务会议议决之。

第八条、凡图书设计委员会议决各案遇有不能实行者,得由本馆请求复议。

第九条、本馆各股办事细则另定之。

第十条、本条例自公布之日实行,如有未尽事宜得由馆务会议议决,随时修改。

(《国立暨南大学一览》,1931)

暨大洪年图书馆计划扩充

暨南大学近四年来增添图书计五万余元。洪年图书馆现藏图书如下:(一)普通类八六八五册,(二)哲学类一七七九册,(三)教育类二六六四册,(四)社会科学类二五八三册,(五)艺术类一四九七册,(六)自然科学类二六七四册,(七)应用科学类一六三二册,(八)语言类二四三七册,(九)文学类六四八一册,总共三三七六六册。其中中文二五三五三册,西文八五一三册。该馆图书设计委员会于日前议决扩充办法,五年之内最少增加图书十万元,分年进行。本年度先进一万元图书,已陆续运到。又郑洪年校长现住真如,处理并改进各项校务异常忙碌云。

(《申报》1931 年 10 月 23 日)

国立暨南大学洪年图书馆略述

沿革　本校之有图书馆已历十有六载,历年添置图书,规模粗具,但因屡经兵燹,散佚过半。十五年向海内外醵金筑馆,当时校董郑洪年先生捐助最力,十六年馆成,定名为洪年图书馆,志盛德也。既而郑公重长本校,聘叶公超先生为馆长,于馆务多所改进,增购图书经费,馆务蒸蒸日上。十八年夏,叶馆长就职北平,因另聘张天方博士继任馆长,许克诚先生为副馆长,一切馆务日有进展;并采购各省县地志,以求充实国故典藏。去年一月,沪变陡起,中日构衅,本校校舍摧毁尤甚,所幸本馆大宗图书于二军相持之中,搬运至沪,得免于毁,此则足为本馆庆幸者也。本年夏,张馆长专任教务,聘胡肇椿教授继任,又加聘龙自强先生为助理图书馆馆务,对于馆务,多所规划,力谋改进!除原有阅览室三间外,加辟特种阅览室以便教授、学生研究。并于各阅览室中添置设备,俾多容阅览人数,增加阅览者之阅读能力。

组织　本馆隶属于本校教务委员会,馆内分事务、登记、编目及典藏四股,现有馆员九人。

馆舍　本馆馆舍为凸字形,计二层,占地四九六七平方尺。楼上阅览室二间及书库,楼下阅览室一间、特种阅览室一间、办公室一间及杂志书库室等。

藏书　本馆现有图书计四一三九三册,中文三三二二四册,西文八一六九册。查中文书籍及杂志有合数册订成者,若依原有册数计,当倍蓰之。

经费　每年除馆员薪水外,其购书费及办公费计大洋二万五千元。

开放　本馆开放时间,每日上午八时至十二时,下午一时至五时,晚间七时至九时半,计十一小时。但星期六下午及晚间,星期日上午及例假日则停止开放。寒暑假期间仍旧照常开放,时间略有减少耳。

阅览　每日阅览人数平均六七三人。

分类　中西文图书分类均采用杜定友之世界图书分类法编制,但其部次细目则加以修改及扩充,中文参考四库法,西文参考杜威法。

编目　目录计有四种:(一)书架目录。依分类号码排列,置编目股以便查考。(二)字典式目录。混合著者卡、书名卡、类名卡及参考卡、分析卡等,依字顺排列(中文照张凤字典式,西文照字母次序)。此系供阅者检查,故最为详备。(三)书本目录。依照分类式目录编印,西文者已出版,中文者已出丛书、教育及社会科学三类,编就待印者有自然、应用科学及史地三类,余正在编纂中。(四)新书目录。每周新编书籍均抄录公布一次,并在校刊发表。

(《国立暨南大学洪年图书馆概要》,1933)

洪年图书馆办事细则

第一条、本馆依据教务委员会规程组织之。

第二条、本馆设主任一人,秉承校长及教务委员会主席委员之意旨,办理本馆一切事宜。馆员若干人,秉承主任之命,分掌本馆各种事务。

第三条、本馆设下列各组:一,登记组;二,编目组;三,典藏组;四,事务组。

第四条、登记组专司登记书籍杂志事宜。

一,关于书籍之登记事项。

(一)图书收到后,检查一过,如有倒装、损破等情,即送回调换。

(二)所到图书检查卷册核对发票有无错误。

(三)所到图书检查无误后,在发票上加盖本馆图章,即将该票交会计师代办处付账。

(四)在登记卡上将新到书籍分别登记其书名、著者、到期、价格、发行所、出版日期及登记号码等。

(五)将登记号码、到期、价格三项由登记卡转入里书标,该标应贴于图书封面里页上、再送编目组编目。

二,关于杂志之登记事项。

(一)编制杂志报纸目录以便检查。

(二)按期登记各种杂志于杂志登记卡。

(三)各项杂志登记后加盖馆章,移交典藏组陈览。

(四)缺少之杂志报纸随即通知事务组函索补寄。

(五)各项杂志报纸满期时即通知事务组续订。

(六)杂志每年汇齐后,每种分若干册装订,订后即由本组作图书登记。

第五条、编目组专司中西文图书之分类及编目事宜。

(一)图书之分类依照杜定友所编世界图书分类法,并酌加修改与扩充。

(二)各种图书均依其内容审定门类给予类码。

(三)著者号码中文采用杜定友之著者号码表,西文采用 Cutters 二位数著者号码表。

(四)图书编目规则依照 Hitchler 之编目法为根据,而以 A. L. A. 及 Fellow 之编目规则为参考。

(五)类名标题西文采用 A. L. A. Subject Headings,中文自编。

(六)图书目录卡共分七种,胪列于后:

(甲)书架目录卡　一张

(乙)著者目录卡　一张

(丙)书名目录卡　一张

(丁)类名目录卡　若干张

(戊)参考目录卡　若干张

(己)分析卡　若干张

(庚)书卡　一张

(七)每编一书,应先检查书架目录有无相同之书或相同之书码,以免冲突。

(八)卡片编就后先校对,再交主任核览。

(九)书架目录卡依书码排列,存编目股,以便编目时之查考。

(十)著者、书名等目录,中文依张凤先生所编之形数检字法排列,西文依字顺排列成为字典式目录,陈列目录处,以供阅者检查。

(十一)编目手续完毕后,即将书籍检交典藏组典藏。

(十二)遇必要时应编书本目录刊印。

第六条、典藏组专司图书之保管及流通事宜。

(一)开放时间,星期一至星期五上午八时至十二时,下午一时至五时,晚间七时至九时半。星期六上午八时至十二时。星期日下午一时至四时,晚间七时至九时半。假期另定。

(二)出纳手续。

(甲)发阅览证时查看注册证。

(乙)书籍借出时,阅书人之阅览证存留出纳处,按照号码顺序排列。

(丙)书籍借出时,将内书卡取出,按照分类号码顺序排列。

(丁)每次闭馆前十五分钟停止借阅,即在此时将该次开馆时所还之书籍收藏原架原位。

(戊)组员负保管图书及维持阅览室秩序之责任。

(己)各教授指定在馆内参考之书籍须妥为管理。

(庚)每学期之末清查书籍一次。

第七条、事务组专司文会、会计、庶务、购订事宜。

一,关于文书事项。

(一)掌理一切往来公文函件撰稿缮发、编辑报告、登记日记等事宜。

(二)关于图书杂志之函订及征求谢赠事项。

(三)本馆星期报告、新书介绍及阅览统计表等按期抄送出版课,登载校刊。

(四)保管本馆图记及一切公文案卷。

二,关于会计事项。

(一)依照预算支配用款。

(二)凡有应付款项,先核对发票是否与所购之品名件数相符,然后加盖馆章,交会计师代办处付账。

三,关于庶务事项。

(一)点收新书。

(二)办理经主任核准后各种购置事宜。

(三)一切设备清洁事宜。

四,关于购订事项。

(一)分发图书购订单与各院院长、各系主任填购应购图书。

(二)图书购订单汇齐后交主任审核后分别购订。

(《国立暨南大学洪年图书馆概要》,1933)

洪年图书馆阅书规则

一、开馆时间

星期一至五:上午八时至十二时,下午一时至五时,晚七时至九时半。

星期六:上午八时至十二时。

星期日:下午一时至四时,晚七时至九时半。

寒暑假时间另规定。

二、阅览规则

第一条、本馆所有图书限定在本馆阅览室内阅览,不得携出馆外。

第二条、阅览时勿高声交谈朗诵。

第三条、凡本校学生均有阅览图书之权利。

第四条、欲阅图书者,须先持注册证向本馆领取阅书证,然后凭证借阅。

第五条、阅书证如有遗失,须向本馆声明。

第六条、补证每次须纳小洋二角。

第七条、欲阅何书,应就目录卡中选择记该书书码于取书条,交馆员检取,取书时,须将阅书证交馆员。

第八条、每人同时只得借阅图书五册。

第九条、图书阅毕应即交还,不得任意辗转传阅。

第十条、图书内部不得删改污损,如有错误之点,应报告馆员。

第十一条、借阅图书如有污损等情者,应照原价加倍赔偿。

第十二条、书库不得入内。

(《国立暨南大学洪年图书馆概要》,1933)

教职员借阅图书规则

第一条、凡本校大学部教职员欲借图书者,需先向院办公处或秘书处及其他办公处领取本馆所发出之教职员借书单,由院长或该办公处主管人员签字证明,介绍来馆,以为根据。

第二条、借书期以二星期为限,如未阅毕,得续借二星期,但在续借期间,本馆如有需要,得随时收还。

第三条、借书册数以五册为限。

第四条、如污损、遗失图书者,应照原价加倍赔偿。或逾期不还图书者,由本馆通知财务室保留薪金,或即在薪金内扣除赔偿图书费。

第五条、附特种阅览室阅书规则:

(甲)本室采取开架式。

(乙)本室各项图书专供在室阅览,不得借出。

(丙)私人书籍不得携入室内。

(丁)本室各项图书抽阅后放置桌上,由馆役插回原处,以免纷乱。

(《国立暨南大学洪年图书馆概要》,1933)

图书分类表

BOOK CLASSIFICATION

本馆图书分类方法如下

Books of the library are classified under the following subjects:

000 总记 General Work

000 南洋 South sea Islands

010 图书馆学及书目学 Library science and Bibliography

020 中国经籍 Chinese classics

030 普通类书 General encyclopedias

040 论文汇刊 Collected essays, etc.

050 普通杂志 General periodicals

060 普通会刊 General societies

070 新闻学报纸 Journalism and newspapers

080 丛书 General collections

090 年鉴及传记 Year books, etc.

100 哲理科学 Philosophical Science
- 110 外国哲学家 Foreign philosophers
- 120 中国哲学家 Chinese philosophers
- 130 形而上学 Metaphysics
- 140 哲学方法 Philosophical systems
- 150 心理学 Psychology
- 160 论理学 Logic
- 170 伦理学 Ethics
- 180 占卜杂技 Divinations, crafts, etc.
- 190 宗教 Religion

200 教育科学 Educational Science
- 210 行政 Administration
- 220 管理 Management
- 230 科目课程 Curriculum and course of study
- 240 教授法 Methods of teaching
- 250 教员 The teacher
- 260 初等教育 Elementary education
- 270 中等教育 Secondary education
- 280 高等教育 Higher education
- 290 特殊教育 Special education

300 社会科学 Social Science
- 310 统计学 Statistics
- 320 政治学 Political science
- 330 经济学 Economics
- 340 法律 Law
- 350 行政及政府 Administration and government
- 360 会社及机关 Associations and institutions
- 370 财政学 Finance
- 380 军事学 Military sciences

390 社会学 Sociology

400 艺术 Fine Arts

410 建筑 Architecture

420 中国字画 Chinese lettering and drawing

430 雕刻 Sculpture

440 图画图案 Drawing and designing

450 装饰手工 Decoration and handicrafts

460 印刷刻版 Printing and engraving

470 摄影术 Photography

480 音乐 Music

490 游艺 Amusements

500 自然科学 Nature Sciences

510 数学 Mathematics

520 天文学 Astronomy

530 物理学 Physics

540 化学 Chemistry

550 地质学 Geology

560 自然研究 Nature study

570 生物学 Biology

580 植物学 Botany

590 动物学 Zoology

600 应用科学 Applied Sciences

610 医药学 Medicine

620 工程学 Engineering

630 农业 Agriculture

640 化学工艺 Chemical technology

650 交通及转运 Communication and transportation

660 商业 Business and commerce

670 制造工业 Manufactures and industries

680 机械贸易 Mechanic trades

690 家政及其他科学 Domestic science and others

700 语言学 Philology

710 普通与比较的 General and comparative

720 中国语言 Chinese

730 英国语言 English

740 法国语言 French

750 德国语言 German

760 日本语言 Japanese

770 俄国语言 Russian

780 美国语言 United States

790 其他小国 Minor countries

800 文学 Literature

810 万国与普通的 International and General

820 中国文学 Chinese

830 英国文学 English

840 法国文学 French

850 德国文学 German

860 日本文学 Japanese

870 俄国文学 Russian

880 美国文学 United States

890 其他小国 Minor countries

900 史地 History and Geography

910 万国 International

920 中国 Chinese

930 英国 English

940 法国 French

950 德国 German

960 日本 Japanese

970 俄国 Russian

980 美国 United States

990 其他小国 Minor countries

(详见杜著《图书分类法》陈列本馆办公室中)

(《国立暨南大学洪年图书馆概要》,1933)

类名索引举要

本馆图书目录,依分类排列,兹将普通类名编成索引,俾便检查。详细索引,可参考杜著《图书分类法》。凡检得类名之分类号后,依之在目录中选择书籍,再将欲借书籍之书码(在目录卡左上角之上下二号)填入借书证中,交馆员检出阅览。如有不明了处,请询本馆馆员。

(《国立暨南大学洪年图书馆概要》,1933)

现藏图书册数分类比较表

(民国二十一年度)

一. 普通类	六八一九册
二. 哲理科学类	二八九九册
三. 教育科学类	三〇六七册
四. 社会科学类	八四六三册
五. 艺术类	二三四册
六. 自然科学类	二〇八八册
七. 应用科学类	二一一七册
八. 语言类	一六〇二册
九. 文学类	八八一六册
十. 史地类	一七七七册
十一. 中西文杂志	二〇二七册
十二. 小说类	一〇九〇册
十三. 学校章程	三九四册
	共四一三九三册

(《国立暨南大学洪年图书馆概要》,1933)

现藏图书国别比较表

(民国二十一年度)

一,中文	三二七一七册
二,英文	七八五一册
三,日文	四七五册
四,法文	三一八册
五,其他	三二册
	共计四一三九三册

(《国立暨南大学洪年图书馆概要》,1933)

现藏杂志统计表

(民国二十一年度)

中文	一六九〇册
	二四二种
西文	五四二册
	一〇五种
	共计二二三二册

三四七种

上表所列册数是照已装订者计算,每册由四册至十余册,装成一巨帙。

(《国立暨南大学洪年图书馆概要》,1933)

阅览人数统计表

(民国二十一年度)

二十一年	九月	三七二五人
	十月	八三六四人
	十一月	一三四〇四人
	十二月	一八一六六人
二十二年	一月	八二三八人
	二月	七五五一人
	三月	一〇四一一人
	四月	六八五九人
	五月	一三八六七人
	六月	八九七四人

(《国立暨南大学洪年图书馆概要》,1933)

图书馆购订及登记卡

正 面

图书馆购订及登记卡
LIBRARY ORDER AND ACCESSION CARD

填写方法

1. 请缮写清楚,字句完全,以免误会。
2. 每书请用一卡。
3. 版次之后,请写明该书系第几版。
4. 不甚著名之发行所,请并填详细地址。
5. 册数后写明该书共有几册,备注内写明该书应购几部。
6. 该书之需要购订之特别原因,即须从速购办否。
   书到后须通知原介绍人否,合请注明于备注栏。

反 面

登记__________ ACC. NO. 购订__________ REQ. NO. 定期__________ ORDERDDATE 到期__________ REC. DATE 实价__________ COST 页数__________ PAGES 赠者__________ DONER 存者__________ DEP. 备注__________ REMARKS	左边请勿填写 Please don't write at the left	著者____________________ Author(Surname first) 书名____________________ Title ________________________ 版次______册数______装订______定价______ Edition Vols. Bdg Price 版期________发行所____________________ Date Publisher 备注____________________ Remarks Recommended By ____________________介绍

(《国立暨南大学洪年图书馆概要》,1933)

图书购订卡

图书购订卡

著者＿＿＿＿＿＿＿＿＿＿＿＿＿＿＿＿＿＿＿＿

书名＿＿＿＿＿＿＿＿＿＿＿＿＿＿＿＿＿＿＿＿

＿＿＿＿＿＿＿＿＿＿＿＿＿＿＿＿＿＿＿＿

部数＿＿＿＿＿＿价格＿＿＿＿＿＿何级用书＿＿＿＿＿＿

册数＿＿＿＿＿＿用别＿＿＿＿＿＿需用日期＿＿＿＿＿＿

出版处＿＿＿＿＿＿＿＿＿＿＿＿＿＿＿＿＿＿＿

▲＝课本　　　　主任签字

附注：用别　×＝普通参考书

○＝指定参考书＿＿＿＿＿＿＿＿＿＿

（《国立暨南大学洪年图书馆概要》，1933）

杂志登记卡

(1)西文周刊或日刊登记卡

正　面

Name															Begins																
	1	2	3	4	5	6	7	8	9	10	11	12	13	14	15	16	17	18	19	20	21	22	23	24	25	26	27	28	29	30	31
Jan.																															
Feb.																															
Mar.																															
Apr.																															
May																															
June																															
July																															
Aug.																															
Sept.																															
Oct.																															
Nov.																															
Dec.																															

(照原样4—5)

反　面

DATE ORDERED OR RENEWED	EXPIRES	SOURCE	NETPRICE

(照原样5—6)

(2)西文月刊登记卡

VOLS. PER YEAR												
Year	Jan.	Feb.	Mar.	Apr.	May	June	July	Aug.	Sept.	Oct.	Nov.	Dec.
Reg. Price		Net Price				Ed,						
Source						Tp		Ind				

(3)中文周刊或日刊登记卡

卷 期起至 卷 期止																															
	1	2	3	4	5	6	7	8	9	10	11	12	13	14	15	16	17	18	19	20	21	22	23	24	25	26	27	28	29	30	31
一月																															
二月																															
三月																															
四月																															
五月																															
六月																															
七月																															
八月																															
九月																															
十月																															
十一月																															
十二月																															

价值每册________元每年________元　　发行处________________

编　者________________________　　备　注________________

(4)中文月刊登记卡

卷 期起至 卷 期止												
年份	一月	二月	三月	四月	五月	六月	七月	八月	九月	十月	十一月	十二月
价值每册______元每年______元 发行处______ 编纂者______ 备注______												

（《国立暨南大学洪年图书馆概要》，1933）

国立暨南大学图书馆阅书证

国立暨南大学图书馆

阅 书 证

姓名____________号数________

住址:第____宿舍第____号发期____

级别:____学部____院/科____系____年级

学号____________

书　码	借　期	还　期

（《国立暨南大学洪年图书馆概要》,1933）

西文目录卡

（照原样3—5）

（《国立暨南大学洪年图书馆概要》，1933）

中文目录卡

（同上）

（《国立暨南大学洪年图书馆概要》,1933）

内书卡

（《国立暨南大学洪年图书馆概要》,1933）

暨南大学图书馆阅览人数统计表

月　　日至　　月　　日

星期／时间／科别	星期一				星期二				星期三				星期四				星期五				星期六				星期日				本周合计	每日平均	百分比
	上午	下午	晚	合计	上午	下午	晚	合计	上午	下午	晚	合计	上午	下午	晚	合计	上午	下午	晚	合计	上午	下午	晚	合计	上午	下午	晚	合计			
文学院																															
理学院																															
商学院																															
中学部																															
教职员																															
本日合计																															

（《国立暨南大学洪年图书馆概要》,1933）

暨南大学图书馆新到书籍表

月　　日至　　月　　日

书码	著者	书名	出版处	册

（照原样2—3）

（《国立暨南大学洪年图书馆概要》,1933）

本馆现任职员一览

姓 名	履 历	职 务
胡肇椿	北平燕京大学文学士,日本京都帝国大学大学院研究生,曾任国立中山大学副教授,现任本校教授兼出版课主任	主 任
龙自强	本校商学士	馆员兼助理全馆馆务
鲍益清	东南大学图书科毕业,曾任国民大学图书馆主任	馆 员
汪善录	本校商学士	馆 员
温文耀	本校教育学士	馆 员
谌然模	本校文学士,现任本校中学部图书室管理员	兼馆员
郝春德	本校教育学士	馆 员
黄兆霖	本校文学士	馆 员
钟勇森		馆 员
张宛若		馆 员
陈婉慈		馆 员

(《国立暨南大学洪年图书馆概要》,1933)

日军摧残文化

(南京)蔡元培电国联文化合作委员会云,此次日陆战队及飞机二十余架,在上海之闸北横施暴行,故意摧毁文化机关,如中国最大出版事业之商务印书馆、东方图书馆、暨南大学等均被焚殆尽。同人等谨代表中央研究院、中央大学、中山大学、清华大学等,请贵会转请国际联合会行政院迅速采取有效方法,制止日军此类破坏文化事业及人类进步之残暴行为。(一日专电)

(《申报》1932 年 2 月 2 日)

暨南大学图书馆无恙

本埠暨南大学以地理上之关系,时受日空军之重大威胁,早经分别迁往上海、苏州、广州照常上课,而该校图书馆所藏中西文图书颇多,"一·二八"事变后,即设法迁来沪上,除一部分报纸及未装订之杂志外,其余均无损失。现已赁定新闸路洋房一幢为藏书之所,业经整理就绪,开放阅览,一切状态规复如旧,日夜阅览人数平均约有百余人。该馆藏书约数万册,今得保存无恙。

(《申报》1932 年 5 月 4 日)

校长布告

（第三号）

为布告事,兹聘：
杨裕芬先生为本校二十年度第二学期教授兼秘书处教务课主任；
林志瀛先生为秘书处总务课主任；
张凤先生兼秘书处图书课主任；
许克诚先生为图书课副主任。
除分知外,此布。

校长 郑洪年
三月十九日

（《暨南校刊》1932 年第 8 期）

国立暨南大学损失报告

一、校产之部 （单位元）

建筑类（就目前现状估计）	五二·〇〇〇
仪器类	二五·〇〇〇

标本类	一五·〇〇〇
机械类	六·〇〇〇
化学用品类	一二·〇〇〇
医药用品及器械类	三·五〇〇
中外书籍杂志报章类	五·〇〇〇
校具类	一〇〇·〇〇〇
体育设备类	五·〇〇〇
卫生设备类	二·〇〇〇
水电设备类	一八·〇〇〇
农场设备类	一·〇〇〇
文具用品类	三·〇〇〇
农场家畜类	八〇〇
其他杂品类	二·〇〇〇
	共计　二五〇·三〇〇

二、教职员之部附新村教职员住宅

书籍类	二〇·〇〇〇
行李类	二〇·〇〇〇
衣服器具类	三五·〇〇〇
其他杂品类	八·〇〇〇
	共计　八三·〇〇〇

三、学生之部

书籍类	一六〇·〇〇〇
行李类	四八·〇〇〇
衣服器具类	二六〇·〇〇〇
其他杂品类	一〇·〇〇〇
	共计　四七八·〇〇〇

四、工警之部

行李类	七·〇〇〇
衣服类	五·〇〇〇
其他杂品类	一·〇〇〇
	共计 一三·〇〇〇
以上四项总计损失	八二四·〇〇〇

(《暨南校刊》1932 年第 8 期)

图书馆行将开放

本校图书馆藏书共四万余册,即在最近四年来,亦增书凡十万余元,幸在十九路军退却前三日迁出大部,得免全部损失。初藏于莫利爱路办事处,现学校已指定新闸路一七五八号校舍一部作为该馆藏书库及阅览室,所有图书亦由莫利爱路迁到,现正加紧整理中。一俟整理就绪,即将宣布开放。沪变之后,本校师生之书籍几全损失,惟本校图书馆图书尚存大部,智识粮食,得有接济,可谓幸矣。

(《暨南校刊》1932 年第 9 期)

图书馆开放一部分

本校新闸路第二院之图书馆,经连日整理,已见头绪。楼下作藏书室,楼上先行开放一部分,以供员生参阅书报。

(《暨南校刊》1932 年第 10 期)

图书馆全部开放

本月二十五日起

本校图书馆自迁入第二院整理以来,已届二周,现全部业已整理就绪,定于本月二十五日起正式开馆。凡本校同学,可按时往该馆阅览,惟须先以注册证向该馆办事室领取阅书证,以便凭证取阅图书。该馆图书,在本学期,均不借出馆外,只可在馆借阅,该馆开放时间兹列如下:

上午　八时至十二时;

下午　一时至四时;

晚间　七时至九时。

(《暨南校刊》1932 年第 12 期)

图书馆近况

该馆自上月廿二日全部图书整理就绪后,即于廿五日(星期一)正式开放阅览,惟仅限于在馆阅览,不得借出馆外,时间除星期及例假外均照旧开放。阅览人数,在上星期中(四月廿五—卅日)每日平均百二十人。至整理方面,现正登记未编目图书及催还上期各教职员借阅之书,新到杂志亦均陈列于参考书架,可随时取阅,颇称便利云。

(《暨南校刊》1932 年第 14 期)

图书馆规复报告书

自暴日侵凌淞沪,吾校以地理上之关系,时受日空军之重大威胁。该馆旋奉校长命迁移,于二月廿一日开始搬运。自搬运而整理,以达于正式开放,虽费时匝月,始克告竣,然全部图书,幸免劫灰,一切状态,规复如旧,实为我校之大幸。现将经过情形,缕陈如下:

搬运时期　二月廿日,克诚在校长公馆商定迁移之计划后,即于次日介绍馆员温文耀、谌然模前往真如十九路军军部接洽通行证,并雇定车辆,同往搬运,惟是时以日机在天空掷弹示威,仅将置放楼下之《古逸丛书》、《广雅》各丛书,《四部丛刊》、《四部备要》古籍篇各书,及

《百衲本廿四史》、“万有文库”之一部分搬出，暂存华龙路中华职业教育社。廿三日，以通行证因时间已过，不适于用，复由克诚作函向军部交通处要求续发不定期之通行证，时林志瀛、陈天愚两君，亦同往搬运，复将书库所藏图书搬运三车来沪，存放莫利爱路本校临时办公处。廿四日，继续前往搬书，校警因未发饷，有扣书之企图，经克诚前往训释，始不敢阻挠。廿五日，搬运完毕，除报纸及未装订之杂志外，所有图书全部搬出。惟图书均系装入麻袋，深恐有压破之虞，复逐一解开整理。后以临时办事处房屋不敷，再赁新闸路 1758 号为图书馆，遂于三月廿七日迁入新址。是时整理需人，曾商定秘书长，暂请旧馆员鲍益清、汪善录协助办理。

整理时期　三月廿七日，搬运图书，迁入新址既毕，乃商定整理计划，同时龙自强亦回馆任事，分任整理工作。先将各书分为各类，再由各类照码归纳。在整理时间，仍顾及师生阅览方便，至四月廿二日始克整理就绪，廿五日正式开放阅览。

布置方面　该馆因房屋不敷庋藏全部图书，兼以书架又复缺乏，只好将未编目图书及全部杂志，另辟楼上一室庋藏。惟时有学生常来馆要求阅览，杂志仍拟于经济稍得充裕时，当设法开放也。所以全馆布置如下：

藏书室三间　置放临时大书架十五座

阅览室一间　参考室一间

阅报室一间　办公室二间

未编书籍及报纸杂志存放室一间

馆员任务分配：凡馆员皆兼典藏。

汪善录　兼事务及整理西文卡片；

龙自强　兼整理中文卡片；

鲍益清　兼整理未还图书；

温文耀　兼整理杂志及管理；

谌然模　兼文书及整理未编图书。

阅览开放时间:

星期一至星期五,上午八时—十二时,下午一时—四时,晚间七时—九时。星期六,上午八时—十二时。

(《暨南校刊》1932 年第 15 期)

本校战后整理委员会成立

业经成立　通过大纲
分组进行工作

上海战事协定签字后,日军即陆续撤退,刻驻真如日军亦定于本月廿一日撤退。本校以校址收复在即,亟应乘时整理,当开第九次特别校务会议,议决请张凤、于基泰、孙寒冰、谢循初、陈科美、叶澜、樊友执、杨裕芬、郑宝宁、王济仁、黄中廑、奚玉书、林志瀛、许克诚等先生为委员,组织战后整理委员会,以便专责办理本校整理事宜。该会已于本月十六日宣告成立,通过大纲,计分校务、校产、校舍、总务四组进行,工作至为紧张。(该会办事大纲及第□次会议记录见前——编者)

(《暨南校刊》1932 年第 16 期)

图书馆近况

图书馆自正式开放后，即发给阅览证。各生凭证阅书，颇称便利。本周阅览人数共为二九九人，每日平均为五十人。上学期教职员及同学借出馆外图书颇多，以同遭国难，未克收回。自本校恢复后，均已纷纷返校授读，该馆亦正进行向各教职员及同学催还各书，□期催缴。至新闻纸类，仅定有本埠《申报》《新闻报》《时报》《时事新报》四种，陈列阅报室，以供众览。其他内外各报及图书杂志，则以经济竭蹶，暂未定购。然南洋方面及内地各属仍有自动邮寄赠者。计收得中文报纸十二种，西文报纸一种，中文杂志一八〇册，西文杂志八七册，及其他图书十册，均分别汇齐，集藏一室，以免散佚。惟新到中西文杂志，为便于同学参考起见，暂仍陈列于参考书架，以便取阅。

（《暨南校刊》1932 年第 16 期）

图书课工作报告

（五月十六日至廿一日止）

（一）本周仍继续向教职员及同学催还旧借各书，惟因惨遭国难，多被散佚,均来函声明情形。

(二)西文卡片已整理一半。

(三)本周阅览人数合计为二七四人,平均每日四九人,尚有自由携书来馆阅览者,不在此统计之内。

(四)秘书处送到胡青瑞先生《赴告》一册,《世界信托考证》一册,《国难会议提案大全》一册,《中国银行报告》一册,《求是轩四秩唱和集》一册,均分别典藏。

(五)函新月、神州、开明、新亚细亚各书店及密勒氏、中国评论等报社补寄未到各书报。

(六)函谢唐玉虬陈联赠书。

(七)施伯珩先生前借各书,廿一日着人送还。

(八)本周计收到中文杂志三十二册、西文杂志二十三册、中文报纸十二种、西文报纸十一种,共收函件六件,共发出函件廿一件。

(《暨南校刊》1932 年第 17 期)

图书课周报告

(自五月廿三日至五月廿八日)

(一)廿三日,派汪善录随本校接收人员到真如视察图书馆损失情形,兹据汪君回馆报告:馆中器具,十九毁损,残简散帙,触目皆是。楼下办公室仅剩大办公桌三张,抽屉全无,报架亦毁,所有已装订之报纸,均乱置地上,狼藉不堪。小房间内二书架庋放已装订之杂志,尚完好如旧。东面杂志室及阅报室,除阅报桌尚完整外,余多凌乱不堪,无一完善者。楼上书库内书架大多倾倒,东西两阅览室仅存少数椅子，所有阅书桌无一存在，电表已被窃，电灯尚完好。又据校工报称阅览室之长方桌子，在附近乡人家中搜回一张。

（二）本周阅览人数合计为二五九人，每日平均为四十三人。（另有统计表附上）尚有自由携书来馆阅览者，每日约有数十人。

（三）本馆因邮局罢工，外埠寄来刊物多未送达，仅收到中文杂志十二册、西文杂志九册、中文报纸九种、西文报纸一种，共收到文件四件，发出文件一件。

（四）馆员龙自强因伴母回家，请假四天半（自廿日起至廿四日止）；鲍益清因妹丧，于五月廿八日请假回里。

（五）褚凤仪先生来函声明：前借各书尚存真如，俟接收后，再行检还。

（《暨南校刊》1932 年第 18 期）

图书馆职员一览表

（二十一年度）

姓名	职务	姓名	职务
张凤	馆长	许克诚	副馆长
温文耀	馆员	龙自强	馆员
周梅安	馆员	汪善录	馆员
陈辅	馆员	鲍益清	馆员
谌然模	馆员	蔡春曦	馆员
庄世鸿	馆员	郝春德	馆员
冯运佑	馆员	陈镇和	馆员

平祖仁　馆　员

(《暨南校刊》1932 年第 25 期)

本校战后整理委员会校舍组工作报告

（七月十一日至十七日）

关于图书馆迁回校中经过情形

上海新闸路第二号房屋,于本月十五号满期,业已函知潘承谔经租处退租。图书馆原暂设在第二院西部,现因真如校舍清理大致就绪,当于十三号开始移回,于十六号完全运毕。并由该馆同人常川驻馆,从事整理。至校舍组办公处,则暂移至中学部教室第九、十两号办公。

(以下略)

(《暨南校刊》1932 年第 26 期)

图书馆工作报告

一、整理方面　此次由沪迁回,原馆图书系用麻绳捆扎,计有一千九百九十一组,分装木箱二百二十五个,麻袋百十七包,卡车先后装运,凡十次方克毕事。十六日开始整理工作,先将麻袋木箱依照编定号数排列妥当,乃逐一解开,检查小扎号码有无错误,核对编目号码有无紊乱,自晨达晚,检查始毕。是日并督工修理侧门及窗户书架等件。十七日为星期日,仅修理书库书架。十八日开始排列工作,从总记类至社会科学类图书排放完毕,计解开麻袋八十个。十九日从艺术类至语言学类图书排放完毕,计解开麻袋四十个,木箱百八十只。廿日从文学类至史地类图书排放完毕,计解开麻袋四十七个,木箱四十五只。廿一日排放小说类图书,廿二日排放参考书六架。廿三日布置杂志室,排放杂志十四架,并整理未编目图书及杂志十四架,计解开麻袋二十个。至此所有图书始整理完竣。

二、布置方面　原有大书库一,大阅览室二,办公室一,均照旧布置,惟杂志收藏繁多,应稍事扩充。现已辟二室,一庋藏,一阅览。庋藏室排放临时书架四行,四旁复排放小书架十个;阅览室因台椅缺乏,俟迟布置。惟假定前阅报室为杂志阅览室,至阅报室则拟迁馆外。又另辟未编目图书存放室中,置临时书架三行,旁列小书架八个。

三、添修方面　馆中自遭日军占据后,虽图书一项损失无多,然器具什物,则毁坏不堪。兹以急于需用及不可或缺者,谨列举如下:

甲. 应添补物件

1. 阅书桌二十二只
2. 阅书椅九十只
3. 大办公桌一只
4. 窗帘十六只
5. 铁书夹三百个
6. 办公椅子十四只
7. 报夹子二十只
8. 灭火机二架
9. 中文打字机一架
10. 钢笔版一套

乙. 应修理物件

1. 电灯卅六只
2. 玻璃五十八块
3. 办公桌各抽屉
4. 报纸架子二座
5. 布告框子二个
6. 书架及书架抽屉
7. 配置各办公室“司泼林”锁匙十六个
8. 修理门窗等
9. 粉刷全馆墙壁

(《暨南校刊》1932 年第 27 期)

校具仪器及图书等购置费用统计表

类别	名称	金额(单位元)
教室	讲台讲桌讲椅	
宿舍	课桌课椅黑板	一六·四〇二·〇〇
办公室	办公桌书架书橱等等	
电灯厂	电机全部	二〇·二八九·〇〇
印刷所	印刷机与铅字	四·〇〇〇·〇〇
打水间	打水机	一·〇一二·八九
理学院	生物标本物理仪器化学仪器药品	三一·二七四·七四
图书馆	中西杂志及各种参考用书	四·二〇〇·〇〇
中学部	博物标本及零件仪器等	三·五〇〇·〇〇

总计 八零·六七八·六三(元)

(注) 本统计截至九月二十四日止

(《暨南校刊》1932 年第 33 期)

图书馆图书统计表

一、原有图书

甲 数量……………………………… 四一·一六二册
　中文……………………………… 三三·六二六
　西文……………………………… 七·五三六
乙 价值……………………………… 六八·零零零元

二、损失图书

甲 数量……………………………… 二·九三二册
　中文……………………………… 二·三〇〇
　西文……………………………… 六三二
乙 价值……………………………… 一五·零零零元

三、添置图书

甲 数量……………………………… 详下
　中文……………………………… 二〇〇部
　西文……………………………… 二〇〇册
　中文杂志…………………………… 一五种
　西文杂志…………………………… 七〇种
乙 价值 ……………………… 未付 四·二零零元

书籍 ………………………………………………… 三·〇〇〇
杂志 ………………………………………………… 一·二〇〇

(《暨南校刊》1932年第33期)

图书馆一周间工作报告

（十一月十四日至二十日）

一周工作统计表

收文	十一件
发文	十五件
旧存款项	三八,五六五元
新收款项	无元
支出款项	一二,〇〇〇元
实存款项	二六,五六五元
装订	无册
订购	
中文	四册
外文	无册
收到	
中文	二册
外文	无册
登记	
中文	一九二册

外文	无册
	编　目
中文	
制目录卡	一八八张
排片	无张
外文	
制目录卡	无张
排片	无张
整理查对	无种
编新书目录	无张
收到	
国内报纸	七七份
南洋报纸	八份
	统　计
本周阅览	三三七〇人
每日平均	四八一人
整理藏书	分扎装订书四三二扎册
	备　注
中文杂志	一一册
西文杂志	九四册

(《暨南校刊》1932 年第 42 期)

图书馆第十一周工作报告

(十一月二十一至二十七日)

(一)十一月二十三日中学部函请,每晚阅览室内保留书桌三张,备中学部三年级学生阅览之用,本馆经于念二日起,准予每晚试行保留西南隅书桌三张,并已布告大中学生注意矣。

(二)本馆同人拟于公余,每月拟试出刊物一二,假定名称曰"书声",以壁报二张贴于图书馆布告板。作品皆自书于规定格笺内,藉省印刷工料,出贴有期,再行通告。

(三)一周工作统计

收文	一一	件
发文	九	件
旧存款项	二六·五六	元
新收款项	无	元
支出款项	·五〇	元
实存款项	二六·〇六	元
	订购	
中文	无	册
外文	九	册
	收到	
中文	九	册
外文	无	册
	登记	
中文	八五	册

外　文	二	册
	编　目	
中文		
制目录卡	五六四	张
排　片	无	张
外文		
制目录卡	二五	张
排　片	一五〇	张
编新查对	无	种
编新书目录	无	张
	收　到	
国内报纸	七七	份
南洋报纸	五	份
	统　计	
本周阅览	三五三一	人
每日平均	五〇四	人
整理藏书	分扎《广雅丛书》之一部分 约三本一扎计四九六扎	
	备　注	
中文杂志	八二	册
西文杂志	一五	册

(《暨南校刊》1932 年第 43 期)

图书馆第十二周工作报告

(十一月二十八日至十二月四日)

收文	八件
发文	七件
旧存款项	二六,〇六元
新收款项	无元
支出款项	三,六〇元
实存款项	二二,一六元
装订	无册
订购	
中文	无册
外文	无册
收到	
中文	二册
外文	无册
登记	
中文	五九册
外文	一册
编目	
中文	
制目录卡	一三八张
排片	无张
外文	

制目录卡	五〇张
排　　片	一五〇张
整理查对	无种
编新书目录	无张
	收　　到
国内报纸	七七份
南洋报纸	八份
	统　　计
本周阅览	四二三三人
每日平均	一〇五人
整理藏书	《四部备要》计四百零八册分为一百扎
	备　　注
中文杂志	五二册
西文杂志	八册

日记摘要

前日决议,本学期寒假将至,拟定如教职员借去之书籍不能按章缴还,当函请秘书处转知会计代办处暂扣留一部分薪俸,俟经该书送还后再由图书馆允为盖章发还,藉资保留损失也。整理书籍《四部备要》,计四百零八册,约四册一扎,分为一百扎,并书明目录卷数,以备付装。

馆员无请假。

(《暨南校刊》1932 年第 45 期)

图书馆新编书籍表

书号	著者	书名	出版处	册
○一九—三四七	秦荣光	补晋书艺文志		一
○一九—八一○	故宫博物院图书馆	故宫善本书影初编	博物院图书馆	一
○二○,五—八四	江侠庵	先秦经籍考	上海商务	三
○九○—九三四	山口六次郎	国际年鉴	东京国际文化协会	一
○九九——七八	何仲箫	陈英士先生纪念全集		二
一二一,一—九八—二	朱　熹	朱子节要	无锡国学专修学校	一
一二一,一—三八四—六	荀　况	荀子	嘉善谢氏	八
一二一,一—三八四—七	荀　况	荀子	明嘉靖本	十
一二一,二四—四四一	陈　柱	庄子内篇学	中国学术讨论社	一
一七○,三—二一	王宝仁	笔镜	旧香居本	一
一九四——七○	吕　瀓	因明纲要	上海商务	一
一九四,○一——七○	吕　瀓	佛典泛论	上海商务	一
一九四,○七—四二三	梅光羲	因明入正论疏节录集注	上海商务	一

一九四—六一八	熊十力	因明大疏删注	上海商务	一
一九四,五—四二三	梅光羲	相宗纲要	上海商务	一
一九四,五—四二三—二	梅光羲	相宗纲要续编	上海商务	一
一九四,五—九三九	前田慧云	三论宗纲要	上海商务	一
一九四,六—三〇	支伟成	注释金刚般若波罗密经	上海泰东	一
一九四,六—三九三	徐槐廷	金刚经解义	世界佛教居士林	一
一九四,六—九七〇	马鸣菩萨	大乘起信论科会	上海商务	一
三二九,二八九—三		总理遗墨第三辑		一
三二九,六九—五三〇	盛子明	日本政党史	上海华通书局	一
三三〇,六九—九四四	金奎光	日本经济史论	上海华通书局	一
三三〇,九—二六五	施复亮	中国现代经济史	上海良友图书公司	一
三三〇,九二—七九一二	魏颂唐	魏颂唐偶存稿	上海联合书店	一
三三二,二九八	朱新繁	中国资本主义之发展	上海联合书店	一
三三六,〇二—九四一	野泽原之亟	满洲现状	上海商务	一
三三六,三—九八	朱其华	中国经济危机及其前途	上海新生命	一

三四二,二一八一 一	国民会议	中华民国训政期约法	国民政府	一
三九三,二六一一五一	李宗武	日本生活	上海世界	一
三九三,九一一五一	李俚人	中国社会发展史	上海新生命	一
三九三,二六一九三三	胡山源	日本与日本人	上海商务	一
三九九,六一一六四	吴孝侯	日本之农村都市	上海大东	一
三九九,六一四四一	陈懋烈	最近之日本	上海中华	一
四二六,五一六五四	蔡公时	蔡烈士公时遗墨	蔡烈士公时家属	一
四二八,九一一七八	何香凝	何香凝书集第二辑		一
四三二,二一四七八	张 凤	汉晋西陲木简汇编	上海有正书局	一
四三五,一一四二八	张端木	钱录	星洲新国民日报馆	一
四四八一九三八	金山平三	西洋绘画一、二、三辑	日本图书株式会社	三
四八一,八一二一	王燕卿	梅盦琴谱	南通梅盦琴社	一
五五〇,二一八六九	亚新地学社	新世界列国地图	武昌亚新	一
六二一,〇二一八六三	三省堂编辑部	人体解剖图	东京三省堂	一

六五五,二六一八六三	三省堂旅行案内所	新总道地图	东京三省堂	一
七二二,二四 一二一	王 筠	说文释例	扫叶山房	八
八二〇一三七五	孙德谦	六朝丽指	四益宧刊本	一
八二一一一五一	李家煌	始奏集	常熟杨氏铅印本	一
八二一一二二五	邵祖平	培风楼诗存		一
八二一一五六二	叶恭绰	遐庵汇稿		四
八二一一五八六	端木国瑚	太鹤山人集		一
八二一一九六七	沃洲散人	沃洲散人漫吟		二
八二一,七一四七三	童振藻	清代名媛诗录		一
八二二,一一一七	童振藻	清代名媛诗录	木砚斋刊	一
八二二,四五一二二	王文濡	词话丛钞	上海大东	一
八二二,五一五五六	杨铁夫	清真词选笺释		一
八二二,五一一三五	汪兆镛	雨屋深镫词续稿		一
八二二,五一九八	朱彝尊	曝书亭集词注		一
八二二,五一一二一	王鹏运	四印斋所刻词	王氏家塾本	六
八二三,一〇七一二一一	林 纾	左孟庄骚精华录	上海商务	一
八二四一四三四	陆继辂	洞庭缘传奇	鸳湖刊本	一
八二四,一一一六四	吴 梅	奢摩他室曲丛	涵芬楼影印	□

八二六，一——六四—二—二	吴曾祺	历代名人小简	上海商务	一
九一〇—二六—八六九	亚新地学社	世界政治区划商业交通全图	武昌亚新	一
九二〇—二四——	亚新地学社	湖北明细地图	武昌亚新	一
九二〇—八六九	亚新地学社	中华形势地图	武昌亚新	一
九二〇——三—二一	王慕宁	东三省之实况	上海中华	一
九二〇——三—九——	汤尔和	东北亚洲搜访记	上海商务	一
九二〇—三八——二八	沈曾植	蒙古源流笺证	孱守斋校补本	二
九二——六五	司马迁	古写本《史记》残卷	海东云峰精舍	一
九二七，八四—二一	王钟麒	中日战争	上海商务	一
九六〇—九四〇	陈彬龢	日本历史大纲	上海商务	一
九六〇—四四九—二	滕　柱	日本小史	上海商务	一
九六〇——六—四九—	黄炎培	朝鲜	上海商务	一
九七四，五二	刘孝标	唐写本《世说新书》残卷	上虞四时嘉至轩	一

（《暨南校刊》1932 年第 45 期）

洪年图书馆日记摘要

十二月十九日，馆员龙自强先生婚假期满，已于今日到校来馆工作。十八日，上海图书馆协会行第七届年会曾来函邀请参加，当派馆员温文耀先生代表前往。

（《暨南校刊》1932 年第 46 期）

图书馆一周报告

（十二月十二日至十二月十八日）

收　　文	六件
发　　文	十件
旧存款项	二二·一二元
	收　　到
中　　文	三册
外　　文	五册
	登　　记
中　　文	二一册
	编　　目
制目录卡	二四六张

收　到

国内报纸	七七份
南洋报纸	七份

统　计

本周阅览	四七二五人
每日平均	六三九人

备　注

中文杂志	六五册
西文杂志	九册

(《暨南校刊》1932 年第 46 期)

图书馆第十六周工作报告

收文	八件
发文	三七件
旧存款项	二二·一二元
支出款项	·八〇元
实存款项	二一·三二元

收　到

中文	三册

登　记

中文	四八册

编　目

中文

制目录卡	五三二张
排片	一六〇张
编新书目录	二张

收　　到

国内报纸	七七份
南洋报纸	九份

统　　计

本周阅览	四四三一人
每日平均	六三三人

备　　注

中文杂志	一〇九册
西文杂志	一三册

(《暨南校刊》1933 年第 47—49 期)

图书馆第十七周工作报告

一、日记摘要

本星期,楼上书库前添装消防器一具。十二月廿七日本馆函请各学院及中学部在放寒假以前,将下学期应购教本填表送馆,以便预算开学需要。

二十九日谌然模病愈销假,到馆工作。

二、各种统计

收　　文	六件

发　　文	一四件
旧存款项	二一·三二元
新收款项	无 元
支出款项	·一四元
实存款项	二一·一八元
登　　记	
中文	九册
外文	一册
编　　目	
制目录卡	一一五张
收　　到	
国内报纸	七七份
南洋报纸	九份
统　　计	
本周阅览	四五一五人
每日平均	六四五人
备　　注	
中文杂志	六八册
西文杂志	一三册

（《暨南校刊》1933 年第 47—49 期）

图书馆布告

（第十四号）

为布告事：寒假届满，本馆业已开放，仰各部各学，自本月十三日起，携带注册证前来本馆典藏处领取阅书证，所有旧阅书证于是日起一律作废,特此布知,仰各注意!

此布

图书馆

二月九日

(《暨南校刊》1933 年第 51 期)

图书馆布告

(第十五号)

为布告事:顷奉校长谕知,本校教职员上期所借馆藏图书,务即通知克日归还;如有未还者,即照章扣薪,并以后不借出书籍等因。奉此:除专函通知教职员克日归还上期所借图书外,自本期开学起,所有馆藏图书一律不借出馆外,合亟布告。

此布

图书馆

二月九日

(《暨南校刊》1933 年第 51 期)

新订各教员调取书籍办法

一,每学期开始时,(1)由各教授教员开列书单,(2)送各该院长部主任签可,(3)嗣由各院部办公处通知本馆调取,(4)本馆检出送至各该办公处检收。

二,上述调查书籍二星期通知催还,每一月清理一次。

三,调取书籍如遇损失拖欠等情,照章依时价向调用者追偿,如调用者先期离校或擅行转借无着,由调取者与本馆负责追缴。

四,每月二十五号以前,将调书未归还者开列名单,送会计出纳室实行扣薪。

五,本办法俟呈明校长后通知施行。

(《暨南校刊》1933 年第 53 期)

图书馆工作报告

(二月二十日至二月二十六日)

一、日记摘要

(一)上学期教职员所借去图书,业经函催两次归还,多数置之不答,刻拟实行开名单,送交会计室照章扣留二月份俸金,以备偿还之保证。

(二)现图书馆拟征求各地地方志书,据闻北平青云阁富晋书社尚有备存,刻已函请该社开明目录并价格,俟其复单到后,再为酌量购置。

(三)馆员沈景乾奉调至秘书处总务课工作,一俟新馆员平祖仁到馆,即嘱沈景乾前往。

二、各项统计

收　文	四件
发　文	一五件

旧存款项	二三二·七三元
支出款项	一九八·六七元
实存款项	三四·〇六元
订　购	
中　文	九七册
外　文	二册
收　到	
中　文	七八册
外　文	四册
登　记	
中　文	七六册
外　文	三册
编　目	
外文	
制目录卡	一五〇张
排　片	一二〇张
整理查对	文学卡片史地卡片种
收　到	
国内报纸	七〇份
南洋报纸	二四份
统　计	
本周阅览	二〇〇四人
每日平均	二八六人
备　注	
中文杂志	七八册
西文杂志	五册

（《暨南校刊》1933 年第 54 期）

图书馆工作报告

（三月六日至十二日）

一、日记摘要

1，函托会计师代办室将教职员调取书籍办法单夹放在二月份薪水单内，分发各教职员，俾益明了借书手续，则此后借贷两方，自更利便。

2，托顾仲彝先生汇洋四百十六元至北平，请叶崇智先生代购西文文学书籍一百余种。

3，本馆粉刷业已继续进行，不日即可完成，嗣后于观瞻卫生方面当尤完满。

4，本周馆员请假者，计星期一平祖仁半天，星期五鲍益清一天，星期六龙自强、谌然模、鲍益清各半天。

二、分类统计

收　　文	四件
发　　文	九件
旧存款项	四四八·五一元
新收款项	无
支出款项	六四·六〇 元
实存款项	三八三·九一元
装　　订	无

订　　购

中　　文	五四册

外　　文　　一二八册

收　　到

中　　文　　三九册

外　　文　　无

登　　记

中　　文　　三九册

外　　文　　无

编　　目

中文

制目录卡　　三四二张

排　　片　　无

外文

制目录卡　　二八张

排　　片　　二八张

整理查对　　包扎《四部丛刊》一五三扎

编新书目录　　无

收　　到

国内报纸　　七〇份

南洋报纸　　五份

统　　计

本周阅览　　二九六三人

每日平均　　四二三人

整理藏书　　无

备　　注

中文杂志　　七五册

英文杂志　　六册

(《暨南校刊》1933 年第 56 期)

洪年图书馆近况

▲加定新出刊物

▲全馆刷新

▲汇购西书

▲发函征求方志

本校图书馆自本学期开学以来,添置中外图书,加定新出刊物达六十种,特辟杂志室,现为谋阅览者之快感与卫生起见,将各室粉刷一新配合淡黄颜色,光线适宜。最近新编成之应用科学及自然科学目录,已由本校印务组承印,下月当可出版,检查书籍更为方便。前星期五又汇出洋四百二十元,托前馆长、现任清华大学教授叶崇智先生选购西文文学书籍一百三四十种,不日可到。并拟分期分区征求国内方志,以为研究人地学之资料,兹转载征求方志原函于后。本校同学来自各地,如有详悉原籍志书采购办法,望通知馆中备函购置,当较便利也。

附:征求各地方志函

径启者:邦国文献,外史是崇,志乘源流,吾华夙具。本校自经沪战,图书部分未遭损失,复兴以来,从事充牣,现计搜藏省县志书以供文史之研究。曾函内政部,调查现有各地志书,嗣得覆函,指示征求参考,兹特具函贵政府,敬希饬赐贵志书一部。如需代价,或刊物交换,亦请详覆,俾便奉上。

此致

国立暨南大学图书馆谨启

月　日

(《暨南校刊》1933 年第 56 期)

图书馆工作报告

(三月二十七日至四月九日)

一、日记摘要

1. 本馆最近函请叶崇智先生选购英文文学书籍一百十七册,所讲均系佳本,现已到馆编目。

2. 三月三十一日,本馆派龙自强、陈辅、蔡春曦三君随同本校诸职员前往同济大学,分门考察,以资借鉴。

3. 本馆在春假期内,上午照常办公,阅览室亦同时开放。值日人员:星期一汪善录、陈镇和,星期二蔡春曦、郝春德,星期三谌然模、平祖仁,星期四龙自强、陈辅,星期五温文耀、鲍益清,星期六江善敬、黄兆霖。

二、分类统计

收文	八件
发文	五七件
旧存款项	三八三・九一元
新收款项	一一六・〇〇元
支出款项	一〇一・三五元
实存款项	三九八・五六元

订购	
中文	一七册
外文	四册
收到	
外文	四册
登记	
中文	五〇八册
外文	四册
编目	
中文	
制目录卡	一六八张
外文	
制目录卡	三二张
收到	
国内报纸	一四〇份
南洋报纸	四七份
统计	
本周阅览	二三一七人
每日平均	三三一人
备注	
中文杂志	一五七册
英文杂志	一三册

(《暨南校刊》1933 年第 59 期)

洪年图书馆新到书籍表

（二十一年度下学期　三月十六日）

100　哲理科学

著　者	书　名	出版处	册
孙其敏	中国学术思想史	上海世界	一
程始仁	辩证法经典	上海亚东	一
刘百英译	历史的唯物论	上海现代	一
葛承训	一个女孩子的心理	上海儿童书局	一
汤子庸译	青春期心理学	上海商务	一
赵　演译	社会心理学	上海商务	一
向　达译	亚里士多德伦理学	上海商务	一

200　教育科学

著　者	书　名	出版处	册
陶行知	教学做合一讨论集	上海儿童书局	一
刘朝阳译	教育的重要原理及其根据	上海商务	一
庄泽宣	各国教育比较论	上海商务	一
夏承枫	现代教育行政	上海中华	一
伊利亚	大学之行政	上海商务	一
潘之赓	教育测验与统计	上海世界	一
金轮海	儿童生活指导的理论与实际	上海儿童书局	一
徐家鉴	训育周实施新例	上海儿童书局	一
梁士杰	一个实验生活教育的学校	上海儿童书局	一
屠镇川	健康教育	上海世界	一
刘百川等	小学各科新教学之实际	上海儿童书局	一

葛承训	低年级算术教学新法	上海儿童书局	一
杜佐周	小学教育问题	上海儿童书局	一
梁士杰	寄志在小学教育者	上海儿童书局	一
戴自俺	从儿童队伍里来	上海儿童书局	一
袁　哲	世界各国小学教育概观	上海儿童书局	一
朱智贤	小学行政新论	上海儿童书局	一
陈剑恒	实际的小学行政	上海儿童书局	一
程其保等	小学行政概要	上海商务	一
马静轩	儿童与教育	上海儿童书局	一
梁士杰	怎样做幼稚园教师	上海儿童书局	一
陶知行(行知)	幼稚教育论文集	上海儿童书局	一
吴承均译	儿童新教学	上海儿童书局	一
陶知行(行知)	晓庄一岁	上海儿童书局	一
陶知行(行知)	破　晓	上海儿童书局	一
唐现之	美国乡村小学标准	上海中华	一
谢泽如	发情期之教育的研究	上海儿童书局	一
人见绢枝	女运动员临阵以前	上海勤奋书局	一
金兆均	体育行政	上海勤奋书局	一
王复旦	运动场建筑法	上海勤奋书局	一
陈奎生等译	按摩术与改正体操	上海勤奋书局	一
王复旦	田径赛裁判法	上海勤奋书局	一
蒋湘青	田径赛 ABC	上海世界书局	一
吴蕴瑞译	田径运动	上海勤奋书局	一
王复旦	越野跑训练法	上海勤奋书局	一
陆翔千	竞走训练法	上海勤奋书局	一
吴邦伟	足球训练法	上海勤奋书局	一
吴邦伟	篮球训练法	上海勤奋书局	一
张国勋等译	美国篮球新术	上海勤奋书局	一
阮蔚村	排球训练法	上海勤奋书局	一

马德泰	网球训练法	上海勤奋书局	一
钱一勤	游泳训练法	上海勤奋书局	一
阮蔚村	运动救急法	上海勤奋书局	一

300　社会科学

杭立武	政治典范要义	上海黎明	
俞诚之	中国政略学史	上海生活书店	一
陈安仁	中国政治思想史大纲	上海商务	一
陶希圣	中国政治思想史	上海新生命书局	一
陆国香等译	近代政治思想史	上海黎明	一
大盐龟雄	最新世界殖民史	上海商务	一
蒋廷黻	近代中国外交史资料辑要	上海商务	一
董　霖	法西斯主义与新意大利	上海黎明	一
蒯世勋	经济学	上海世界	一
林光澂译	社会经济学撮要	上海商务	一
马克思	资本论	北平东亚书局	一
马克思	资本论	北平国际学社	一
里嘉图	经济学及赋税之原理	上海神州国光社	一
亚当斯密	国富论	上海神州国光社	二
基　德	欧美经济学说史	上海神州国光社	二
野村兼太郎	世界经济史	上海中华	五
何思源	国际经济政策	上海商务	一
陈登元	中国土地制度	上海商务	一
谢无量	中国古田制考	上海商务	一
焦雨亭、刘光炎	合作事业	上海世界	一
基　特	农业合作	上海商务	一
顾树森	德国农业信用合作	上海中华	一
实业部商业司第二科	苏联经济概况	南京实业部	一
郑　斌	战时国际法	上海商务	一

白敦庸	市政述要	上海商务	一
宋　介	市卫生论	上海商务	一
张　锐	市制新论	上海商务	一
张福仁	行道树	上海商务	一
董修甲	市行政学纲要	上海中华	一
顾彭年	现代欧美市制大纲	上海商务	一
宋　介译	市政原理与方法	上海商务	一
张慰慈	英国政府纲要	上海商务	一
张云伏译	英国政府及政治	上海商务	一
弓家七郎	都市问答	上海商务	一
吴宗焘	理论实用外国汇兑	上海商务	一
陈　度	中国近代币制问题汇编	未详	三
张家骧	中华币制史	北平民国大学	一
马寅初	中华银行论	上海商务	一
施伯珩	钱庄学	上海商业珠算学社	一
江恒源	中国关税史料	上海大东	一
唐启宇、宋希庠	农村经济	上海世界	一
杨开道	农村社会	上海世界	一
杨开道	农村组织	上海世界	一
杨开道	农村自治	上海世界	一
杨开道	农村政策	上海世界	一
杨开道	农村调查	上海世界	一
杨开道	农民运动	上海世界	一
杨开道	农村领袖	上海世界	一
杨开道	农村问题	上海世界	一

400　艺术

海　尔	儿童日用游戏器具	上海儿童书局	一

500　自然科学

任鸿隽	科学概论	上海商务	一

林惠祥	世界人种志	上海商务	一
张继龄	农艺化学浅说	上海商务	一
	600 应用科学		
松本喜代美	实用外科手术	上海商务	一
唐志才、冯明吴	育种学	上海商务	一
龚 骏	中国新工业发展史大纲	上海商务	一
	800 文学		
周作人	儿童文学小论	上海儿童书局	一
陈小航译	幼年时代	上海商务	一
	900 历史地理		
杨幼炯讲	近世革命史纲	上海中华	一
滨田耕作	东亚文化之黎明	上海黎明	一
路易马德楞	法国大革命史	上海商务	一
王勤堉译	近代地理学	上海商务	一
胡先骕译	世界植物地理	上海商务	一
高桑驹吉	中国文化史	上海商务	一

（《暨南校刊》1933 年第 60—61 期）

图书馆工作报告

（四月十七至廿三日）

一、日记摘录

（一）本馆内部各室粉刷完毕后，尚称美观，现外部粉刷部分又开始，不日即可完毕。

（二）本馆走衖路中之水门汀，日军驻扎时曾生火靠暖，故中空而外凸，且有破碎，有碍行走，函请庶务室派工修补，业已动工。

（三）本周内计发谢函八封，写时事摘要七张。

二、分类统计

收文	一二件
发文	一三件
旧存款项	三九五，七三元
支出款项	三六八，〇四元
实存款项	二七，六九元
订购中文	四五册
收到中文	一〇册
登　　记	
中文	八五册
外文	一三册
编　　目	
中文	
制目录卡	二〇张
排片	二〇张
外文	
制目录卡	九张
排片	九张
整理查对	整理文学
编新书目录	二张
收　　到	
国内报纸	七〇份
南洋报纸	一七份
统　　计	
本周阅览	二四三四人

每日平均　　三四八人

备　注

中文杂志　　六五册

英文杂志　　五册

历史地理目录编制完毕。

(《暨南校刊》1933 年第 61 期)

洪年图书馆新到书籍表

(二十一年度下学期　四月二十一日)

书　号	著　者	书　名	册
010 – 148	杜定友	学校图书馆学	一
012.32 – 559	裘开明	中国图书编目法	一
012.109 – 441	陈彬龢	中国书史	一
018.2 – 705	钱亚新	索引和索引法	一
019.1 – 441 – 2	陈登原	天一阁藏书考	一
021.05 – 316 – 2	黄云眉	古今伪书考补证	一
02□.01 – 15	方欣安	尚书学讲义	一
042.5 – 21	王思忠	惠庵演讲录	二
096 – 865	生活周刊社	人物述评	一
099 – 112	尚传义	四川各界追悼廖季平先生征文启	一
099 – 428 – 2	张心濂	德年集	一
099 – 434	陆乃翔	康南海传	一

099－867	吴碧柳追悼会	吴碧柳纪念刊	一
121.1－749	戴 震	戴氏三种	一
194.09－170	吕 澂	印度佛教史略	一
194.09－650	蒋维乔	中国佛教史	三
327.26－21	王芸生	六十年来中国与日本	四
430－211	林泰辅	龟甲兽骨文字二卷	二
430.3－441－2	陈邦福	古钵发微	一
431－441	陈 直	殷契剩义	一
431－441－2	陈 直	金文拾遗	一
431－441－4	陈邦福	殷契说存	一
431－441－4	陈邦福	殷虚霾契考	一
431－674	刘铁云	铁云藏龟	六
431－674－12	叶玉森	铁云藏龟拾遗附考释	一
431－775－2	罗振玉	殷虚书契待问编	一
431－775－5	罗振玉	殷商贞卜文字考一卷	一
431－775－6	罗振玉	增订殷虚书契考释三卷	二
510.3－598	赵 缭	数学辞典	一
712.822－21	王桐龄	中国民族史附表	一
722－460	毕任庸	文字学	一
722.22－441	陈邦福	说文十干形谊笺	一
726.7－401	许时庚	增广诗韵合璧	五
726.8－34	戈 载	词林正韵	四
803－375	孙俍工	文艺辞典	二
821－21－14	王礼锡	市声草	一
821－31	孔 芥	奈何集	一
821－178	何 适	官梅阁诗词集	一
821.03－556	杨廷杰	自怡悦草堂诗钞	二
821.09－434	陆侃如	中国诗史(古代诗史)	一
821.09－434－2	陆侃如	中国诗史	三

822.501 - 654	蔡 桢	词源疏证	一
822.509 - 21	王 易	词曲史	一
822.5 - 784	龙沐勋	东坡乐府笺	三
822.51 - 683	龙沐勋	词选附梦窗词选笺	一
827.09 - 128	沈从文	中国小说史讲义	一
831.9 - 151	李则纲	欧洲近代文艺	一
920.6 - 791	顾颉刚	古史辨	一
920.7 - 756	瞿宣颖	方志考稿甲集	三
920.7 - 661	郑鹤声	中国史部目录学	一
920 - 31 - 562	叶恭绰	桂游半月记	一
930.13.154 - 2	开洛尔	新印度	一

(《暨南校刊》1933 年第 62—63 期)

图书馆一周报告

(五月一日至五月七日)

收文	一五件
发文	一八三件
旧存款项	二〇·一九元
支出款项	六四元
实存款项	一九·五五元
收到中文	三三册
登记中文	三三册

编 目

中文制目录卡	一四四张
外文制目录卡	二〇〇张
整理查对	改编文学目录
收到	
国内报纸	六三份
南洋报纸	一一份
统计	
本周阅览	二一七六人
每日平均	三一一人
备注	
中文杂志	七九册
英文杂志	一〇册

(《暨南校刊》1933 年第 63 期)

图书馆工作报告提要

(五月八日至十四日)

一、日记摘录

1,本馆征求各省县志书函,第一次计发江浙两省,最近接到复函十二份,有志书者,为遂安、吴县、镇海三县,但须代价十元,即可购备。本馆现待其他各县复函到齐后,同时进行收集。

2,第二次征求各县志书函,系发河北、福建、广东、广西四省,计三百二十一件。

3,《万有文库》第一辑第三期,计七十三种,都一百二十九册,业已编目完毕,移入藏书室,照章借阅。

4,本周共张贴新闻摘要七大张,寄发谢赠书籍杂志函十四件。

二、分类统计

收文	一五件
发文	三四七件
旧存款项	一九 · 五五元
实存款项	一九 · 五五元
	订　购
中文	三册
	收　到
中文	十册
	登　记
中文	四五册
	编　目
中文制目录卡	一四六张
外文制目录卡	三六张
排片	三六张
整理查对	整理文学卡片誊写哲理科学卡片以便出目录
	收　到
国内报纸	七〇份
南洋报纸	一三份
	统　计
本周阅览	二二九七人
每日平均	三二八人

(《暨南校刊》1933 年第 64 期)

暨南大学图书馆新到书籍表

（二十一年度下学期　五月十六日）

书号	著者	书名	册
018.3－18	文经纬	读书方法	一
030－21	王云五	百科名汇	一
090.2－73	史量才	申报年鉴	一
303－332	高希圣	社会科学大词典	一
399.2－151	李　璜	中国的跳舞与神秘的故事	一
428.4－271	胡友葛	胡友葛居士画集	一
722－454－2	Unokichi	汉字之优点与缺点	一
722.28/2－2	丁福保	说文解字诂林补遗	一六
722.3－791	顾雄藻	字　辨	一
722.6－941	高田忠周	古籀篇	六三
722.6－941－2	高田忠周	学古发凡	六
821－98－7	朱彝尊	曝书亭集笺注	八
822.51－373	孙佷工	中华词选	一
822.5－1644	卢葆华	相思词	一
822.5－265	施祖皋	硕果斋词	一
920.6－775	罗根泽	古史辨第四册	一
928.7－814		参与国联东案调查委员会概要	二
928.7－814－2		中国之现状	一

928.7－814－3		在中国及蒙古之共产主义	一
910－505	屠斯聪	世界最新形势图	一
910－505－2	屠斯聪	世界新形势一览图	一
910－836	世界舆地学社	实用世界挂图	一
928－505－2	屠斯聪	最近中华挂图	一
928－505－3	屠斯聪	孙总理建国方略图	一
928－836	世界舆地学社	实用中华挂图	一

《万有文库》第一辑第三期

016.22/2684	释智旭	阅藏知津	六
041－7717	周予同	群经概论	一
029.6－4743	胡朴安	校雠学	一
093－8344	钱基博	版本通义	一
113.1－7540	陈　柱	老子与庄子	一
114.1－1200	孙诒让	墨子间诂	四
320.1－0700	亚里斯多德	政治论	四
320.1－1124	张奚若	社约论考	一
321.03－5074	华尔富	经济帝国主义论	一
325.25－3877	涂开舆	华　侨	一
327.2－1044	王勤堉	满洲问题	一
330.9－6420	基　特	经济思想小史	一
331.87－1034	王治焘	国际劳工机关概要	一
331.8－3640	祝世康	劳工问题	一
332.4－1137	张家骧	中国之币制与汇兑	一
332.4－4643	杨荫溥	各国币制	一
332.44－5447	斐　舌	货币的购买力	一
335－4445	华　超	各国社会主义运动史	一
336.5－2220	刘秉麟	中国财政小史	一
336.5－7733	欧宗佑	中国盐政小史	一
338－1051	丁振一	工业政策	一

338.2－8703	郑　斌	中国国际商约论	一
347.4－4773	胡长青	契约法论	一
352.2－1134	张澄志	侦探学要旨	一
370.1－4404	薛文蔚	人文主义与教育	一
370.1－7487	陆人骥	教育哲学	一
370.15－4447	华　超	教育测验概要	一
370.95－1013	王一鸿	中国古代教育思潮	一
371.3－2642	程其保	教学法概要	一
380－7294	刘光华	交　通	一
383－1046	王　柽	邮　政	一
392.5－7741	陶希圣	婚姻与家族	一
398.3－4453	林惠祥	民俗学	一
398.3－55338	费鸿年	迷　信	一
501－4762	胡明复	科学方法	一
530.1－8449	牛　顿	自然哲学之数学原理	一
541.2－2221	片山正夫	化学与量子	一
550.9－4435	叶良辅	地质学小史	一
552－7548	陈彬龢	中国文字与书法	一
575－1503	王诲初	进化浅说	一
580－7454	陆费执	植物之种子	一
595－2240	邹树文	昆　虫	一
612.384－1068	王锡恩	无线电原理	一
616.3－2139	上官悟尘	消化器病	一
630.2－4422	黄绍绪	农业概论	一
639－5538	费鸿年	中外渔业概观	一
659.1－4423	苏上达	广告学概论	一
661.2－0082	高　铦	酸	一
668.5－8783	郑尊法	香料及化妆品	一
693.8－4415	黄晋甫	防火概论	一

701 - 6038	吕　澂	现代美学思潮	一
702 - 6033	吕　澂	美学浅说	一
796 - 3285	潘知本	棒　球	一
796 - 7242	刘大绅	台　球	一
808.3 - 8732	郑次川	欧美近代小说史	一
808.5 - 4694	杨炳乾	演说学大纲	一
812.31 - 1060	丁　晏	曹集诠评	二
812.51 - 7438	陆　游	陆放翁集	二一
841.2 - 6071	郑毓㳅	国际联合会之目的及其组织	一
860 - 4433	万良濬	西班牙文学	一
891.7 - 1080	贝　灵	俄罗斯文学	一
891.73 - 3058	陀思妥耶夫斯基	被侮辱与损害的	六
909.82 - 4437	董之学	二十世纪之世界	一
910.4 - 1044	王勤堉	世界一周	一
915 - 0442	谢　彬	全国一周	一
920.535 - 8751	王钟麒	郑成功	一
920.58 - 4036	傅东华	李清照	一
923.7 - 7540	陈博文	西洋十九世纪之教育家	一
923.9 - 1080	张星烺	马哥孛罗	一
928.9 - 5400	施蛰存	魏琪尔	一

图书馆工作报告概要

（五月十五日至廿一日）

一、日记摘要

（一）《大英百科全书》《人名大辞典》《教育大辞书》等三十二巨册，因书皮烂蚀送沪改装，业已送到，编目后，即再陈列阅览室。

（二）本周计收到征求省县志书回信二十件。有志书者，计青岛市及江阴、高邮、海盐、观城、邱县、德清、兰溪、昌化、南汇等县，《南汇县志》及青岛市之《胶澳志》，业各赠送一部，其他须照价购置。

（三）填制全国图书馆编目调查表两份，寄北平图书馆协会。

二、分类统计

收文	二五件
发文	一八件
旧存款项	一九·五五元
实存款项	一九·五五元
装订	九六册
订　购	
中文	五册
收　到	
中文	五册
登　记	
中文	三六册

编　目

中文制目录卡	二六四张
中文排片	一三七张
外文制目录卡	一五〇张
外文排片	六〇张
整理查对	文学整理完毕
重编大英百科全书目录	一六张

收　到

国内报纸	七〇份
南洋报纸	一〇份

统　计

本周阅览	二八九八人
每日平均	四一四人
中文杂志	七八册
英文杂志	八册

(《暨南校刊》1933 年第 65 期)

国立中央图书馆筹备处公函

(总字第一一七号)

径启者,案奉教育部第一二零二九号令开,派蒋复璁为国立中央图书馆筹备处主任,仰即遵照此令,等因。奉此,遵于四月二十一日租定本京沙塘园七号为筹备处,业经开始筹备。除呈报暨分函处,相应函达,即希查照。按国立中央图书馆之筹设,责在促进学术,发展文化,搜藏图书,供众阅览。征集刊物,尤宜求备。素仰贵大学出版刊物,谠论宏旨,后学津梁。务恳颁赐全份,藉光典藏,曷胜感荷!

此致

国立暨南大学

国立中央图书馆筹备处主任　蒋复璁

五月二十五日

(《暨南校刊》1933年第66期)

本校概况·图书

本校藏书经“一·二八”之劫,略有损失,幸郑校长、张馆长历年扩充经营,馆务渐臻发达,加以战后补充,不遗余力,现藏中文书籍三三〇四五册,外文书籍八一五七册,总计四一二〇二册,价值约六万元。计洪年图书馆内,备有书库三,阅览室三,办公室一,外在第三宿舍附设阅报室,全馆职员共十三人。

(《暨南校刊》1933年第67期)

GOVERNMENT CHINAN UNIVERSITY LIBRARY

LIBRARIANS OFFICE May 29,1933

CLASSIFICATION	AUTHOR TITLE
	000 General Works
030/H22	Hammerton,J. A. ed.: *Concise Universal Encyclopedia.*
095/E73	Ervine,St. John,G.: *Some Impressions of My Elders.* 1922.
095.51/054	Oman,Charles: *Seven Roman Statesmen of the Later Republic.*
099/H46	Heine,Heinrich:*Die Harzreife.* 1907.
099/K32	Kemp,Harry:*Tramping on Life.* 1924.
099/K92	Kreymborg,Alfred:*Troubadour.* 1925.
099/M64	Kemp,Harry:*More Miles.* 1926.
099/R65	Robertson,Alexander: *Mussolini and the New Italy.*
	100 Philosophical Sciences
130/B49	Bergson,Henri:*An Introduction to Metaphysics.* 1912.
177.2/M82	Moore,George: *Celebrate Lives.* 1927.
190/C29	Carpenter,J. E.: *Comparative Religion.*
190.04/G78	Gray,E. D.: *Selections from Old Testament Literature.* 1930.
192/B15	Bailry,Albert,E.: *Art Studies in the Life of Christ.*

1917.

193.2/W49 Werner, E. T.: *Myths and Legends of China.*

194.04/D25 Davids, Rhys: *Buddhism.*

200 Educational Sciences

289.8/C73 Commissioner of Education: *Report on Higher Education in the State of New York.* 1929.

300 Social Sciences

320.98/M96 Munro, W. B.: *Government of the United States.* 1920.

321.4/D97 Duster, A. G. W. A.: *Howling Mob an Indictment of Democracy.* 1927.

323.351/F79 Fox, S. F.: *Italy Today.*

327.37/J27 James, Henry: *The Ambassadors.* 1903.

329/P85 Postgate, R. W.: *Out of the Past.* 1923.

330.914/K71 Knight, M. M. & others: *Economic History of Europe in Modern Times.*

331/W33 Watkins, C. S.: *Introduction to the Study of Labor Problems.*

341/E92 Evans, L. B.: *Leading Cases on International Law.* 1922.

351.6/M96 Munro, W. B.: *Municipal Government and Administration.* 1923.

358/B36 Beard, C. A.: *American Government and Politics.* 1928.

370/M92 Moulton, H. G.: *Financial Organization of Society.* 1930.

400 Fine Arts

401/B51 Henri, Rodert: *The Art Spirit.* 1923.

401/M14 Macgowan, Kenneth: *Masks and Demons.* 1923.

401.2/B96 Bushell, Stephen W.: *Chinese Art.* 1924. 2v.

430.43/H96 Hurll, E. M.: *Greek Sculpture.* 1920.

433.3/S55	Sherman, Stuart: *Critical Woodcuts.* 1927.
441/B41	Beerbohm, Max: *Things New and Old.* 1923.
441/B41r	Beerbohm, Max: *Rossetti and His Circle.*

(《暨南校刊》1933 年第 67 期)

图书馆工作概要

(五月廿二至廿八日)

一、日记摘录

(一)收到中华书局出版之《四部备要》第四辑,计一百九十五册。

(二)收到征求省市县志书复函十六件。而松江、无锡、丽水、龙泉、寿昌、汤溪等县及河北省均有志书,须备价购置。

(三)本校中山文化研究会函请将从前三民主义研究会移来之图书转交该会。查该项图书已编目入库,照章不准。据实函复。

(四)本馆自沪变后,全馆布帘,丧失无遗。兹因天气渐热,阳光照射,读书与工作均有碍,再函庶务课,请赶制楼上自动布帘及楼下蓝布帘。

二、分类统计

收文	一九件
发文	二〇件
旧存款项	一九·五五件
支出款项	〇·四八元
实存款项	一九·〇七元

订　购

中文　二〇册

外文　一册

收　到

中文　五八册

外文　一册

登　记

中文　六三册

外文　一册

编　目

中文

制目录卡　四八〇张

排片　四八〇张

外文

制目录卡　二五〇张

编新书目录西文　五张

收　到

国内报纸　七〇份

南洋报纸　八份

统　计

本周阅览　三〇三六人

每日平均　四三四人

中文杂志　七八册

西文杂志　一三册

(五月廿九至六月四日)

一、日记摘录

(一)本周收到征求志书回函七件,只建德、昆山两县有志书,昆山县并赠送县志一部，计二十四册，已专函致谢。

（二）收到《万有文库》继出新书一百十三册，正赶行编目入库，以供员生阅览。

（三）前周函请庶务课制办楼上下布帘，以蔽阳光，而利工作，但因校中经费困难，一时不易举办，特再函庶务课，改装芦帘，暂济急用。

（四）《笔记小说大观》一百零五种，都五百册，业经编目完竣，即可借阅。

（五）沈景乾馆员，请病假一周。

二、分类统计

收文	二一件
发文	二六件
旧存款项	一九·〇七元
支出款项	三二元
实存款项	一八·七五元
	订　购
中文	三二册
外文	一册
	收　到
中文	一八册
外文	一册
	登　记
中文	五一册
外文	一册
	编　目
中文	
制目录卡	二六七张
排片	二六七张
外文	

排片	二五〇张
整理查对	整理西文字典卡
	收　　到
国内报纸	七〇份
南洋报纸	七份
	统　　计
本周阅览	三四六〇人
每日平均	四九四人
中文杂志	四五册
西文杂志	六册

(六月五日至十一日)

一、日记摘录

(一)本周收到征求志书回函五件,只遂安、嘉兴两县有志书。遂安县惠赠之志书一部,业已收到,即日函谢。

(二)学期将届结束,各院部借阅图书,为数二百卅八册,特发专函七十八份,通知各教职员在考试后缴回,以便整理。藉以全盘统计各类图书实数,则应行添购者,即可着手进行。

(三)翻译各院交来订购西文书籍名目,呈报校长。

(四)函中学部教务课,请再通知该部教员,将所借图书尽二十一日以前由该课就近收集,缴还本馆。

二、分类统计

收文	一六件
发文	二一件
旧存款项	一八·七五元
支出款项	五五元
实存款项	一八·二〇元

订　购

外文	七册

收　到

中文	三册

登　记

中文	一四三册
外文	一册

编　目

中文

制目录卡	三〇六张
排片	三〇六张

外文

制目录卡	三〇张
排片	六〇〇张

收　到

国内报纸	七〇份
南洋报纸	八份

统　计

本周阅览	二五〇一人
每日平均	三五七人
中文杂志	八八册
西文杂志	一三册

(《暨南校刊》1933 年第 68 期)

图书馆布告

（第廿二号）

本馆自七月一日至八月廿九日，开放时间为：上午八时至十一时，下午一时至四时，星期六下午及星期日均停。八月卅日起，仍照馆定时间开放。

此布

主任 胡肇椿

六月廿九日

（《暨南校刊》1933年第69—70期）

图书馆工作报告概要

（六月十二至十八日）

一、日记摘录

（一）本馆预约《西巡大事记》一部，计十一册，《清季外交史料》一部，计十册，均收到，现在从速编目。又外交史料，待款装订。

（二）本周收到征求志书回函五件，天津、清苑、霸县均无志书。黑龙江编有省志，连江县有县志，可照价购置。

(三)本月十四日为本校大学部成立六周纪念,举行庆祝,图书馆楼上下阅览室三所,均陈列中西名画,参观者极为拥挤。又馆员龙自强、汪善录、江善敬、温文耀、陈辅等,均参加布置或筹备等事宜。

二、分类统计表

收文	二〇件
发文	二五件
旧存款项	一八·二〇元
支出款项	〇·一二元
实存款项	一八·〇八元

收　到

中文	七六册

登　记

中文	三九册
外文	一九册

编　目

中文

制目录卡	二八四张
排卡	二八四张

外文

制目录卡	五八张
排卡	一〇〇张
编新书目录	四张

收　到

国内报纸	七〇份
南洋报纸	六份

统　计

本周阅览	三四九六人
每日平均	四九九人

中文杂志	七八册
英文杂志	七册

(六月十九至廿五日)

一、日记摘录

(一)本周共收到志书回函廿七件,只定兴、漳浦、北流、冀等县有志书,均须照价购买。

(二)廿日开馆务会议,决定在暑期内上下午均开放,以利留校员生之研求。

(三)预定本月二十六至卅日五天清理本馆全部图书,分工合作,当易完成,各人分配如下:

(1)总类 黄兆霖; (2)哲理 陈辅;
(3)教育 温文耀; (4)社会 龙自强;
(5)艺术 语言 江善敬; (6)自然 蔡春曦;
(7)应用 汪善录; (8)文学 鲍益清;
(9)史地 谌然模; (10)小说 钟勇森;
(11)杂志 郝春德 沈景乾。

(四)统计二十一年度全年收发文等数量如下:

(1)收文	四二八件
(2)发文	一七〇八件
(3)中文报	二八〇〇份
(4)西文报	四八〇件
(5)中文杂志	三六四〇册
(6)西文杂志	四七六件
收文	三〇件
发文	三九件
旧存款项	一八·二〇元
实存款项	一八·二〇元

登　记

中文	四九册
外文	四册

编　目

中文	
制目录卡	一七〇张
排片	二五〇张
外文	
制目录卡	八五张
排片	二五〇张

收　到

国内报纸	七〇份
南洋报纸	一二份

统　计

本周阅览	二六〇三人
每日平均	三七二人
中文杂志	九〇册
西文杂志	五册

（《暨南校刊》1933 年第 69—70 期）

图书馆新到书籍表

（二十一年度下学期　六月十六日　第五次）

书号	著者	书名	册数

000　总记

000 –943	饭塚茂(日人)	南洋四雄姿(日文)	一
000.2 –671	黎国昌	南洋实业科学教育考察记	一
000.8 –523	傅绍曾	南洋见闻录	一
000.8 –935	平山胜熊(日人)	南洋诸岛之富源(日文)	一
008 –122	宋蕴璞	南洋英属海峡殖民地志略	一
020.8 –609	蒙文通	经学抉原	一
042.55 –903	上海市立民众教育馆	学术演讲(第一集)	一
099 –870	徐国栋等编	世界昆虫学家传略第一集	一

100 哲理科学

150.4 –428	张耀翔	心理学论文索引	一
151.1 –98	朱鹤年	袋鼠间脑纤维连接之研究	一
152.1 –F54 –2	王克仁译	幼稚之意义	一
194 –674	刘定权	破新唯识论	一

200 教育科学

201 –731	薛文蔚	人文主义与教育	一
201 –879 –2	崔载阳译	新教育的原则及实际	一
204 –661 –1	陈希文	郑洪年一年来国难中之教育言论	一
204 –813	福建省教育厅	福建教育厅第三届暑期学校讲演集	一
204 –912	厦门大学	厦门大学演讲集(二集)	一
206.2 –866 –1	全国高等教育问题讨论会	报告	一
206.216 –803	山东省教育厅	山东省地方教育讨论会会议记录	三
209.2 –871	国联教育考察团	中国教育之改进	一
209.2101 –809	南京市社会局	南京市教育概况统计	一
209.219 –806	江苏省教育厅	江苏省教育厅概览	一

209.223 - 810	浙江省教育厅	浙江省三年来教育概况	一
209.224 - 811	湖北省教育厅	最近湖北教育一览	一
209.28 - 811	教育部高等教育司	高等教育概况	一
210.212 - 808	河北省教育厅	教育厅十九年度施政纲要	一
213.212 - 803	河北省教育厅	河北省现行教育法则辑要	三
213.219 - 806	江苏省教育厅	江苏省现行教育法令汇编	一
213.2201 - 803	上海市教育局	上海特别市教育法规	一
213.222 - 803	福建省教育厅	福建现行教育法规汇编	一
213.223 - 810	浙江省教育厅	浙江省教育法规汇编	一
213.28 - 811	教育部	现行重要教育法令汇编	一
213.284 - 815	驻日留学生监督处	关于留日学务法令规程汇刊	一
215.222 - 813	福建省教育厅	福建省教育统计（十九年度）	一
215.223 - 810	浙江省教育厅	十九年度浙江省教育统计图表	一
215.816 - 803	山东省教育厅	第二次工作报告	一
215.816 - 803 - 1	山东省教育厅	山东省各县市十九年度教育年报	四
215.8201 - 809	思明县教育局	视导报告	一
221.2 - 916	暨大招生委员会	国立暨南大学招生报总编廿一年度	二
221.5 - 449	陶广川等	中学会考指导丛书	一〇
225.83 - 903	江苏省立上海中学	学生课外作业概况	一
228.5 - 805 - 3	平汉铁路车务见习所	毕业纪念册	一
228.5 - 905 - 3	弘道女子中学	二十周纪念刊	一
228.5 - 908 - 9	协和医科大学	年刊（1932 年）	一
228.5 - 911 - 3	江苏省立宿迁中学	五周纪念刊	一
228.5 - 911 - 5	培善学校	培善之廿周年	一
228.5 - 912 - 51	宿务中华学校	落成纪念刊	一

228.5-912-61	华华中学暨附小	十周纪念刊	一
228.5-913-4	江苏省立苏州农业学校	五周年纪念特刊	一

（《暨南校刊》1933 年第 69—70 期）

二十二年度全校职员一览表·图书馆

（二十二年度第一学期）

胡肇椿	主任	教授兼出版课主任兼
龙自强	馆员兼馆务助理	
鲍益清	馆员	
汪善录	馆员	
谌然模	馆员	
温文耀	馆员	
郝春德	馆员	
黄兆霖	馆员	
钟勇森	馆员	
张婉若	馆员	
陈婉慈	馆员	

（《暨南校刊》1933 年第 71 期）

教务委员会洪年图书馆办事细则

（二十二年八月二十八日临时校务会议修正通过）

第一条　本馆依据教务委员会规程组织之。

第二条　本馆设主任一人，秉承校长及教务委员会主任委员之意旨，办理本馆一切事宜；馆员若干人，秉承主任之命令，分掌本馆各种事务。

第三条　本馆设下列各组：

一　登记组；

二　编目组；

三　典藏组；

四　事务组。

第四条　登记组专司登记书籍杂志事宜：

一　关于书籍之登记事项：

（一）图书收到后，检查一过，如有倒装、损破等情，即送回调换；

（二）所到图书检查卷册、核对发票有无错误；

（三）所到图书检查无误后，在发票上加盖本馆图章，即将该票交会计师代办处付账；

（四）在登记卡上将新到书籍分别登记其书名、著者、到期、价格、发行所、出版日期及登记号码等；

（五）将登记号码、到期、价格三项由登记卡转入里书标，该标应贴于图书封面里页上，再送编目组编目。

二　关于杂志之登记事项：

（一）编制杂志报纸目录以便检查；

(二)按期登记各种杂志于杂志登记卡;

(三)各项杂志登记后加盖馆章,移交与典藏组陈览;

(四)缺少之杂志报纸随时通知事务组函索补寄;

(五)各项杂志报纸满期时,即通知事务组续订;

(六)杂志每年汇齐后,每种分若干册装订,订后即由本组作图书登记。

第五条 编目组专司中西文图书之分类及编目事宜:

一 图书之分类依照杜定友所编世界图书分类法,并酌加修改与扩充;

二 各种图书均依其内容审定门类,给予类码;

三 著者号码中文采用杜定友之著者号码表,西文采用 Cutters 二位数著者号码表;

四 图书编目规则依照 Hitchler 之编目法为根据,而以 A. L. A. 及 Fetlow 之编目规则为参考;

五 类名标题西文采用 A. L. A. Subject Heading,中文自编;

六 图书目录卡共分七种,胪列于下:

甲 书架目录卡 一张

乙 著者目录卡 一张

丙 书名目录卡 一张

丁 类名目录卡 若干张

戊 参考目录卡 若干张

己 分析卡 若干张

庚 书卡 一张

七 每编一书应先检查书架目录有无相同之书或相同之书码,以免冲突;

八 卡片编就后先校对,再交主任核览;

九 书架目录卡依书码排列,存编目组,以便编目时之查考;

十 著者、书名等目录,中文依张凤先生所编之形数检字法排列,西文依字顺排列成为字典式目录,陈列目录处,以供阅者检查;

十一　编目手续完毕后,即将书籍检交典藏组典藏;

十二　遇必要时应编书本目录刊印。

第六条　典藏组专司图书之保管及流通事宜:

一　开放时间:星期一至星期五,上午八时至十二时,下午一时至五时,晚间七时至九时半。星期六,上午八时至十二时。星期日,下午一时至四时,晚间七时至九时半。假期另定。

二　出纳手续

甲　发阅览证时查看注册证。

乙　书籍借出时,阅书人之阅览证存留出纳处,按照号码顺序排列。

丙　书籍借出时,将内书卡取出,按照分头号码顺序排列。

丁　每次闭馆前十五分钟停止借阅,即在此时,将该次开馆时所还之书籍收藏原架原位。

戊　组员负保管图书及维持阅览室秩序之责任。

己　各教授指定在馆内参考之书籍须妥为管理。

庚　每学期之末清查书籍一次。

第七条　事务组专司文书、会计、庶务、购订事宜。

一　关于文书事项:

(一)掌理一切往来公文函件,撰稿,缮发,编辑,报告,登记,日记等事项;

(二)关于图书杂志之商订及征求谢赠事项;

(三)本馆星期报告、新书介绍及阅览统计表等按期抄送出版课,登载校刊;

(四)保管本馆图记及一切公文案卷。

二　关于会计事项:

(一)依照预算支配用款;

(二)凡有应付款项,先核对发票是否与所购之品名件数相符,然后加盖馆章,交会计师代办处付账。

三　关于庶务事项:

(一)点收新书;

(二)办理经主任核后各种购置事宜;

(三)一切设备清洁事宜。

四 关于购订事项:

(一)分发图书购订单与各院院长、各系主任填购应购图书;

(二)图书购订单汇齐后,交主任审核后分别购订。

第八条 本细则经校务会议议决公布施行。

第九条 本细则如有未尽事宜,提出校务会议修改之。

(《暨南校刊》1933 年第 72 期)

教务委员会洪年图书馆阅书规则

(二十二年八月二十八日临时校务会议修正通过)

一 开馆时间

星期一至五:上午八时至十二时 下午一时至五时
晚七时至九时半

星期六: 上午八时至十二时

星期日: 下午一时至四时 晚七时至九时半

寒暑假时间另规定。

二 阅览规则

第一条 本馆所有图书限定在本馆阅览室内阅览,不得携出馆外。

第二条 阅览时勿高声交谈朗诵。

第三条 凡本校学生均有阅览图书之权利。

第四条　欲阅图书者，须先持注册证向本馆领取阅书证，然后凭证借阅。

第五条　阅书证如有遗失，须向本馆声明。

第六条　补证每次须纳小洋二角。

第七条　欲阅何书，应就目录卡中选择，记该书书码于取书条，交馆员检取。取书时，须将阅书证交馆员。

第八条　每人同时只得借阅图书五册。

第九条　图书阅毕应即交还，不得任意辗转传阅。

第十条　图书内部不得删改污损，如有错误之点，应报告馆员。

第十一条　借阅图书如有污损等情者，应照原价加倍赔偿。

第十二条　书库不得入内。

第十三条　本规则经校务会议议决公布施行。

第十四条　本规则如有未尽事宜，提出校务会议修改之。

（《暨南校刊》1933 年第 72 期）

教职员借阅图书规则

（二十二年八月二十八日临时校务会议修正通过）

第一条　凡本校教职员欲借阅图书者，需先向院办公处或秘书处及其他办公处领取本馆所发出之教职员借书单，由院长或该办公处主管人员签字，证明介绍来馆以为凭据。

第二条　借书期以二星期为限。如未阅毕，得续借二星期，但在续借期间，本馆如有需要得随时收还。

第三条　借书册数以五册为限。

第四条 如污损、遗失图书者,应照原价加倍赔偿。或逾期不还图书者,由本馆通知财务室保留薪金,或即在薪金内扣除,赔偿图书费。

第五条 附特种阅览室阅书规则:

甲 本室采取开架式;

乙 本室各项图书专供在室阅览,不得借出;

丙 私人书籍不得携入室内;

丁 本室各项图书抽阅后放置桌上,由馆役插回原处,以免纷乱。

第六条 本规则经校务会议议决公布施行。

第七条 本规则如有未尽事宜,提出校务会议修改之。

(《暨南校刊》1933年第72期)

洪年图书馆二十二年度第一次馆务会议纪录

日 期 八月十一日

地 点 本馆

出席者 胡肇椿 龙自强 温文耀 汪善录 鲍益清 黄兆霖 郝春德

主 席 胡肇椿 记 录 汪善录

行礼如仪

主席报告:(一)本学期添购图书情形。(二)增加阅书桌椅及加辟特种阅览室。(三)此次中华图书馆协会在北平开会,因本人事忙,已由校长指派本馆龙自强、鲍益清二先生代表出席。

议决事项：

1，特种阅览室采用开架制，内加置丛书及复本书，专供职教员阅览。但职教员仍得在普通阅览室阅读。

2，典藏工作时间分配如下：

楼上 上午黄兆霖、钟勇森

下午黄兆霖、汪善录

晚上张婉若、钟勇森

楼下 上午郝春德下午张婉若

办公室 上午汪善录下午郝春德

3，修正教职员借书规则。

4，印行《国立暨南大学洪年图书馆概要》一小册，以备随时分赠到馆参观来宾，及中华图书馆协会年会开会时，本馆出席人员亦可携同北上分赠协会会员，以资宣传。

（《暨南校刊》1933年第72期）

洪年图书馆新年度之扩充与中学部图书室之增设

图书之激增与补充情形

大阅览室之加筑新计划

中学部图书室之新设置

商务印书馆惠赠《大学丛书》

本校图书馆经今校长郑公及张前馆长凤历年刻意经营，已极有可观；但因本校经费支绌，近年金价奇昂，及沪战之突起，在在足为图书馆发展之梗。沪战之际，馆中所藏贵重图籍损失在三千册以上，估价约万余元，去年力事补充，尚敷应用。二十二年度业经校务会议议决，图书馆经费预算为三万三千元，分期拨付。第一批业已领到者为四千五百元，均照各院长、系主任、教授开来书单立即分别在国内搜求，不足即向外国定购。连日在国内购得及寄到者已百余册，且多鸿篇巨帙，计已向英法德美日诸国定购之书籍数百种（陆续尚按各教授递交书单订购），外国杂志五六十种，各国大字典辞书十余册，地图十余种。此外并酌量补充沪战损失图籍及加增复本书籍。

至第二批购书费为三千元，已由校长与商务印书馆王云五先生商定为专购该馆出版图籍之用。经费支配，并经校长指定理学院占一千元，商学院八百元，文学院七百元，中学部五百元，刻正分函各院长、部主任照额指定图籍，以便即行购置。昨又承商务印书馆慨赠《大学丛书》四十七册，业经专函道谢。校长复将其自藏《古今图书集成》全部慨赠，以供员生阅读，三两日内即可运到馆中。

全馆备有阅览室三，仅容二百人，不敷远甚，除于暑假期中在第一、第二两阅览室中各加大阅书桌二张，增容三十二人，及在办公室内增辟特种阅览室，内设丛书及教本重要参考书复本书，以供教职员阅览——但教职员仍得在普通阅览室阅览——外，中学部复于新年度之始，加设图书室一所，专供中学员生之用。但大学部员生均得到图书室，中学部员生亦均得到图书馆阅读，俾图书馆不致过于挤拥。业由馆中先行借拨中学适用之书籍及教本等七八百册，又《万有文库》全部，与该室应用，并就馆中第一批经费拨三百六十元为购置中学重要教本之用。现该室已将设备完竣，不日正式开始阅览。

馆中阅览室容量过小，及急谋治标办法，已见前述。本校前曾有改建图书馆计划，嗣以需费过巨，一时未易举办。兹拟于馆之左侧空地增建一大阅览室，可容三百读者，期于最短期内筑成，现正在工程师设计中。余关于馆中其他新设备情形及中学部图书室详细设施计划，容俟续报。

（《暨南校刊》1933 年第 73 期）

本校出席图书馆年会代表消息

中华图书馆协会年会在北平举行,本校图书馆特派助理馆务龙自强、馆员鲍益清出席,昨二君已由平返校,兹将其出席报告节录于下:“此次自强、益清奉派代表本校图书馆出席中华图书馆协会第二次年会,兹将经过情形择要陈报如后:八月二十三日由沪到南京,廿五日晚十时二十分抵天津。翌日上午参观南开大学图书馆后,乘下午二时二十分北宁车,抵达北平已七时,径赴清华大学。二十七日到中华图书馆协会办事处注册报到缴费。二十八日上午九时大会开幕,会场设在清华大学大礼堂,出席会员二百余人,来宾到者有北平市长袁良,社会局长蔡元,清华大学校长梅贻琦,北平大学代表樊际昌,政务委员会代表赵叔雍,李石曾代表李圣章,市党部代表庞镜塘。由主席团袁同礼为主席,报告谓:第一次年会于十八年冬在南京开会,此次在北平举行,所讨论之要题为图书馆经费及民众教育二项。自第一次年会至今已有四年,此四年中全国图书馆已有相当之进展,如清华大学图书馆及北平各大学图书馆费用每年在五十万元以上,四年以来总计达二百万元以上,其他各处亦均有相当之进展。主席报告后,由各机关代表致辞演讲,大略均希望今后应推广图书馆事业,以期达到文化普及云云。后有会员刘国钧代表答辞,十一时十分始摄影散会。下午二时在清华生物学馆开行政组会议,通过决议各案:一,国内图书馆员得互相交换以资观摩。二,酌量公开学校图书馆与社会合成一气,补助成人教育。三,各省市县公共图书馆附设流动部等各案。五时参观清华大学图书馆及全校设备,晚七时演讲会,八时清华大学图书馆同人开茶会,欢迎出席年会会员。二十九日上午开会务会议及议决下届年会地点,在广州、杭州、武昌三处择一举行。继有索引检字组开会,对于检字有重要讨论,并无决议。下午分类编目组开会,通过之议案:一,审定美国杜威十进分类法关于中国历史地理语言文学金石书画等分类细则。二,请书业联合会编制出版联合书目录。四时参观燕京大学图书馆及全校,晚七时俞庆棠先生讲演,题为'从欧游归来感想到教育大众化'。至九时,继续开图书馆经费组会议。决议:一,请中英庚款董事会速拨款建筑中央图书馆,请中美庚款董事会补助图书馆经费案。二,请中央拨棉麦借款美金一百万元,扩充全国图书馆事业案。时图书馆教育组同时开会,决议:一,请教育部令国立大学设图书馆专科。二,函各省教厅每年考选学生二名,分送各图书馆专科学校肄业,其学膳宿费由教育费中支拨。三,请各省市图书馆人才经费设备充足者附设图书馆学讲习所。议毕已夜十二时。三十日上午民众教育组开会。议决:一,推广民众教育,拟请组织民众图书馆研究组。二,呈请教育部通令各省县市在乡村区域,从速广设民众图书馆案。议毕,有陶湘先生讲演清代殿本书之派别及源流。十一时宣读论文。下午游颐和园、玉泉山。六时返,应清华大学之公宴。后在清华大学礼堂行闭幕典礼,由王文山主席,请各组会议之结果、通过之议案,一一报告毕,宣读闭会宣言。要点谓以保障图书馆经费之安定与独立,推广图书馆之用于大多数民众,及增进图书馆之效率,提高中国学术之文化云云。三十一日上午参观国立北平图书馆及宋元刊本德国美术图书展览会,计善本书有经部十一种,史部一百七十种,子部一百五十二种,集部二百七十种,共计六百零五种。德国最新之印刷有一百五十种。故宫博物院及文渊阁参观毕,十二时赴铁道宾馆,应北平图书馆协会之公宴。下午参观三大殿,历史博物馆陈列之古物约有数万种,惜为时匆促,不能一一细观。五时赴外交大楼应北平机关二十二团体所邀之茶会。九月一日游天坛、孔庙、雍和宫、国子监,二日游西山,三日动身到天津。在津休息一日,五日由天津起程,六日晚到浦口,七日搭京沪车返校。此经过之大略情形也。"(下略)

(《暨南校刊》1933 年第 74 期)

图书馆新到书籍表

（二十二年九月一日至九月三十日 第一次）

书号	著者	书名	册
		000 总记	
020.7－393	徐澄宇	国学大纲	一
030.2－841	商务编译所	少年百科全书	九
032－717	谢　观	中国医学大辞典	二
092.253－812	湖南省政府	湖南政治年鉴	一
093－337	唐敬杲主编	现代外国人名辞典	二
093－402	梁廷灿	历代名人生卒年表	一
		100 哲理科学	
150－W34－2	臧玉淦	行为主义的心理学	一
150.58－428	张耀翔	心理杂志选存	二
150.9－P642	陈德荣译	心理学史	一
152.3－622	潘　菽	社会的心理基础	一
		200 教育科学	
260.9－556	杨　廉	近代欧美初等教育发达史	一
263.7－568	赵馀勋	语言与缀法	二
266－164	胡叔异	英美德日四国儿童教育	一
		300 社会科学	
311－52	毛起鷄	社会统计大纲	一
332.6－939－2		商业政策	一
347.5－H89－2		人寿保险学	一

349.294－248		公文程式详论	一
371.1－21		货币学	一
373.2－556		中国交易所论	一
392－674		各国社会运动史	一

500 自然科学

508－66	郑贞文等编	少年自然科学丛书	一五
510－164	吴在渊	数论初步	一
530－730			
571－661	郑作新	生物学实验指导	一

600 应用科学

615－428	张黼卿	临证秘典	一
615.7－791	顾寿白	世界各国新药集	
676－804	国际贸易协会	日本报纸调查	一

700 语言学

702－271	胡以鲁	国语学草创	一
722－84	江恒源	中国文字学大意	一
722－178	何仲英	文字学纲要	一
722－271	胡朴安	文字学 ABC	一
722－650	蒋善国	中国文字之原始及其构造	二
725－164	吴 瀛	中国国文法	
725－674	刘 复	中国文法讲话	
725.3－412	郭步陶	文法解剖 ABC	
725.8－21－1	王 易	修辞学通诠	
725.8－242	金兆梓	实用国文修辞学	一

(待续)

(《暨南校刊》1933 年第 76 期)

教务处图书馆第二次馆务会议

时　间　十月十三日上午十时

地　点　本馆

出席者　胡肇椿　龙自强　汪善录　温文耀　鲍益清　黄兆霖　曾毅夫

主　席　胡肇椿　记　录　龙自强

报告事项:

本学期照各院教授开来购书单,预算约需一万一千元方克办齐,距第一批所拨经费四千五百元相去尚远,尤以复本书为急待订购,业已将详情报告九月二十五日临时校议。并蒙校长谕着即加购,暂以三千元为度,当即将急待购用之复本书,以学程现有学生数目为衡□列齐,已呈请校长拨款定购。

讨论事项:

(一)特种阅览室应如何规定藏书范围案。议决:交龙自强、鲍益清、汪善录先生研究办理。(限一星期内办妥)

(二)西文杂志价值过巨,易于散失,应如何保管案。议决:关于杂志之管理,请龙自强、鲍益清、温文耀、郝春德先生另拟具体办法办理。

(三)已装及未装报纸之存置及阅览应如何办理案。议决:三个月内之未装订成册者,送书库内由杂志室管理,已装订者仍存书库内。

(四)持装书报甚多,应如何从速装订,以备应用案。议决:即送印务课装订,同时按送书籍之数量,酌行筹款先交装订费,以便该课购买装订材料。

(五)"一·二八"扫存书籍应如何处置案。议决:前已由本馆及附中图书室择取合用书籍若干登记编目备用。但现经细查,尚有可用者应再行详细选择以备阅用。(书籍加盖图章以资纪念及识别)如有复本过多者,酌行通告各学术机关出让或交换。书籍整理请张婉若先生办理,并请庶务课临时加派校工一人帮忙。

(六)二十二年度图书总目录应速行编定案。议决:工作方面由龙自强、鲍益清、温文耀、汪善录、郝春德五先生办理,财务方面由胡主任设法筹划,限二十二年二月底完成。

(《暨南校刊》1933 年第 77 期)

图书馆新到书籍表

(二十二年十月一日至十月三十日　第二次)

书　号	著　者	书　名	册
		000　总记	
082.1 - 428	张怡祖	张季子九录	二五
099 - 151	李　季	马克思	一
		100　哲理科学	
101 - 151 - 1	李石岑	现代哲学小引	一
101 - 151 - 2	李石岑	哲学概论	一
146.95	布哈林	唯物史观	一
147.9 - 944	蒲列哈诺夫	史的一元论	一
148 - 938 - 1	河上肇	唯物史观的基础	一
150 - W92 - 2	S. R. Woodworth	心理学	一
152.3 - 441	陈东原	群众心理 ABC	一
152.3 - Y68 - 2	Kinball Young	社会心理学	一
155.31 - B71 - 2	G. Le. Bon	政治心理	一

156.2－98－2	朱君毅	教育心理学大纲	一

200 教育科学

201－300－1	范 锜	教育哲学	一
201－522－2	舒新城	心理原理实用教育学	一
201.7－D52－2	J. Dewey	民本主义与教育	一
201.914－21	王凤喈	西洋教育史纲要	一
209.7－933	山下德治	新兴俄国教育	一
210－114	仲靖澜等	教育行政指导	一
210－148	杜定友	学校教育指导法	一
215.5－505	程其保	学务调查	一
215.8－920	苏中实小	新教育法实验报告	一
223－B14－2	William C. Bagleg	开学与学校管理	一
249－674－1	刘仁甫	各科新教学法	一
251.7－775	罗廷光	师范教育新论	一
260－114	仲靖澜	办学宝鉴	一
261－393	徐家鉴	春晖小学行政新设施	一
263－906	苏中实小	小学实验课程	一
268.7－21	王文新	小学分级字汇研究	一
269－B28	傅彬然	小学教学法	一
273.7－162	阮 真	中学国文各学程教学研究	一
294.2－386	柴福沅	性学 ABC	一

300 社会科学

300－B67－2	E. S. Borgardus	社会学概要	二
311－654	蔡毓聪	统计学 ABC	一
320－645	郑初民	政治科学大纲	一
321.4－192－2	A. L. Lowell	公共意见与平民政治	一
327.19－428	张安世	近代世界外交史	二
330－98－1	朱通九	劳动经济	一
330－151	李权时	经济学原理	一

330－945	增地庸治郎	经营经济学	一
330.914－960	泷本诚一	增订中世欧洲经济史	一
336.7－N35－2	魏学智译	苏联的经济组织	一
349.291－749	戴渭清	新式标点公文程式	四
371.1－151	李权时	货币价值论	一
371.8－550	杨荫溥	经济新闻读法	一
371.92－311	侯厚培	中国货币沿革史	一
374－428	张伯箴	保险学 ABC	一
391.6－393	徐　恰	宣传术与群众运动	一
393.409－164	吴黎平	社会主义史	一
399.2－449－1	陶希圣	中国社会与中国革命	一

500　自然科学

510－151	李　俨	中国数学大纲	一
510.9－S65－2	David Eugene Smith	近代数学史编	一
510.92－151	李　俨	中算史论丛	一
575.1－C75－2	Edwin Grant Conklin	遗传与环境	一

600　应用科学

613－122	宋　健	卫生学通论	一
613－864－1	中华卫生教育会	卫生丛书	一
613－M65－2	H. W. Miller	健康生活	一
615－2	丁福保	西药实验谈	一
622.9－746	邝国华	化验五金矿砂详注	一
655.92－821－1	铁道年鉴编纂委员会	铁道年鉴	一
660－775	罗宗善	商业学	一
660.1－311	侯厚培	商业通论	一
660.4－407	许鸣达	商业之改造	一
660.9－W72.2	T. Y. Williams	商业史	一

661 – 21	王澹如	商业经营 ABC	一
661.3 – 705	钱祖龄	实用会计学	一
661.5 – S91 – 2	Frank H. Streightoff	会计学原理及实务	一
661.32 – 556	杨笃因	成本会计研究	一
661.37 – 622	潘序伦	政府会计	一
661.4 – 428	张忠亮	商业簿记	一
661.5 – 556	杨汝梅	近代各国审计制度	一
661.5 – 661	郑行巽	审计学 ABC	一
661.51 – 556	杨笃因	稽核帐目研究	一
662 – 428	张家泰	工商管理 ABC	一
663.3 – 428	张家泰	售货术 ABC	一
664 – 612	蒯世勋	广告学 ABC	一
665.92 – 805	正太铁路管理局	正太铁路管理局	一
668.5 – 21	王澹如	国际贸易 ABC	一
672 – 248	周　纬	工厂管理法	一

700　语言学

720 – 161	李儒勉	英语修学指导	一
721 – 698	乐嗣炳	怎样使用标点符号	一
725.4 – 390	倪明材	英文造句法正误详解	一
725.4 – 360 – 2	倪明材	英文造句法正误详解答案	一

800　文学

815.7 – 434	陆东平	辩论术 ABC	一
820.1 – 674	刘麟生	中国文学 ABC	一
820.7 – 765 – 1	谭正璧	中国文学进化史	一
822.2 – 556	杨鸿烈	中国诗学大纲	一
826.1 – 735	钟毓龙	古今尺牍大观	一
833.1 – 164	吴道存	金氏英文精选中文译注	一

(《暨南校刊》1933 年第 84 期)

图书馆新到西文书籍表

（二十二年十二月二日）

CLASSIFICATION AUTHOR TITLE

000 GENERAL WORKS

095/R27 Raymond, Allen: *What is Technology?* 1933.

100 PHILOSOPHICAL SCIENCES

150.1/W56 Wheeler, R. H.: *Readings in Psychology*. 1930.

200 EDUCATIONAL SCIENCES

201/R96 Russell, Bertrand: *Education and the Good Life*. 1926.

300 SOCIAL SCIENCES

321.9/G61 Goldenweiser, E. A.: *Federal Reserve System in Operation*. 1925.

330/P31 Patterson, S. H. A. & Scholz, K. W. H.: *Economic Problems of Modern Life*. 1931.

336/B96 Burns, Emile: *The Only Way Out*.

338.6/M88 Morse, H. B.: *The Gilds of China*. 1932.

372.94/S45 Smith, J. G.: *The Development of Trust Companies in the United States*.

373.5/C45 Chamberlain, Lawrense & Edwards, G. W.: *Principles of Bond Investment*. 1927.

373.8/B71 Bond, F. D.: *Stock Movements and Speculation*. 1928.

500 NATURAL SCIENCES

503/K55 Kingzett, C. T.: *Chemical Encyclopedia (a digest of*

	chemistry and its industrial application). 1932.
517/Y62	Young, W. H. & Young, G. U. : *Theory of Sets of Points.*
517.21/F73	Fort, Tomlinson: *Infinite Series.*
519.4/M57	Merriman, Mansfield: *A Text – book on the Method of Least Squares.*
523/M92	Moulton, F. R. : *Descriptive Astronomy.* 1927.
530/F97	Fuller, R. W. Brownlee, R. B. & Baker, D. L. : *Laboratory Exercises to Accompany Elementary Principles of Physics.* 1927.
530.7/A51	Ames J. S. & Bliss, W. J. A. : *Manual of Experiments in Physics.* 1926.
530.7/S25	Saunders, F. A. & Crawford, F. H. : *Physical Laboratory Manual.* 1933.
531.3/M16	Macmillan, W. D. : *Statics and the Dynamics of a Particle.* 1927.
535/R65	Robertson, J. K. : *Introduction to Physical Optics.* 1929.
535.1/R34	Reiche, Fritz: *The Quantum Theory.* tr. by Hatfield, H. S. & Brose, H. L.
540/T58	Timm, J. A. & Schupp, O. E. : *Laboratory Exercises in General Chemistry.* 1930.
543/A48	Allen's, A. H. : *Commercial Organic Analysis.* 9v. 1923.
547/N35	Neave, G. B. & Heilbron, I. M. : *Identification of Organic Compounds.* 1920.

600　APPLIED SCIENCES

625.7/C80	Crandall, C. L. & Barnes, F. A. : *Railroad Construction.* 1913.
660.1/A21	Adurns, A. B. : *Economics of Business Cycles.* 1925.
661.3/K42	Kester, R. B. : *Accounting Theory and Practice.* 1922.
661.35/P31a	Paton, W. A. : *Accountants' Handbook.* 1933.

668.5/C77	Cooper, C. S.: *Foreign Trade Markets and Methods.* 1922.

700 PHILOLOGY

725.4/Y94	Yu, Chi Chuan: *Guide to Composition and Letter Writing.*
733.3/L77	Little, William: *Shorter Oxford English Dictionary.* 1933.

800 LITERATURE

833.7/T84	Turcenev, L. T.: *Poems in Prose.* 1929.
833.7/Y94	Yu, C. C.: *Yu's English Writings.* 1930.
838.2/A55f	Anderson, H. C.: *Fairy Tales from Anderson.* 1929.
838.2/W67ft	Wilde, Oscar: *Fairy Tales from Wilde.* 1929.
838.8/A51	Amicis, E. D.: *Heart a Schoolboy Journal.*

(《暨南校刊》1933 年第 84 期)

图书馆近讯

购到大批书籍地图杂志

本校图书馆于“一·二八”之役,曾损失书籍达数千册,嗣经陆续补充,已有可观。近复竭力搜求国内影印西书及廉价本,计新达到五百余册。又本年度向欧美新订之西文杂志已到二十种,日文杂志数种,大挂图折图二十余种,至由欧美新到各学院用原本西书达三四十本(书名详见附录),本月初当可到齐云。

(《暨南校刊》1933 年第 84 期)

图书馆西文新书目录

(民国二十二年十二月十二日)

CLASSIFICATION	AUTHOR TITLE
	100 Philosophical Sciences
102/C68	Coker, F. W.: *Readings in Political Philosophy*. 1929.
159.7/P27	Parsons, J. H.: *An Introduction to the Theory of Perception*. 1927.
	200 Educational Sciences
209/M75	Monroe, Paul: *Twenty-five Years of American Education*. 1931.
	300 Social Sciences
338.5/A 58	Angell, J. W.: *Theory of International Prices*. 1926.
372.94/G78	Grayson, T. J.: *Investment Trusts*. 1928.
373.4/E26	Edwards, G. W.: *Investing in Foreign Securities*. 1926.
	500 Natural Sciences
511.3/D53	Dickson, L. E.: *Studies in the Theory of Numbers*.
530/W93	Worsnop, B. L. & Flint, H. T.: *Advanced Practical Physics for Students*. 1927.
531/BS1	Brand, Louis: *Vectorial Mechanics*. 1930.
535/W88	Wood, R. W.: *Physical Optics*. 1924.
535.08/W13	Wagner, A. F.: *Experimental Optics*. 1929.
540/R79	Roscoe, H. E. & Schorlemmer, C.: *Treatise on Chemistry*. 1920. 2v.

542.8/C91	Creighton, H. J.: *Principles and Application of Electro-chemistry*. 2v. 1928.
543/P55	Phillips, H. B.: *Vector Analysis*. 1933.
543/S93	Sutton, Francis: *Systematic Handbook of Volumetric Analysis*. 1924.
543.4/E93	Evers, Norman: *Chemistry of Drugs*. 1933.
546/L35	Latimer, W. M. & Hildebrand, J. H.: *Reference Book of Inorganic Chemistry*. 1933.
547/H46	Heidelberger, Michael: *An Advanced Laboratory Manual of Organic Chemistry*. 1923.
572.5/P35	Peake, H. J.: *Early Steps in Human Progress*. 1933.

600 Applied Sciences

661.2/M61	Meyer, C. A.: *Merchantile Credits and Collections*. 1922.
691.7/T11	Taber, C. W.: *Business of the Household*. 1926.

900 History and Geography

910 –6/P54	Philips: *Commercial Map of the World*.
914 –/P54	Philips: *Large School – room Map of Europe*.
915 –/P54	Philips: *Large School – room Map of Asia*.
918 –/P54	Philips: *Comparative Large School – room Map of South America*.

Fiction

F/AL19M	Alcott, L. M.: *Little Women*.
F/An25	Andreyev, L.: *Seven Who Were Hanged and the Red Laugh*.
F/B924	Bunyan, John: *Pilgrim's Progress*.
F/D555occ	Dickens, Charles: *A Christmas Carol and the Chimes*.
F/D8	Dreiser, T.: *Free and Other Stories*. 1929.
F/G574ve	Goldsmith, Oliver: *Vicar of Wakefield*.

F/H166	Hale, E. E.: *Man without a Country*. 1923.
F/H318wb	Hawthorne, Nathaniel: *A Wonder – book*.
F/L165tf	Lamb, C. M.: *Tales from Shakespeare*.
F/L241am	Ling, H. D. ed.: *Arabian Nights' Entertainments*.
F/L647b	Ling, H. D. ed.: *Best Continental Short Stories of the Day*.
F/L645br	Ling, H. D. ed.: *Best Russian Short Stories*. 2v. 1931.
F/P929	Prevost, A.: *Manon Lescaut*. 1929.
F/St48ti	Stevenson, R. L.: *Treasure Island*.
F/Sw55	Swift, Jonathan: *Gulliver's Travels*.
F/Sw55gt	Swift, Jonathan: *Gulliver's Travels*.
F/T219	Tchekhov: *Selections from Anton Tchekhov*. 1929.
F/W655	Wiggin, K. D.: *The Birds' Christmas Carol*.

(《暨南校刊》1933 年第 86 期)

图书委员会规程

第一条　本委员会根据本校组织大纲第十四条规定组织之,秉承校长办理关于图书之选购、图书费之预算及其支配事宜。

第二条　本委员会设委员三人,由校长指定本校教职员兼任之。

第三条　本委员会设主席委员一人,由校长于委员中指定之。

第四条　本委员会设干事一人,由校长指定本校教职员兼任之。

第五条　本委员会会议须有过半数委员之出席方得开会,出席委员过半数之同意方得决议。

第六条　本委员会每年开常会四次,于三、六、九、十二月举行之,有必要时得开临时会。

第七条 本规程经校务会议议决公布施行。

第八条 本规程如有未尽事宜,提出校务会议修改之。

(《暨南校刊》1933 年第 87 期)

图书馆新到西书及西文杂志表

The Ordered Magazines of Our Library

1 *Accountant*

2 *American Economic Review*

3 *American Historical Review*

4 *American Journal of Sociology*

5 *American Mathematical Monthly*

6 *American Mercury*

7 *Annuals of American Academy of Political and Social Science*

8 *Annuals of Mathematics*

9 *Antiquity*

10 *Art & Archaeology*

11 *Asia*

12 *Atlantic Monthly*

13 *British Museum Quarterly*

14 *Chemical Abstracts*

15 *Childhood Education*

16 *Contemporary Review*

17 *Current History*

18 *Educational Administration & Supervision*

19 *Foreign Affairs*

20 *Journal of Accountancy*

21 *Journal of Chemical Education*

22 *Journal of Educational Psychology*

23 *Journal of Egyptian Archaeology*

24 *Journal of Philosophy*

25 *Journal of General Psychology*

26 *Literary Digest*

27 *Living Age*

28 *Parents' Review*

29 *Physical Culture*

30 *Physical Review*

31 *Progressive Education*

32 *Psychological Bulletin*

33 *Psychological Review*

34 *Quarterly Journal of Economics*

35 *Railway Age*

36 *Review of Reviews (England)*

37 *Review of Reviews (America)*

38 *School Science and Mathematics*

39 *Scientia*

40 *Scientific American*

41 *Illinois Law Review*

42 *Michigan Law Review*

43 *Bulletin Annual*

44 *Inspection & Commerce*

45 *Review of Scientific Instruments*

46 *Sporting Times*

47 *China Critic*

48 *China Weekly Review*

49 *Chinese Affairs*

50 *English Weekly*

51 *People' s Tribune*

52 *Sin Po*

21 December, 1933

CLASSIFICATION AUTHOR TITLE

300 Social Sciences

338.5/A18 Acworth, W. M.: *Elements of Railway Economics*. 1932.

338.5/K31 Kemmerer, E. W.: *High Prices and Deflation*. 1921.

371/C34 Cassel, Gustav: *Money and Foreign Exchange after 1914*. 1927.

371/E35 Einzig, Paul: *International Gold Movements*. 1931.

371/G82 Greidanus, Tjardus: *Value of Money*. 1932.

371/K44 Keynes, J. M: *Treatise on Money*. 2v. 1933.

371/W82 Withers, Hartley: *Meaning of Money*. 1932.

372.94/B26 Barou, N.: *Co – Operative Banking*. 1932.

500 Natural Sciences

547/R53 Richter, V.: *Organic Chemistry of the Carbon Compounds*. ed. By Spielmann, P. E. 3v. 1929.

600 Applied Sciences

663.3/F53 Fisher, Irving: *Booms and Depressions*.

691.7/G46 Gilbreth, L. M.: *Home – Marker and Her Job*. 1933.

700 Philology

715/J45 Jespersen, Otto: *Philosophy of Grammar*. 1929.

(《暨南校刊》1933 年第 87 期)

国立暨南大学洪年图书馆

（民国廿三年一月调查）

〔地址〕上海真茹

〔沿革〕本校之有图书馆,已历十有六载。历年添置图书,规模粗具,但因屡经兵燹,散佚过半。民国十五年,向海内外醵金筑馆,当时校董郑洪年捐助最力,十六年馆成,定名为洪年图书馆。

〔组织〕本馆隶属于本校教务委员会。设主任一人,馆员若干人,分掌事务、登记、编目及典藏四股。

〔经费〕除馆员薪水外,每年购书费及办公费计二五〇〇〇元。

〔馆舍状况〕馆舍为凸字形,计二层,占地四九六七平方尺。楼上阅览室二间及书库,楼下阅览室一间,特种阅览室一间,办公室一间及杂志书库室等。

〔藏书统计〕中文书三三二二四册,西文书八一六九册,总计四一三九三册。

〔分类及编目检字〕中西文图书分类均采用杜定友分类法予以变通,中文参考四库法,西文参考杜威法。目录分书架、字典式、书本、新书四种。字典式目录混合著者卡、书名卡、类名卡及参考卡、分析卡等,依字顺排列。中文照张凤字典式,西文照字母次序。

〔每月阅览及借书统计〕阅览者平均二〇一九〇人。

〔职员〕主任胡肇椿,馆员九人。

〔出版物〕本馆概要。

（庄文亚编《全国文化机关一览》,上海世界书局,1934）

国立暨南大学洪年图书馆

〔馆址〕上海真茹。

〔学校概略〕国立暨南大学,创自前清两江总督端方,为招抚南洋华侨子弟回国求学而设于南京,称暨南学堂。辛亥革命曾一度停办。民七年由黄炎培、袁希涛、赵正平恢复,称暨南学校,设商科于上海,设女子部于南京。陆续筹款,于真茹购地二百数十亩,建新校舍,是为斯校集中之始。自十六年改称大学,历年逐有增进,以至今日。现设文、理、商三学院,计十五学系,学生八百七十余人。校长原为郑洪年,现因内部发生风潮,暂由沈鹏飞代理。新聘教务主任杨公达。

〔沿革〕图书馆创始于民国六年,十五年募金建筑新馆,郑洪年氏捐助最力,十六年馆成,定名为洪年图书馆。

〔组织〕图书馆属于教务委员会。馆内分事务、登记、编目、典藏四股。

〔馆舍建筑〕图书馆为凸字形,计二层,占地四九六七平方尺。楼下办公室、杂志阅览室、储藏室,楼上阅览室二座及书库。阅览室能容座位二百人,书库能容中西图书数万册。

〔藏书〕四万余册。社会科学中文书较多,次为商业书籍,中文三万三千余册,西文八千一百余册。

杂志装订成册者数十种。中文者一千六百九十册,西文者五百四十二册。

〔职员〕主任胡肇椿,职员鲍益清等十一人。

〔经费〕办公及购书费年两万五千元,薪资在外。

〔出版物〕《洪年图书馆概况》《中西图书目录》。

〔分类〕采用杜定友分类法,西文参考杜威法。

〔编目〕计有四种。书架目录、字典式目录、书本目录、新书目录。

〔目录卡〕书名卡、类名卡、著者卡。

〔检字〕中文用张凤字典式,西文用字母次序。

〔阅览时间〕上午八时至十二时,下午一时至五时,晚间七时至九时半。星期六下午及晚间,星期日上午及例假停止。

〔阅览人数〕每日平均六百余人。

〔阅览办法〕馆内阅览,不得借出馆外。凭注册证阅览。

(陈祖怡编《上海各图书馆概览》,上海世界书局,1934)

本校图书馆近讯

本校图书馆,历史悠久,藏书丰富。"一·二八"之役,虽全校陷于战区中,而馆中全部图书,却得安然运沪,未受丝毫损失。迨迁回真如后,复力事扩充,中西书籍添购者,亦复不少。本学期沈代校长莅校视事,即改约杜钢百先生为图书馆主任。杜氏于日前已到馆视事,除就原有成绩力事发展外,已定有整个改革及发展计划,目前着手举办事项,即在请求沈代校长确定图书馆经费并增加预算,重新编订图书目录,关于残缺各书,从速购置补充,国内外各种报纸杂志,除已购置者外,复尽量充分添购,务使全校教授、同学关于教学方面,不致感到参考书籍之缺乏。因事务之繁重,故本学期馆员亦略有增加,记者探悉该馆本学期馆务工作分配如下:总务股股长孔德,文书张契灵,登记谢石农,干事陈婉慈。编目股股长汪善录,编目郝春德。典藏股股长温文耀,典藏李敬伯、黄蕙英、黄兆霖、庄世鸿、石英亚,云云。

(《暨南校刊》1934 年第 89 期)

本校图书馆第一次馆务会议

时 间 二月廿八日 地 点 各书籍办公室

出席者 杜钢百 汪善录 张契灵 温文耀 郝春德 谢石农 李敬伯

主 席 杜钢百 记 录 张契灵

报告事件:

1. 接收事宜 函请前主任办理移交。
2. 今后扩充计划 请求校长确定原有经费,并增加预算。
3. 工作分配:

总务股股长 孔 德

文书 张契灵

登记 谢石农

干事 陈婉慈

编目股股长 汪善录

编目 郝春德

典藏股股长 温文耀

典藏 李敬伯

典藏 黄蕙英

典藏 黄兆霖

典藏 庄世鸿

典藏 石英亚

讨论事件:

1. 重订本馆图书目录案。
2. 检查本馆残缺各书,以便从速补购案。
3. 清理未装订图书案。
4. 从速取回付装订之图书案。
5. 修补残破图书案。
6. 添购图书杂志报张案。
7. 催还未还图书案。
8. 督率工役注意馆中整洁案。

(《暨南校刊》1934 年第 90 期)

图书馆布告

(第廿八号)

为布告事:本馆《万有文库》,拨存附中图书室,业已编目就绪,大学部同学亦可凭阅书证前往阅览。

此布

图书馆

三月十日

(《暨南校刊》1934 年第 92 期)

暨南大学图书馆新到书籍表

（三月一日至三月十五日）

000 总记

024－242	金公亮	诗经学 ABC
024. 1－347	秦同培	吴稚晖言论集
070. 92－650	蒋国珍	中国新闻发达史
095－288	查士骥	二十世纪的艺术家
099－506	贺岳僧	孙中山年谱

100 哲理科学

178. 1－523	傅东华	人生鉴
194. 09－441	陈彬龢	中国佛教小史

200 教育科学

201－393	徐蔚南	三民主义教育
204－420	曹聚仁	现代教育评论集
213. 28－835	世界书局	现代教育法令大全
223. 15－598	赵 麟	教书生活
266－98	朱兆萃	儿童生活

300 社会科学

320－48	朱采真	政治学 ABC
321. 4－650	蒋国珍	民众政治与英国的政治
323. 192－283	查良鉴	中国学生运动小史
327－450	常书林	外交 ABC
327. 2－393	徐国桢	近百年外交失败史

327.21－441	陈彬龢	帝国主义侵略中国史
327.21－H45.2	张立志	中外条约汇览
327.26－30	支恒贵	日本侵略满蒙史
329.1－107	印维廉	世界政党史
329.2－107	印维廉	中国政党史
329.28－245	周润寰	中山嘉言钞
329.28－565	万扶风	中山实业浅说
329.28－722	韩德光	中山政治浅说
329.281－687	朱翊新	三民主义浅说
329.281－741	陈彬龢	三民主义考试指南
329.281－761	魏冰心	五权宪法释义
329.281－76H	魏冰心	中山主义浅说
329.281－834		党化教育辑要
329.283－761	魏冰心	建国大纲释义
329.284－343	凌其翰	革命概说
329.284－650	蒋国珍	中国的革命运动
329.2891－441	陈味凉	中国国民党之沿革与组织
329.2891－107	印维廉	中国革命史
329.283－76H	魏冰心	建国方略浅说
330.29－151	李权时	中国经济思想小史
330.4－300	范祥善	现代财政经济评论集
330.9－331	侯厚培	十九世纪经济史
331.3－128	沈丹泥	童　工
331.892－506	贺岳僧	中国罢工史
332.4－441	陈彬龢	法国之产业政策
334－21	王世颖	合作主义通论
336.01－311－1	侯厚培	战后欧洲之经济
336.02－151	李权时	中国经济问题纲要
336.05－441	陈彬龢	战后的德国

336.7 - G85 - 2	沈君实	苏联五年计划概论	
340 - 98 - 1	朱采真	法律学通论	
341.22 - 535	程中行	各国对中国的不平等条约	
342 - 98	朱采真	宪法新论	
342.2 - 667	郑毓秀	中国比较宪法论	
351.6 - 162	阮毅存	市政府论	
351.6 - 556	杨哲明	都市论 ABC	
351.6 - 556 - 1	杨哲明	都市政策 ABC	
351.6 - 556 - 2	杨哲明	市政计划 ABC	
351.6 - 556 - 3	杨哲明	市政管理 ABC	
351.6 - 556 - 4	杨哲明	市政工程 ABC	
351.6 - 556 - 5	杨哲明	美的市政	
352.7 - 164	吴树滋	县政大全	
371.1 - 151	李权时	货币价值论	
371.8 - 2	丁裕长	最新上海金融论	
376.919 - 151	李权时	各国遗产税史要	
380 - 598	赵志嘉	军事训练教范	
380 - 722	韩德光	军人浅说	
385 - 834		新式步兵操典	一
393 - 375	孙本文	社会问题	一
393.2 - 393	徐蔚南	生活艺术化之是非	一
393.3 - 765	实业部	南京市之食粮与燃料	一
394 - 322	段隽原	妇女生活	一
394 - 98 - 1	朱成碧	妇女浅说	一
394.3 - 428	张克祥	婚姻生活	一

500 自然科学

509 - 138	沙玉彦	科学家生活	一

600 应用科学

659 - 322	段隽原	航空生活	一

668. 52 – 399	殷寿光	中国国际贸易	一
670. 96 – 9	于化龙	日本工业发达研究	一

700　语言学

722. 2 – 791	顾荩丞	说文综合的研究	一

800　文学

801 – 393	徐蔚南	文学的科学化	一
801 – 939 – 1		民间文学	一
804 – 300	范祥善	现代文艺评论集	一
815. 5 – 194	余楠秋	演说学 ABC	一
818 – 598	赵景深	童话学 ABC	一
818 – 717 – 1	谢六逸	神话学 ABC	一
818. 2 – 965	玄　珠	中国神话研究 ABC	二
818. 9 – 135	汪倜然	希腊神话 ABC	一
820. 1 – 674	刘麟生	中国文学 ABC	一
821 – 393 – 8	徐光启	徐文定公集	一
821 – 441 – 11	陈光垚	灯蛾集	一
821 – 441 – 12		独行集	一
821 – 441 – 13	陈光垚	放言集	一
822 – 099 – 271	胡怀琛	诗人生活	一
822. 2 – 650	蒋梅笙	诗　范	一
822. 51 – 674	刘麟生	词　絜	一
823. 16 – 135	汪倜然	明代文粹	二
823. 17 – 135	汪倜然	清代文粹	二
823. 18 – 135	汪倜然	当代文粹	二
823. 18 – 347	秦同培	文选读本	二
824 – 654	蔡慕晖	独幕剧 ABC	一
824. 1 – 441	陈大悲	戏剧 ABC	一
824. 15 – 164	吴　梅	元剧研究 ABC	一
824. 2 – 428	张若谷	歌剧 ABC	一

826.17－178	何天柱	三名臣书牍	四
826.1－844	何天柱	三星使书牍	一
827.1－965	玄 珠	小说研究 ABC	一
830－527	曾虚白	英国文学 ABC	二
840－393	徐仲年	法国文学 ABC	二
850－151	李金发	德国文学 ABC	一
870－135	汪倜然	俄国文学 ABC	一
880－527	曾虚白	美国文学 ABC	一
890.43－15	方 璧	希腊文学 ABC	一
890.511－523	傅绍先	意大利文学 ABC	一
		900 史地	
910－3－151	李宗武	人文地理 ABC	一
910－5－21	王益厓	自然地理 ABC	一
999.8－2	丁作韶	英俄与犹太人	一
999.8－164	吴义田	犹太人与犹太主义	一

(《暨南校刊》1934 年第 92—93、95 期)

本校图书馆第二次馆务会议录

时 间 三月廿二日 地 点 图书馆办公处

出席者 杜钢百 孔 德 张契灵 汪善录 郝春德 李敬伯 石英亚 庄世鸿(张代) 黄兆霖(温代) 温文耀 黄蕙英 谢石农

主 席 杜钢百 记 录 张契灵

报告事项(略)

讨论事项

1. 严密借书办法案

议决:切实执行借书条例。

2. 整理杂志案

议决:缺者补充,重出者作交换之用。

3. 整理备装订图书案

议决:尽急用者先付装订。

4. 购买新书及杂志案

议决:分发书单,由各院填拟。

5. 馆内点缀花草案

议决:请庶务课办理。

6. 春假期内值日时间分配案

议决:阅览室及办公处每天一人轮流值日。

(《暨南校刊》1934 年第 93 期)

图书馆新到西文书籍目录

CHI – NAN LIBRARY CATALOGUE

March 26,23

000　General Works

043 – E47　Ellis,H. :*Impressions and Comments*. 1926.

100 Philosophical Sciences

104 – E47 Ellis, H. : *Affirmations*. 1929.

152 – E47 Ellis, R. S. : *The Psychology of Individual Differences*. 1932.

152.1 – G89 Gruenberg, B. C. : *Guidance of Childhood and Youth*. 1927.

159.2 – R46 Reymert, M. L. : *Feelings and Emotions*. 1928.

300 Social Sciences

330 – L66 Lewis & Chang: *Silver and the Chinese Price Level*. 1933.

330.1 – C34 Cassel, G. : *The Theory of Social Economy*. 1932.

330.1 – C34.1 Cassel, G. : *Fundamental Thoughts in Economics*. 1929.

375.6 – B92 Buck, A. E. : *Municipal Finance*.

500 Natural Sciences

517 – B34 Bauer, G. N. : *Mathematics Preparatory to Statistics and Finance*. 1929.

517 – B99 Byerly, W. E. : *An Elementary Treatise on Fourier's Series and Spherical, Cylindrical and Ellipsoidal*. 1933.

517 – 082 Osgood, W. F. : *Advanced Calculus*. 1930.

517.38 – P58 Piaggio: *An Elementary Treatise on Differential Equations and Their Applications*. 1933.

536.7 – B61 Birtwistle, G. : *The Principles of Therodynamics*.

542.8 – T47 Thompson, M. D. K. : *Theoretical and Applied Electro-chemistry*. 1930.

546.3 – D44 Desch: *Metallography*. 1922.

600 Applied Sciences

640 – M72 Moldenhauer, W. : *Laboratory Exercises in Applied Chemistery*. 1921.

655.13 – W89 Woodson, E. R. : *Railway Accounting Procedure*.

655.2 – H27 Hare, T. B. : *British Railway Operation*.

660.1 – M68 Mitchell, W. C. : *Business Cycles*.

660.1 – M99 Myers, C. S. : *Business Rationalisation*. 1932.

678 – P87	Potts, H. E.: *The Chemistry of the Rubber Industry*. 1930.
690 – D64	Dodd, M. E.: *Chemistry of the Household*. 1922.
	700 Philology
700 – J59. 1	Jesperson, Otto: *Mankind, Nation and Individual from a Linguistic Point of View*. 1925.
735 – S97. 1	Swallow, L. J.: *The Grammar of the Verb*. 1928.
	900 Geography
910. 3 – W58	Whitbeck & Finch: *Economic Geography*.

（《暨南校刊》1934 年第 93 期）

暨南大学图书馆新到书籍表（续）

（三月十六日至三月卅一日）

书　号	著　者	书　名	册
		000　总记	
000. 12 – 428	张永福	南洋与创立民国	一
082. 1 – 406	章太炎	章氏丛书	二〇
		100　哲理科学	
120 – 441	陈立夫	唯生论	一
146 – 556	狄慈根	新唯物论的认识论	一
146 – B76 – 2	许楚生	唯物史观与社会学	一
146 – 151	李　达	现代世界观	一
199 – 420	曹云祥译	新时代之大同教	一

200　教育科学

204－712	卫士生等	英美教育近著摘要	一
204.231－815	广西教育厅	广西教育改进方案全稿	一
206.221－806	江西教育厅	江西省教育行政会议录	一
206.221－806－1	江西教育厅	江西中等以上学校校长会议录	一
209.220－806	安徽教育厅	安徽省各县教育概况	一
212.2－15	方　瑜	唐代的科举制度	一
213.211－805	北平社会局	北平市教育法规汇编	一
215.217－803	湖南教育厅	湖南省教育统计	一
215.22－803	上海教育局	上海市教育统计	一
215.221－806	江西教育厅	江西省教育统计	一
215.221－812	湖南教育厅	湖南省教育经费统计	一
215.221－812	湖南教育厅	湖南省学校教育统计	一
215.8－803	上海教育局	上海市教育局业务报告	一
215.831－815	广西教育厅	广西省督学视察报告	一
269.231－815	广西教育厅	广西省初等教育概况	一
272.221－804－1	广西教育厅	广西省中等教育概况	一
289.2－881－1	教育部	全国高等教育统计	一
289.2－881－2	教育部	全国高等教育概况	一
293.031－815	广西教育厅	广西省社会教育概况	一

300　社会科学

312－812	湖南省政府	湖南省人口统计	一
317.323－810－1		浙江省各县杂税统计表	一
327.06－864	国难救济会	国联调查团报告书及其批评	一
327.26－107	印维廉等	东北血痕	一
330－E54－2	汤澄波	资本论概要	一
352.3－804	中央统计处	国民政府组织系统图	一
352.413－S07－7	安徽建设厅	安徽建设厅会计规程	一

372.2－622	潘恒勤	现代银行实务论	一
372.25－128	沈　议	银行应用计算表	一
374.5－502	费孟福	人寿保险招徕学	一
375.12－811	主计处	国民政府二十年度预算	一
380.1－164	军政部	列强军备及国情	一
395.1－809	军政部	最近列强之陆军	一
393－550	雷澄林	社会调查概要	一
393.3－507	翟　克	中国农村问题之研究	一

400　艺术

486－428	张玉珍等	钢琴学	一

500　自然科学

506－811	国立编译馆	天文数理讨论会专刊	一
514.5－722	韩桂丛等	平面三角法	一

600　应用科学

613.2－441	陈德徵	吃饭问题	
645－211	林史光	世界煤油竞争与中国	一
645－G75－2	凌锡安	桐油概况	一
646.2－248	周润身	宜兴陶器概要	一
655－331	涂　宓	铁路估值	一
655.07－21	王同文	东北铁路问题之研究	一
655.07－31－1	王以瑗	吾国铁路枕木问题	一
655.12－765	谭书奎	铁道运价之理论	一
655.92－312	俞　棪	整理全国铁路业务联运计划书	一
660.4－911		癸酉集稿	一
660.72－265	施伯珩	珠笔算合璧	一

700　语言

722－441	陈光垚	简字论集	一
727.9－21	王灵皋	国文评选	二

800　文学

801－412	郭沫若	文艺论集	一
801－969	茅　盾	现代文艺杂论	一
801－969－1	茅　盾	近代文学面面观	一
821－332－2	高学海	学海文录	一
821.11－347	秦同培	王氏古文辞类纂	四
821.18－864	中学生社	中学生文艺	一
822.5－121	李屏周	新词集	一
823.9－428	张若谷	异国情调	一
823.9－975	远　生	艺术之夜	一
826.17－347	秦同培	名人书信集	二
854.61－59－2	歌　德	浮士德	一
		900　史地	
939.14－B74－2	中兴会译	革命之印度	一
		○　小说	
46652	鲁　迅	呐　喊	一

(《暨南校刊》1934 年第 96 期)

图书馆新到西文书籍目录

CHINAN LIBRARY CATALOGUE

April 27,23

100　Philosophical Sciences

150.3－P92　Prather,E. S.:*The Encyclopedia of Psychology*. 1928.

155.09－B73　Boring,E. G.:*A History of Experimental Psychology*. 1929.

159.3 – T51 Thorndike, E. L.: *Human Learning*. 1929.

300 Social Sciences

320.4 – W46 Wells, H. G.: *The Shape of Things to Come*. 1933.

371.7 – C95 Cross, I. B.: *Domestic and Foreign Exchange Theory and Practice*. 1924.

372 – W73f Willis & Beckhart: *Foreign Banking Systems*. 1927.

500 Natural Sciences

517 – G76S Granville, and others: *Elements of The Differential and Integral Calculus*. 1929.

530 – D91 Duncan & Starling: *A Text Book of Physics*. 1931.

531 – B79 Boyd, J. E.: *Mechanics*. 1931.

536 – B29 Barton, A. W.: *A Text Book on Heat*. 1933.

537 – P62 Pierce, G. W.: *Electric Oscillations and Electric Waves*.

540 – N33 Naylor & Vesconte: *Introductory Chemistry with Household Applications*. 1933.

540 – R73 Rogers, Allen: *Industrial Chemistry*. 1933. 2vols.

546 – P27 Partington, J. R.: *A Text – Book of Inorganic Chemistry for University Students*. 1933.

600 Applied Sciences

626.64 – B61 Bijl, H. J.: *The Thermionic Vacuum Tube*. 1920.

626.64 – C43 Chaffee, E L.: *Theory of Thermionic Vacuum Tube*. 1933.

626.64 – M83 Morecroft, J. H.: *Principles of Radio Communication*. 1927.

626.64 – T32 Terman, F. E.: *Radio Engineering*. 1932.

647 – G35 Georgievics & Grandmougin: *A Text – book of Dye Chemistry*.

660.77 – S71 So Relle & Cutler: *Rational Typewriting*. 1916.

661.1 – L73 Lincoln, E. E.: *Applied Business Finance*. 1927.

661.1 – M48 Mead, E. S.: *Corporation Finance*. 1930.

800 Literature

814 - C98	Curry, S. S.: *Browning and The Dramatic Monologue*. 1927.
814 - C98i	Curry, S. S.: *Imagination and Dramatic Instinct*. 1896.
815 - C98	Curry, S. S.: *The Province of Expression*. 1927.
815 - C98f	Curry, S. S.: *Foundations of Expression*. 1930.
815 - C98L	Curry, S. S.: *Little Classics for Oral English*. 1912.
815 - C98M	Curry, S. S.: *Mind and Voice*. 1910.

(《暨南校刊》1934 年第 99 期)

图书馆新到书籍表

(四月一日至五月十日)

书号	著者	书名	册
	000 总记		
025.02 - 748	聂崇义	三礼图	一
082.1 - 580	邬庆时	邬庆时所著书	一
090.2 - 21	王清彬	中国劳动年鉴	二
090.2 - 406	章　进	中国外交年鉴	一
090.2 - 871		国货年鉴	一
099 - 551	贾逸君	中华民国名人传	二
	100 哲理科学		
102 - 128	沈志远	新哲学辞典	一
130 - 1 - 173 - 2	杨伯恺	自然之体系	二
139 - 935	任白戈	机械论批判	一

139 – 1 – 148 – 2	杨伯恺	精神论	一
139. 1 – 523	傅统先	知识论纲要	一

200 教育科学

201 – 441 – 2	陈科美	新教育学纲要	一
209 – 674	刘炳黎	教育史大纲	一
213. 28 – 811		中小学法规	一
213. 28 – 811 – 1	教育部	教育法令汇编	一
213. 28 – 811 – 2		职业教育法令	一

300 社会科学

301 – 194	余正东	法律政治经济大辞典	一
317. 201 – 863		上海统计	一
320 – 128	沈敬铭	政治形态论	一
320 – 248	周绍张	政治学体系	一
327. 26 – 242	金平欧	对日决斗之认识	一
330 – 556	杨明山	新经济学 ABC	一
330 – 654	蔡丹华	计划经济	一
330 – 941 – 3	麻克司泰	劳动者经济学	一
330 – B76 – 2	向省吾	转形期经济学	一
330. 16 – 21	王学文	近世欧洲经济思想史	一
330. 3 – 277	柯柏年	经济学辞典	一
330. 92 – 449	陶孟和	中国近代经济史研究	三
330. 98 – 550	雷声洪	美国经济之解剖	一
331 – 441	陈振鹭	劳动问题大纲	一
342 – 805	立法院	各国宪法汇编	一
347. 16 – 271	胡长清	中国婚姻法论	一
347. 16 – 940	胡长清	婚姻法之近代化	一
347. 26 – 271	胡长清	中国继承法论	一
372. 092 – 393	徐寄庼	上海金融史	一
375. 092 – 876	经济学会	各省财政说明书	一

392 - 943	施复亮	社会进化论	一
399.2 - 98	朱其华	中国近代社会史解剖	一

400 艺术

420 - 9	于敏中	钦定淳化阁帖释文	一
420 - 164 - 1	吴荣光	辛丑消夏记	一

500 自然科学

501 - 493	黄昌谷	科学概论	一
501 - 527		科学概论	一
501 - 564		科学通论	一
501 - 590	廖稚鸣	自然科学新论	一
501 - T47 - 2	邓均吾	科学概论	一
523.1 - A78 - 2	危淑元	宇宙观发达史	一
540.3 - 761	魏嵒寿	化学辞典	一
550 - 402	梁修仁	地质学	一

600 应用科学

613.1 - 731		生活的三要素	一
614.511 - 428 - 2	张仲景	伤　寒	一
626.6 - 390	倪尚达	无线电学	一
645 - 211	林史光	世界煤油竞争	一
660.46 - 705	钱永源	商标汇编	一
660.92 - 361	郑行巽	中国商业史	一
670.92 - 556	杨大金	近代中国实业通志	二
670.92 - 815		中国实业志浙江省	一
672 - 407	许晓楼	科学管理法概论	一

700 语言学

722.6 - 375	孙诒让	古籀拾遗	一
722.6 - 791 - 1	顾雄藻	字　辨	一
723 - 98	朱起凤	辞　通	一

800 文学

807.82 - P46	傅东华	诗之研究	一
821 - 612	蒯光典	金粟斋遗集	一
822 - 15	方信孺	南海百咏	一
822 - 210	杭堇浦	岭南集	一
822 - 211	林　逋	林和靖先生诗集	一
822 - 612	蒯德模	带耕堂遗诗	一
822 - 623	仪克中	剑光楼诗钞	一

900 史地类

901 - 1F62 - 2	郭斌佳	历史哲学概论	一
910 - 428	张仲和	西史纲要	二
913.5 - 407	许　毅	世界近百年史	二
913.5 - 407 - 2	许　毅	世界近世史	二
920 - 740 - 1	缪凤林	中国通史纲要	二
920.1 - 228	孟世杰	先秦文化史	一
920.1 - 281	柳诒徵	中国文化史	二
920 - 840	海天社	现代史料	二
920.08 - 2	丁　谦	浙江图书馆丛书第二集	一
920 - 22 - 441	陈　衍	福建通志	二二
920.29 - 271	胡存琮	名山县新志	一
920 - 32 - 812		云南边地问题研究	二

(《暨南校刊》1934年第99期)

本校图书馆新到西文书籍目录

CHI - NAN LIBRARY CATALOGUE

May 18,23

100 Philosophical Sciences

101 - R99	Ryan:*An Introduction to Philosophy*. 1924.
109 - C95	Durant Will:*The Story of Philosophy*. 1927.
150 - P55	Phillips:*An Elementary Psychology*. 1913.

200 Educational Sciences

209 - M442	Monroe:*A Brief Course in the History of Education.*

300 Social Sciences

320 - G23	Garner:*Introduction to Political Science.*
320. 1 - L34	Laski:*A Grammar of Politics.*
330 - C33	Carver:*Elementary Economics*. 1920.
330 - E32O	Ely, R. T. :*Outlines of Economics*. 1924.
330. 1 - G45	Rowe:*Gide's Principles of Political Economy*. 1924.
330. 1 - M36	Marshall:*Principles of Economics*. 1925.
330. 1 - M64	Mill, J. S. :*Principles of Political Economy*. 1923.
330. 1 - S47	Seligman:*Principles of Economics*. 1910.
330. 1 - T22	Taussig:*Principles of Economics*. 1920. 2 vols.
330. 3 - P16	Palgrave:*Dictionary of Political Economy*. 1926. 3 vols.
330. 4 - S47	Seligman:*Essays in Economics*. 1924.
330. 9 - H23	Haney:*History of Economic Thought*. 1924.
330. 93 - M56	Meredith:*Outlines of the Economic History of England.*

331 – F98	Furniss: *Labor Problems*. 1925.
331 – H6S	Hobson: *Work and Wealth: a Human Valuation*. 1926.
347.7 – S95	Sullivan: *American Business Law*. 1920.
351 – M96	Munro: *The Government of Europe*. 1926.
351 – O33	Ogg: *The Governments of Europe*. 1924.
351.6 – M96	Munro: *Municipal Government and Administration*. 1925.
353 – L91	Lowell, A. L.: *The Government of England*. 1908. 2 vols.
355.5 – M95	Munro: *The Government of American Cities*. 1924.
371 – E37	Laughlin: *Money and Prices*. 1920.
371.7 – E75	Escher: *Foreign Exchange Explained*. 1920.
372 – F54	Fiske: *The Modern Bank*. 1917.
372.2 – L28	Langston & Whitney: *Banking Practice*. 1922.
374.4 – H88	Huebner: *Property Insurance*. 1920.
375 – D15	Dalton: *Principles of Public Finance*. 1923.
375 – H94	Hunter, M. H.: *Outlines of Public Finance*. 1921.
375 – L97	Lutz: *Public Finance*. 1924.
375 – P72	Plehn: *Introduction to Public Finance*. 1925.
375 – S47	Seligman: *Studies in Public Finance*. 1925.
375 – S55	Shirras: *The Science of Public Finance*. 1925.
376 – S46i	Seligman: *The Shifting and Incidence of Taxation*. 1927.
376 – S36e	Seligman: *Essays in Taxation*. 1925.
376 – W46	Wells: *Theory and Practice of Taxation*. 1920.
376.3 – M78	Montgomery: *Income Tax Procedure*. 1918.
376.3 – S46	Seligman: *The Income Tax*. 1921.
393.4 – W23	Walsh: *Socialism*. 1917.

600　Applied Sciences

600.9 – D27	Day: *A History of Commerce*, 1925.
660.1 – H23	Haney: *Business Organization and Combination*. 1920.

661.1 – L91 Lough: *Business Finance*. 1922.

663.5 – D91 Duncan: *Marketing*. 1921.

668.5 – G85 Griffin: *Principles of Foreign Trade*. 1924.

900 History and Geography

910 – W46 Wells: *The Outline of History*. 1920. 2 vols.

913 – H41 Hayes & Moon: *Modern History*. 1925.

(《暨南校刊》1934 年第 100 期)

本校图书馆新到西文书籍目录

May 28, 23

000 General Works

072 – C40 Chan, Ming – Heng: *The Foreign Press in China*. 1931.

300 Social Sciences

320.1 – F24 Farrell: *An Introduction to Political Philosophy*. 1907.

320.1 – M88 Morris: *A History of Political Ideas*. 1924.

320.8 – G65 Goong, W.: *Political Literature*. 1933.

327.21 – T66 Tong, H. K.: *Men and Events in the Far East*. 1933.

327.26 – H80 Hsü, Shuhsi: *Essays on the Manchurian Problem*. 1932.

327.26 – K46 Kiang, En – li: *Public Opinions towards the Report of the League Enquiry Commission on Sino – Japanese Dispute*. 1932.

327.26 – K98 Kwei Chung – shu: *Symposium on Japan's Undeclared War in Shanghai*. 1932.

327.26 – K98P Kwei Chungs – shu: *Plain Speaking on Japan*. 1932.

329.1 – S64 Smith, A.: *The Wealth of Nations*. 2 vols.

330.9 – G45 Gide & Rist: *History of Economic Doctrines*.

341.5 – M65 Minor: *Conflict of Laws: On Private International Law*. 1901.

345.5 – M64c Mikell: *Cases on Criminal Law and Procedure*. 1908.

347.4 – W74s Williston: *A Selection of Cases on the Law of Contracts*. 1922.

347.7 – M47 Mc. Neill J.: *Code of Maritime Law*. 1931.

350 – H76 Holt: *Introduction to the Study of Government*. 1920.

350 – W73 Willoughby & Rogers: *An Introduction to the Problem of Government*. 1925.

351 – L91 Lowell: *Governments and Parties in Continental Europe*.

351 – M17 Macy & Gannaway: *Comparative Free Government*. 1923.

358 – 391 Bryce: *The American Commonwealth*. 2 vols.

371.92 – K31 Kemmerer: *Report on Project of Law for the Gradual Introduction of a Gold – standard Currency System in China*. 1929.

372 – 338 Remer: *Foreign Investments in China*. 1933.

375.1 – H36 Hatton, A. R.: *Public Budgets*. 1915.

600 Applied Sciences

630 – T23 Tawney: *A Memorandum on Agriculture and Industry in China*. 1931.

632.1 – 892 Buck: *The 1931 Flood in China*. 1932.

661.3 – H36m Hatfied: *Modern Accounting*. 1919.

661.32 – E29p Eggleston: *Problems in Cost Accounting*.

670.6 – 271 Lieu, D. K.: *A Preliminary Report on Shanghai Industrialization*. 1933.

677 – L71 Lieu, D. K.: *The Silk Reeling Industry in Shanghai*. 1933.

700 Philology

735 – Y31 – 2 Yamazaki: *A Complete English Grammar Self – taught*. 1934.

735 – W25	Wang An – Chai: *A Study of English Grammar for Advanced Students*. 1934.

900 History and Geography

910 – C46	Chang, G. Y.: *International Geography*. 1934.
914.3 – H76	Holt & Chilton: *European History from* 1862 *to* 1914. 1914.

(《暨南校刊》1934 年第 101 期)

本校图书馆新书目录

000 总记

000/80	丘守愚	二十世纪之南洋	一
018.4/598	赵謇源	著述论	一
019.1/248/2	周贞亮	书目举要	一
022/491	黄元炳	易学探原经传解	四
032/556	杨家骆	四库大辞典	二
041.4/375	孙师毅	国际每日文选	一
042/332	高苏垣	国学菁华	二
042.4/406	章乃器	章乃器论文选	一
042.5/393	杨大膺	徐庆誉先生学术讲演集	一
070.7/441	陈希周	英文报阅读举隅	一
090/556	杨家骆	图书年鉴	二
090.2/815	实业部	中国经济年鉴	二
099/698	赵正平	兴国记	一

099/A52/2	向　达	甘地自传	一

100　哲理科学

100/43	公孙起孟	哲学讲话	一
101/D56/2	杨伯恺	哲学原理	一
101/511	景幼南	哲学新论	一
101/R22/2	青　锐	历史哲学	一
104/H97/2	谭辅之	方法与结果	一
109/D28/2	林一新	近代哲学史	一
110. 4/562	叶　青	胡适批判	一
110. 4/562/2	叶　青	张东荪哲学批判	二
120/790	顾　实	杨朱哲学	一
121. 2/441	陈　柱	老子集训	一
121. 24/784	苏甲荣	庄子哲学	一
122/170	吕思勉	先秦学术概论	一
124/441	陈钟凡	两宋思想述评	一
146/115	任白戈	人—机器	一
146/938/3	江半庵	唯物辩证法者的理论	一
149. 2/D52/2	许崇清	哲学之改造	一
150/248	周戒沉	心理学概论	一
150/P33/2	郭一岑	苏俄新兴心理学	一
160/178	何兆清	论理学大纲	一
160/674	刘仁甫	论理学	一
160/775	罗叔和	唯物辩证法读本	一
160/938	秦仲实	逻辑例解	一
178. 1/566	葛石熊	青年成功之路	一

200　教育科学

201/228	孟宪承	教育概论	一
201/R96/2	赵　演	教育与群治	一
209. 7/73	史美煊	苏俄新教育概观	一

210/428	张季信	地方教育行政	一
212/375	孙百刚	各国教育制度及概况	一
213.28/811.1	教育部	中小学法规	一
213.28/811.2	教育部	职业教育法令汇编	一
215/775	罗廷光	实验教育	一
237.6/811/1	教育部	幼稚园小学课程标准	一
251.1/312	俞子夷	怎样做教师	一
266/441	陈济芸	玩具与教育	一
266.2/811	教育部	全国社会教育概况	一

300 社会科学

311/52/2	毛起鷯	社会统计	一
311/94	艾 伟	高级统计学	一
327/674	刘镜涵	今日之国际问题	一
327.21/674	刘驭万	最近太平洋问题	一
329.9/428	张克林	法西斯主义研究	一
329.9/661	郑英中	法西斯的经济政策	一
330/441	陈豹隐	经济学讲话	一
332.97/265	谭炳训	苏联五年计划	一
347.7/761	魏文翰	海运法	一
349.299/393	徐传保	先秦国际法之遗迹	一
371.91/698	赵兰坪	各国通货政策与货币战争	一
374.7/761	魏文翰	海上保险法要论	一
377.92/88	千家驹	中国的内债	一
377.92/91	王宗培	中国之内国公债	一
383/523	傅无退	列强战备比较论	一
383/938	沈敬铭	科学的军备	一
388/700	卢南生	航空世界	一
389/402	梁 心	战争毒气防御常识	一
389/527	曾石虞	化学战之原理	一

390. 3/332	高君哲	袖珍社会学	一
393. 02/523	傅筑夫	中国社会问题之理论与实际	一

400　艺术

400/935	克　己	苏俄艺术总论	一
400/937	雷通群	苏俄新艺术概观	一
401/G95/2	傅东华	美学原论	一
420. 9/441	陈师曾	中国绘画史	一

500　自然科学

513/A46/2	陆钦轼	高级几何学	一
520. 92/943	沈　璿	东洋天文学史研究	一
540. 3/811	郑贞文	化学命名原则	一
553. 3/164	吴半农	铁煤及石油	一
570/22/1	王树鼎	生物学	一
572. 92/775	罗香林	客家研究导论	一
591. 8/710	鲍鉴清	组织学纲要	一

600　应用科学

610. 3/811	编译馆	药学名词	一
626/K86/2	杜若城	电工学	一
630/921/428/1	张心士	中国农业概况	一
660. 6/271	胡纪常	国际商会概论	一
661. 3/128	沈立人	遗产之会计	一
661. 3/393	徐永祚	决算表之分析	一
661. 303/622	潘序伦	会计名辞汇译	一
677/21	王子建	日本之棉纺织工业	一

700　语言学

722. 1/98	朱芳圃	甲骨学	一
723/791	顾佛影	虚词典	一
725. 5/770	关健南	应用文	一
727. 7/375/3	孙俍工	中学国文读本	一

800 文学

807.82/523/1	傅东华	诗　学	一
807.82/535	程鼎声	诗的原理	一
820.4/300	范文澜	文心雕龙注	一
820.42/21	王逸塘	今传是楼诗话	一
820.9/248	周作人	中国新文学源流	一
820.9/271/3	胡云翼	中国词史略	一
820.9/271/2	胡云翼	中国词史大纲	一
820.9/506	贺　凯	中国文学史纲要	一
820.9/674	刘毓盘	词　史	一
820.9/765/2	谭丕模	中国文学史纲	一
820.6/775	罗根泽	乐府文学史	一
820.98/428	张若英	中国新文学运动史	一
821/966/2	老　舍	幽默诗文集	一
870.9/K93/2	郭安仁	俄国文学史	一
874/D24/2	王实味	萨　芙	一
877/G67/2	何素文	夏　天	一

900 史地

901/151	李幼椿	历史学与社会科学	一
901/441	陈鼎忠	通史叙例	一
901/674	刘静白	何炳松历史学批判	一
904.1151	李　济	西阴村史前的遗存	一
910.2/420	曹剑光	世界史表解	一
913.62/15	方乐天	太平洋大势	一
920/645	邓之诚	中华二千年史	一
920.2/151	李醒园	本国史表解	一
920.4/938	克　仁	中国历史之理论的分析	一
923.6/942	郁　文	俄国大革命前史	一
901/523	傅角今	地理学通论	一

910/B78/2	林光澂	世界新形势	一
920/2/509	华企云	中国边疆	一
920/8/412	郭岚生	烟台威海游记	一
920/8/698	赵君豪	游尘琐记	一
920/9/784	苏甲荣	中国地理沿革图	一
920/13/312	俞剑华	暴日铁蹄下之东北	一
920/28/164	吴绍璘	新疆概观	一
920/35/462	崔济猛	理想之新绥远	一
920/37/115	任乃强	西康图经	一
920/39/749	戴季陶	西　北	一
920/39/808		最近之青海	一
930/14/765	谭云山	印度周游记	一
970/8/211	林克多	苏联闻见录	一
		厶　小说	
厶 3934	徐一士	负曝闲谈评考	一
厶 6618/1	郑晓沧	好妻子	一
厶 6618/2	郑晓沧	小妇人	一

(《暨南校刊》1934 年第 104 期)

国立中央图书馆筹备处公函

(第四七五号)

径启者:本处奉令影印四库珍本,委托商务印书馆承办,业已将次出版,经本处呈准教育部,对于贵大学赠送一部,以资备览。即希。

查照!

此致

国立暨南大学

主任 蒋复璁

七月三十日

(《暨南校刊》1934 年第 105 期)

国立中央图书馆筹备处公函

径启者:前经本处呈准赠送四库珍本一节,原分四期出版,现第一期已出版,凡五十九种,四百二十六册。兹妥交老华盛义公司寄奉,相应检同提单及运费单据,即请查照提取,并照付运费。该书到后,敬希察存,并盼见复为荷!

此致

国立暨南大学

计附提单一纸,请向上海界路瑞泰恒转运公司领到提单后持往真茹站取书。单据一张随函附上。

国立中央图书馆筹备处启

中华民国二十三年九月七日

(《暨南校刊》1934 年第 106 期)

图书馆馆务会议

日　期:九月廿八日下午三时

地　点:本馆办公处

出席者:查　修　汪善录　温文耀　李敬伯　黄兆霖　黄蕙英　汤若楣　张契灵　高寿崧　徐寄尘

主　席:查　修

记　录:张契灵

行礼如仪。

甲　报告事项

一、对于本馆的希望

1. 充实内容

最近增购外文杂志一百零八种,中文杂志六十四种,重要参考书八十四种,教科书及参考书二百余册,对于充实内容一层,似不难逐渐办到。

2. 提高效率

嗣后重要参考书,全套中西书籍,及一部分已装订西文杂志,拟采取公开阅览办法,俾来馆者得自由取阅,藉以引起研究兴趣。最近整理有中外杂志,及书籍二千六百九十三册,付装订。关于编目事宜,正由编目股拟具计划,克期完成。要之,希望本馆对于全校教授暨同学有更大的贡献。

二、工作分配

文书股股长:张契灵

登记:李竞仲

登记:汤若楣

编目股股长:汪善录

编目:徐寄尘

典藏股股长:黄蕙英

典藏:黄兆霖

典藏:李敬伯

典藏:高寿崧

典藏:黄蕙英

乙 讨论事项

一、如何进行编制新图书目录案

议决:交编目股计划办理。

二、整理杂志案

议决:交典藏股办理。

三、增购新书及杂志案

议决:交文书股办理。

四、清查未还图书案

议决:交典藏股办理。

五、馆内点缀花草案

议决:请庶务课酌办。

六、增加阅报室案

议决:请庶务课办理。

（《暨南校刊》1934 年第 108 期）

暨南大学图书馆新书目录

A LIST OF BOOKS NEWLY ARRIVED

Oct. 2, 23

Call No.	Author Title
	000 General Works
030 – H23	Hammerton, J. A.: *The Modern Encyclopaedia.*
030 – R54	Ridgway, A.: *Everyman's Encyclopaedia.* 1932. 12 vols.
030 – P36	Pears: *Pears' Cyclopaedia.* 1932.
033 – W72	William, A. M.: *The English Encyclopaedia Dictionary.*
090. 2 – W89	Wookhead, H. G. W.: *The China Year Book.* 1921. 6. 1928. 34.
	200 Educational Sciences
240 – B19	Baliard, P. B.: *The Practical Infant Teacher.* 1933. 5 vols.
240 – P87	Potter, E. F.: *The Practical Junior Teacher.* 1931. 5 vols.
280. 93 – H44	Heath, F.: *The Yearbook of the Universities of the Empire.* 1934.
	300 Social Sciences
351. 6 – M96	Munro, W. B.: *Municipal Government and Administration.*
374. 403 – W47	Welson, J. B.: *Dictionary of Accident Insurance.* 1932.
374. 503 – B53	Richmoud & Sherriff: *Dictionary of Life Assurance.* 1930.
374. 603 – R39	Remingto, B. C.: *Dictionary of Fire Insurance.* 1927.
375. 6 – B92	Buck, A. E.: *Municipal Finance.* 1926.
393. 4 – S12	Sachs, A. S.: *Basic Principles of Scientific Socialism.*

500 Natural Sciences

511.3 – R36 Reid, L. W.: *The Elements of the Theory of Algebraic Numbers*. 1910.

512.2 – D55 Dickson, L. E.: *First Course in the Theory of Equations.*

512.9 – B67 Bocher, M.: *Introduction to Higher Algebra.*

516 – G67 Goffin, J. G.: *Vector Analysis.*

516 – W74 Wills, A. P.: *Vector Analysis with an Introduction to Tensor Analysis*. 1931.

517 – W80 Woods, F. S.: *Advanced Calculus.*

517.2 – E36 Eisenhart, L. P.: *A Treatise on the Differential Geometry of Curves and Surfaces.*

517.2 – L55 Levi – Civita, T.: *The Absolute Differential Calculus.*

540 – H75 Holmes, H. N.: *General Chemistry*. 1930.

541 – G39d Getman & Daniels: *Outlines of Theoretical Chemistry.*

542 – H75 Holmes, H. N.: *Laboratory Manual of General Chemistry.*

542 – N82 Norris, J. F.: *Experimental Organic Chemistry.*

544 – K15 Kamm Oliver: *Qualitative Organic Analysis*. 1932.

545 – T14 Talbot, H. P.: *An Introductory Course of Quantitative Chemical Analysis, with Explanatory Notes.*

547 – N86 Norris, J. F.: *The Principles of Organic Chemistry.*

570 – W403 Wells, H. G. and others: *The Science of Life*. 1931.

600 Applied Sciences

626.64 – M830 Morecroft, J. H.: *Elements of Radio Communication*. 1929.

640 – T52 Thorp, F. H.: *Outlines of Industrial Chemistry.*

660 – S62 Smith, J. R.: *Commerce and Industry*. 1916.

661.403 – P85 Porters, R. J.: *Dictionary of Book – keeping*. 1932.

700 Philology

733 – P63 Pink, M. A.: *A Dictionary of Correct English*. 1932.

733 – W65 Weseen, M. R.: *Words Confused and Misused*. 1932.

733.1 – R73 Roget, P. M.: *Poget's Thesaurus of English Words and Phrases*. 1933.

733.2 – J77 Jones, D.: *An English Pronouncing Dictionary*. 1924.

733.4 – G25 *A Dictionary of the France and English Languages*. 1931.

733.5 – 5W51p Wessely, J. E.: *Pocket Dictionary of the English and German Languages*. 1931.

733.7 – G62 Golovinsky, M.: *A New English-Russian and Russian – English Dictionary*.

733.9 – C22 Cano, B. S.: *Colins' Spanish-English and English-Spanish Dictionary*.

734 – F68 Pitman: *Pitman's Book of Synonyms and Antonyms*. 1933.

735.8 – L72s *Standard English Readings for Advanced Students*. 1931. vol. two.

737.8 – Y94 Yu, G. C. & Koo, Chung: *Sophomore English Readings*.

800 Literature

810.8 – J81 Jameson, R. D.: *A Short History of European Literature*.

810.9 – M21 Magnus, L.: *A History of European Literature*. 1934.

812 – D72 Doren, M. V.: *An Anthology of World Poetry*. 1928.

824 – S521 Shakespeare, W.: *Hamlet*. 1933.

834 – S52ma Shakespeare, W.: *Macbeth*. 1933.

837.09 – L89 Lovett & Hughes: *The History of the Novel in England*.

900 History

913.64 – H22 Hammerton, J. A.: *A Popular History of the Great War*. six vols.

(《暨南校刊》1934 年第 108 期)

管理中英庚款董事会公函

本会现订购外交史料十部,分赠国内外学术机关,特邮寄一部,奉贻贵校,即请检收,并希见复。再查全书尚有一部分未经出版,约年杪可以告竣;本会已函托该书编纂处于出版后径行寄奉。倘届时未有寄到,请去函接洽办理可也(外交史料编纂处地址:北平乃兹府关东甸七号)。合并附明。

此致

暨南大学

附送外交史料一部,计一四七册(另邮寄),又全书册数单一份。

董事长 朱家骅

中华民国二十三年九月廿八日

计开清季外交史料册数

清光绪朝外交史料	一百十二册 尚有一册未出版
清宣统朝外交史料	二十四册
西巡大事记	十二册
外交史料索引	十二册 尚未出版
锌版精印地图	十六帧
清季外交年鉴	一部 尚未出版

(《暨南校刊》1934年第109期)

国立暨南大学图书馆新编书录

书号	著者	书名	出版处	册
		000 总类		
000 – B44 – 2	苏鸿宾	荷法远东殖民地行政	商务	1
042 – 21 – 4	王维骃	近代名人言论集	中情学术研究社	1
		100 哲理科学		
109.4 – B89 – 2	彭基相	法国哲学史	商务	1
121.1 – 21 – 2	王守仁	传习录	商务	1
121.1 – 28 – 3	朱　熹	近思录	商务	1
178 – L86 – 2	黄彝弼	怎样训练你自己	长城	1
		200 教育哲学		
201 – 441 – 3	陈礼江	各国教育的哲学背境	商务	1
211.2 – 523	傅增湘	清代殿试考略	大公报	1
215 – 441	陈选善	教育测验	商务	1
293 – 811	教育部	全国社会教育概况	教育部	1
293.9 – 56	甘豫源	乡村民众教育	商务	1
		300 社会科学		
311 – 428	张心一	试办句容县人口农业总调查报告	参谋本部	1
317.608 – I78	何　廉	中国六十年进出口物量指数	南开大学	1

320.4－748	聂相衡	建设新中国之具体计划的基本方案	宁报社	1
320.76－407	许兴凯	日本政治经济研究	百城	1
320.9－428	张金鉴	美国政治思想史	商务	1
321.4－775	罗运炎	平民主义	美以美书报部	1
327.21－581.4	漆树芬	经济侵略下之中国	光华	1
327.67－423	张余生	倭制满洲	东北研究会	1
327.67－PB3.2	王之相	苏俄及帝国主义的日本	俄文法政学院	1
329.9－420	曹重三	日本军阀干政与法西斯运动		1
329.2e84－2	胡贻谷	法西斯主义的研究	商务	1
329.2－151－2	李权时	现代中国经济思想	中华	1
329.9－L16－2	杨伯恺	财产之起源与进化	辛垦	1
330.92－808	建设委员会	杭州市经济调查	建设委员会	1
331－556	杨西孟	上海工人生活程度的一个研究	社会调查所	1
331.8－80S－2	上海社会局	近十五年来上海之罢工停业	社会	1
332.1－864	日本问题研究会	日本帝国主义的危机		
332.2－869.2	张梁任	资本主义的将来	商务	1
334－311－2	侯哲葊	合作主义纲领	社会书店	1
338－434	陆宗骐	怎样发展中国的生产能力	京华书店	1

340.19 - 646	邓定人	法律思想史		1
341 - 568	宁协万	现行国际法	商务	1
350 - 939	邓定人	行政裁判法	商务	1
355 - 705	钱端升	德国的政府	商务	1
370 - 96	朱彬元	货币银行学	黎明	1
370 - 864	中央银行	各国货币银行法规汇编	中央银行	1
371.7 - 552	资耀华	国外汇兑之理论	中华	1
371.92 - 406	章宗元	中国泉币沿革	经济学会	1
376 - 550	雷辑辉	北平税捐考略	社会调查所	1
376.71 - 575	邹　琳	粤鹾纪实		
379.2 - 864	中国银行	四川金融风潮史略	中国银行	1
392.9 - 965	平　青	社会的进化	乐华图书公司	1
393.8 - 95	曲直生	华北民众食料的一个初步研究	参谋本部	1
393.8 - 123	巫宝三	中国粮食对外贸易	参谋本部	1
394 - H29 - 2	袁文彬	苏俄妇女与儿童	中华	1
396 - I43 - 3	言心哲	农村社会学概论	中华	1
397.4 - 491	黄警顽	社交拾得	龙文书店	1

500　自然科学

503 - 561	郑贞文	自然科学辞典	华通	1
513.2 - A46 - 2	陆钦轼	高级几何学	商务	1
516 - 491	黄　泰	高中解析几何学	北师大附中	1
572 - 323.4	宫廷璋	人类文化进步史	商务	1
575 - 243	奥兹本	自希腊人到达尔文	现代	1

600　应用科学

627－16	方　俊	测量壶口地形及水力报告	参谋本部	1
630－806	农村复兴会	中国农业之改进	商务	1
660.9－215	实业部	武汉之工商业	国际贸易局	1
660.95－h78－2	曹云祥	德国商战之策略	上海印书馆	1
661.5－178－2	张蕙生	审计学原理	生活书店	1
668－428	实业部	大阪神户华侨贸易调查	工商访问局	1
670－428	张人鉴	开发西北实业计划	著者书店	1
670－864	中国工商管理会	工商问题之研究		1
672－645	邓禹声	纺织工厂管理学	南通学院	1
677－15	方显廷	天津织布工业	南开大学	1
677－15－2	方显廷	天津针织工业	南开大学	1

700　语言科学

722－151	李中昊	文字历史观与革命论	文化学社	1

800　文学

804－402.1	梁实秋	文艺批评论	中华	1
804－722	韩侍桁	文学评论集	现代	1
804－798－2	郁达夫	几个伟大的作家	中华	1
820.42－556－2	杨汝泉	滑稽诗文集	大公报社	1
823.3－700	卢剑波	生与生之表现	新时代	1
824.092－700	卢　前	明清戏曲史	钟山	1
854－248	周冰若	歌德之认识	钟山	1

900　史地

910－n35－2	周谷城	文化之出路	新宇宙书店	1

920 – 106	伍启元	中国新文化运动概观	现代	1
923.641 – w41 – 2	魏以新	世界大战的酿成	钟山	1
927.5 – 44	邢鹏举	中国近百年史(上)	世界	1
939.14 – 21	王森然	印度革命与甘地	文化学社	1
960 – 743	戴季陶	日本论	民智	1
920 – 19 – 803	上海通志馆	上海市通志馆期刊		1
920 – 35 – 818	绥远省政府	绥远概况		2
921 – 8 – 869	津浦铁路局	津浦铁路旅行指南		1

(《暨南校刊》1934 年第 112 期)

国立暨南大学图书馆新到西书录

A List of Books Newly Arrived

Oct. 30,23

300 Social Sciences

321.9 – C69 Coker, F. W. : *Recent Political Thought*. 1931.

371 – F54 Fisher, I. : *The Purchasing Power of Money*. 1931.

371 – K55 Kinley, D. : *Money, a Study of the Theory of the Medium of Exchange*. 1928.

371 – S48 Scott, W. A. : *Money and Banking*. 1923.

371 – W91 Woodwand & Rose : *A Primer of Money*. 1932.

372.5 – F54 Fisher – I : *The Theory of Interest*. 1930.

373 – K61 Kirshman, J. E. : *Principles of Investment*. 1926.

373 – L99 Lyon Hastings: *Investment*. 1926.

396. 2 – B95 Burgess, E. W. : *The Urban Community*. 1927.

500 Natural Sciences

511. 3 – R36 Reid, L. W. : *Theory of Algebraic Numbers*.

531 – B70 Boyd, James E. : *Mechanics*. 1930.

531. 2 – L83K Loney, S. L. : *Key to Elements of Statics and Dynamics*.

533. 7 – B95 Bloch, Eugène: *The Kinetic Theory of Gases*.

538. 7 – L81 Loeb, L. B. : *The Kinetic Theory of Gases*. 1934.

538. n – H75 Holmes, H. N. : *General Chemistry*. 1931.

600 Applied Sciences

613 – B68 Blackfan, K. D. : *Growth and Development of the Child*.

626. 64 – L87 Lauer & Brown: *Radio Engineering Principles*. 1926.

626. 64 – S83 Sterling, G. E. : *The Radio Manual*. 1929.

626. 64 – T32 Terman, F. E. : *Radio Engineering*. 1932.

650 – J66 Johnson, Huebner & Wilson: *Principles of Transportation*. 1929.

660. □ – D27 Day, Clive: *History of Commerce*. 1929.

661. 4 – K64 Klein, Joseph J. : *Bookkeeping and Accounting*.

900 History

930 – C53 Cheyney, E. P. : *Short History of England*.

(《暨南校刊》1934 年第 112 期)

国立暨南大学图书馆委员会规程

第一条　本委员会根据二十三年第四次校务会议议决案第五项组织之。

第二条　本委员会职责如下：

（甲）谋图书馆之充实与发展；

（乙）审核图书经费之支配；

（丙）审订图书馆各种规程；

（丁）辅助图书馆其他进行事宜。

第三条　本委员会设委员七人，除教务长、各院院长及图书馆主任为当然委员外，余由校务会议选举之，任期一年，连选得连任。

第四条　本委员会设主席一人，由委员中互选之，设文书一人，由图书馆文书股股长兼任之。

第五条　本委员会常会每二月举行一次，遇必要时由主席临时召集之。

第六条　本规程经校务会议通过施行，如有未尽事宜，由主席提请校务会议修正之。

（《暨南校刊》1934 年第 119 期）

图书馆概况

(一)沿革　本校之有图书馆,已历十有八载,规模粗具,但因屡经兵燹,散佚过半,十五年向海内外醵金筑馆,十六年馆成,校董郑洪年先生捐助最力,因名为洪年图书馆。历任馆长,经营擘画,增加经费,充实内容,馆务日有进展。廿一年春,沪战爆发,本校沦于战区,受创最巨。所幸大宗图书,均搬运至沪,赖以保存。战后力谋整理改进,积二三年之策划增益,扩展设备,添购图书,加辟阅览室,俾多容阅览人数,以应阅览者之需求。

(二)组织　本馆隶属于本校教务委员会,馆内分事务、登记、编目及典藏四股,现有馆员十一人。

(三)馆舍　本馆馆舍为凸字形,计二层,占地四九六七平方尺。楼上阅览室二间及书库,楼下阅览室一间,特种阅览室一间,办公室一间及杂志书库室等。

(四)藏书　本馆现有图书计有中文共三八六二二册,外国文共一〇〇三三册(查中文书籍及杂志有合数册订成者,若依原有册数计,当倍蓰之)。

(五)经费　每年除馆员薪水外,其购书费及办公费计大洋五万五千元。

(六)开放　本馆开放时间,每日上午八时至十二时,下午一时至五时,晚间七时至九时半,计十一小时。但星期六下午及晚间,星期日上午及例假日则停止开放。寒暑假期间仍旧照常开放,时间略有减少耳。

(七)阅览　每日阅览人数平均六七三人。

(八)分类　中西文图书分类均采用杜定友之世界图书分类法编制,但其部次细目则加以修改及扩充,中文参考四库法,西文参考杜威法。

(九)编目　目录计有四种:(1)书架目录:依分类号码排列,置编目股以便查考。(2)字典式目录:混合著者卡、书名卡、类名卡及参考卡、分析卡等依字顺排列。(中文照张凤字典式,西文照字母次序)此系供阅者检查,故最为详备。(3)书本目录:依照分类式目录编印,西文者已出版,中文者已出丛书,教育及社会科学类,编就待印者有自然、应用科学及史地三类,余均在编纂中。(4)新书目录:每周新编书籍均抄录公布一次,并在校刊发表。

(《国立暨南大学概览》,1935)

国立中央图书馆筹备处公函

径启者:兹以《四库全书珍本(第二期)》书业已继续出版,现为便利取书起见,拟请贵校就近向上海商务印书馆提取一部,以省手续。除由本处函知外,相应函达查照,并祈取到该书后即便见复,以资查考。至所企荷。

此致

国立暨南大学

国立中央图书馆筹备处启

中华民国廿四年一月八日

(《暨南校刊》1935 年第 123 期)

图书目录

330/194	余天休	经济学原理	北平北学	1
330.3/622	潘念之	经营经济学	上海中华	1
330.4/473	童玉民	农业经济学	上海新学会社	1
332.1/337	唐启宇	农政学	上海黎明	1
332.31/151	李菊时	统制经济之理论与实际	上海新中国建设学会	1
372.1/235	卓定谋	银行事务解说	北平大慈书店	1
372.1/491	黄□□	各国□□制度者	上海四社出版部	1
372.21/806	浙江省立民教馆	国际现势展览会之经过及其内容	杭州浙江省立民教馆	1
396.8/187	孔雪雄	中国今日之农村运动	上海中山文化教育馆	1

400 艺术

401/990	倪贻德	高中美术教本	上海北新	1
442/390	倪贻德	北新铅笔画	上海北新	1
444/390	倪贻德	北新水彩画	上海北新	1
444/312	俞寄凡	水彩画纲要	上海艺术图书社	1

500 自然科学

500/527	曾伯雄	科学概论	上海作者书社	1

534/84	江 铁	留声机	上海商务	1
542. 11/527	曾昭抡	炸药制备实验法	上海国立编译馆	1
542. 11/722	韩组康	烟幕发火剂及爆炸实验	上海国立编译馆	1
566/568	杨钟健	古生物学通论	上海中华	1
570. 77/731	薛德焴	北新生理卫生	上海北新	1
572/246	周太玄译	人的研究	上海中华	1
580/575	邹秉文	高等植物学	上海商务	1
590. 77/533	嵇联晋	实验动物学	上海北新	1
595. 7/128	沈化夔	寄生虫学	上海新学会社	1

600 实用科学

615/151	李 定	常用处方集	上海理生居	1
615. 0/13	汪于冈	各病注射疗法大全	上海新医诊所	1
616/683	龙毓莹	肺病疗养谈	上海中华	1
629/178	何乃民	汽车概论	南京共和	1
629/864	中国汽车工程学会	英华汽车名词	上海中国汽车工程学会	1
680/698	赖 昌	农业全书	上海新学会社	1

（《暨南校刊》1935 年第 129 期）

图书目录

书码	著者	书名	出版处	册
		100 哲理科学		
110/756	瞿菊农	现代哲学思潮纲要	上海中华	1
120.8/441	陈立夫	唯生论(上)	南京正中	1
		300 社会科学		
329.28/375-5	孙 文	总理全集	上海民智	1
380/654	蔡 锷	曾胡治兵语录	上海商务	1
383/151	李待琛	军械制造	上海商务	1
388/316	姚士宣	航空通论	上海商务	1
388/515	邹文耀	空袭与空防	上海商务	1
388/523	傅无退	列强战备比较论	上海商务	1
388/622	潘树藩	最近各国航空事业	上海商务	1
		400 艺术		
457/21-2	王隐秋	初中劳作	上海中华	1
		500 自然科学		
510.1/151	李 俨	中国数学大纲	上海商务	1
511/864	中等算学研究会	初中算学	南京南京	2
512.8/128	沈 璿	范氏高等代数学	上海新亚	2
513.77/194	余介石	几 何	上海商务	1
515.77/393	徐尉平	高中解析几何学	南京南京	1
		600 应用科学		
611/700	卢于道	神经解剖学	上海科学仪器馆	1

615/15	方尧章	药用作物学	上海新学会社	1
632.8/271	胡朝阳	作物病理学		1
634.2/808	上海市社会局	龙华桃	上海市社会局	1
634.9/128	沈化夔	造林学本论	新学会社	1
634.9/407	许少初	森林利用学		1
		700　语言学		
720.7/115	任　重	文言白话大众话论战集	上海民众读物出版社	1
735/841	商务编译所	高等英文典	上海商务	1
735.4/15	方乐天	高中英文作文		
		800　文学		
823.7/784	苏渊雷	小品妙选	上海世界	1
827/622		蹇安五记	潘氏	1
829/625	谭　天	胡适与郭沫若	上海书报合作社	1
899.2/281	柳亚子	苏曼殊年谱及其他	上海北新	1
899.3/556	杨昌溪	卓别林之一生	上海良友	1

(《暨南校刊》1935 年第 130 期)

校长布告

(第一〇八号)

兹准上海市教育局公函开"准中国文化协会公函内开'径启者:敝会为纠正青年骄嚣荒学积习,造成好学风尚起见,爰有全国读书竞进会及读书运动大会之举行。除读书竞进会已于本月二十五日开始工作外,所有读书运动大会亦拟于四月八日起至二十一日举行。两周已商得本外埠各出版界新闻界之竭力援助,或发行特刊,或举行特别廉价。素仰贵局努力文化工作,主持教育事业,为此拟请于本会举行该项读书运动期内,饬令全市所属各级学校同时分别举行读书运动周,并举行学生读书演讲竞赛,以利宣传而资策励,是所至荷。除读书运动标语由敝会分别送去外,事关惕励青年,至希俞允为荷'等由,准此。查函,请通饬各节,事关策励青年,提倡文化建设,自应照办。除分别函令外,相应函请查照办理为荷"等由,准此。查读书运动系为养成良好学风,本大学特定于本月十八日(星期四)下午二时在大礼堂分大学组、附中组、实校组举行读书演讲比赛,并制定是项比赛节简则八条,公布于次,仰各知照,踊跃参加。此布。

计抄读书演讲比赛简则

读书演讲比赛简则条例

一、为惕励同学,引起读书兴趣,养成好学风尚起见,特于中国文化建设协会读书运动大会期内举行读书演讲比赛。

二、凡本校同学均得参加此项演讲比赛。

三、演讲比赛分大学、附中、实校三组。

四、每组演讲者其成绩最优之前三名,由学校给予奖品鼓励。

五、各组评刊员由校长聘请之。

六、演讲时间定四月十八日下午二时,在大礼堂举行。

七、凡参加演讲比赛者,应于四月十六日前向下列各处报名及提出演讲题目。

大学组——教务课

附中组——附中教务课

实校组——实校教务课

八、讲题范围以读书问题为限,用国语演讲,时间不得过十五分钟。

代理校长 沈鹏飞

二十四年四月十二日

(《暨南校刊》1935 年第 132 期)

暨南大学图书馆新到图书目录

书号	著者	书名	出版处	册
		000 总记		
021.82－337	唐文治	十三经提纲	无锡西溪唐宅	1
021.82－562	叶绍钧	十三经索引	上海开明	1
022－337	唐文治	周易消息大义	无锡西溪唐宅	1
023－375	孙星衍注	尚书今古文注疏	上海商务	1
027.1－260	洪亮吉编	春秋左传诂	同　上	1
		100 哲理科学		
121.24－98	朱文熊	庄子新义	无锡国学专校	1
		200 教育科学		
209.1－810	训练总监部	列强之国民教育		1
220－194	余家菊	训育论	上海中华	1
		300 社会科学		
327.04－510	训练总监部	国际形势讲演集		1
33.01－428	张素民	价值论	上海世界	1
33.04－556	杨荫溥	经济常识	上海经济书局	2
331.092－808	上海市社会局	上海市工人生活费指数	上海中华	1
341－765	谭锡庠	国际公法	广州光华	1
373.092－864	中国银行经济研究室编	全国银行年鉴	上海中国银行	1
375－164	胡善恒	财务行政论	上海商务	1
375.92－98	朱　偰	中国财政问题	同　上	1

380－178	何志浩编	国民军事教育论	南京军事学编译社	1
380－178.1	何志浩	学校军事训练	上海南华书店	1
380－271.1	胡三杰	军队教育各级计划表范例	南京军用图书社	1
380－556	杨　杰	国民军事必读	南京大陆印书馆	3
380－990		动员学及计划		1
383.4－369		筑城架桥通讯图□合编		1
384－21	王　俊	图上战术讲授录	南京军用图书社	1
384－428	张亮清	陆军大学校战术要图范例	同　上	1
384－558	杨蔚苏译	战术原则图解百题	同　上	1
384－896		战术学教程图例	同　上	1
384－94		最新基本战术教□	南京出版合作社	1
384.3－904		炮兵战术与技术之实施	南京军用图书社	1
388－674	刘献捷	防　空	同　上	1
390.9－80	邱致中	都市社会史	上海有志书屋	1

600　应用科学

660－21.1	王贡三	商业学	上海南京	1
660.1－151	李权时	商业循环	上海商务	1
660.7－674	刘绍基	商人要览	上海南京	1
661.5－622	潘序伦	审计学	上海商务	1
661.4－622	潘序伦	高级商业簿记教科书	同　上	1
670－B87－2	章桐译	现代大实业	南京南京书店	1
688.52－311	侯厚培	中国国际贸易小史	上海商务	1

700　语言学

797－96	竹井十郎	最新马来语速习	东京太阳堂	1

800　文学

820.4 – 661	郑振铎	中国文学论集	上海开明	1
827 – 407	章行严	名家小说	上海亚东	3
827.5 – 312	俞平伯	红楼梦辨	同　上	1

900　历史地理

920 – 441.1	陈　铎	中国人口密度图	上海商务	1

(《暨南校刊》1935 年第 145 期)

LIBRARY CATALOG

Oct. 4, 1935

000　General Works

033 – E 6　*Encyclopaedia Britannica*. 14th edition. 1932. 24 vols.

099 – C89　Crabbe: *The Life of George Crabbe*. 1932.

099 – M65　Mill, J. S.: *Autobiography*. 1928.

099 – S84　Carlyle, T.: *The Life of John Sterling*. 1907.

100　Philosophical Sciences

150 – D64　Dockeray, F. C.: *General Psychology*. 1933.

150 – K16　Kantor, J. R.: A *Survey of the Science of Psychology*.

150 – M98　Murphy, G.: *General Psychology*. 1935.

150 – M99　Muse, M. B.: *A Textbook of Psychology*. 1934.

150 – W56　Wheeler, R. H.: *The Science of Psychology*. 1929.

150.12 – L66　Lewin, K.: *A Dynamic Theory of Personality*. 1935.

152.1 – G65　Goodenough & Anderson: *Experimental Child Study*. 1931.

152.2 - G24 Garrison, K. C. : *The Psychology of Adolescence*. 1934.

153 - M97 Munn, N. L. : *An Introduction to Animal Psychology*. 1933.

156.2 - S92 Stroud, J. B. : *Educational Psychology*. 1935.

200 Educational Sciences

247 - F75 Foster, H. H. : *Principles of Teaching in Secondary Education*. 1921.

248 - H18 Hall - quest, A. L. : *Supervised Study in the Elementary School*. 1928.

236 - P24 Parker, S. C. : *General Methods of Teaching in Elementary Schools*. 1919.

247 - H18 Hall - quest, A. L. : *Supervised Study in the Secondary School*. 1929.

300 Social Sciences

302 - S40 Seligman, E. R. A. & Johnson, A. S. : *Encyclopaedia of the Social Sciences* 1931. 15 vols.

321.08 - M81 Moon, P. T. : *Imperialism and World Politics*. 1928.

327 - S30 Schuman, F. L. : *International Politics*. 1913.

330 - E320 Ely and others: *Outlines of Economics*.

371 - H72 Holdsworth: *Money and Banking*.

400 Fine Arts

405.4 - D22 Darrow, C. : *Crime, Its Cause and Treatment*. 1934.

410.4 - R95s Ruskin, J. : *The Seven Jumps of Architechure*. 1932.

440 - R95e Ruskin, J. : *The Elements of Drawing and Perspective*.

500 Natural Sciences

51 - 082 Osgood, W. F. : *Advanced Calculus*. 1930.

530 - D85 Dutl, A. W. : *Physics*. 7th et.

531 - M61 Millikan, K. A. : *Mechanics Molecular Physics and Heat*.

535 - T11 Taylor, L. W. : *College Manual of Optics*.

536 – S13 Saha & Srivastava: *A Textbook of Heat*. 1931.

540. 3 – H12 Hackh, I. W. D.: *A Chemical Dictionary*. 1932.

540. 3 – K55 Kingzett, C. T.: *Chemical Encyclopaedia*.

543 – G85 Gritin, R. C.: *Chemical Encyclopaedia*. 1932.

543 – G88 Gilman, H.: *Organic Syntheses*. 2 vols.

547 – N86 Norris, J. F.: *The Principles of Organic Chemistry*.

600 Applied Sciences

630. 3 – P16 Perry, J. H.: *Chemical Engineer's Handbook*. 1934.

642. 7 – H71 Hofman, H. O.: *General Metallurgy*.

655. 5 – J66 Johnson & Huebner: *Railroad Traffic and Rates*.

660. 1 – S66 Snow, A. J.: *Psychology in Business Relations*. 1925.

661 – H23 Haney: *Business Organization and Combination*.

661. 22 – L42 Lawrence, W. B.: *Cost Accounting*. 1931.

800 Literature

836 – C95 Carlyle, T.: *Oliver Gromwell's Letters and Speeches*, 1926. 3 vol.

838 – B94 Bulfinch, T.: *The Age of Fable*. 1931.

849 – L25 Landor W. S.: *Imaginary Conversation*. 1928.

Oct. 8, 1935

500 Natural Science

512. 2 – B67 Bocher, M.: *Introduction to Higher Algebra*.

517 – G76s Granville and others: *Elements of the Differential and Integral Calculus*.

517. 88 – P58 Piaggio: *An Elementary Treatise on Differential Equations and Their Application*. 1933.

530 – A51 Ames & Bliss: *A Manual of Experiments in Physics*.

535 – H84 Houstoun, R. A.: *A Treatise on Light*. 1930.

537 – S64 Smith: *Electric and Magnetic Measurements*.

537 – S69　Starling: *Electricity and Magnetism for Advanced Students*. 1929.

540 – C16　Chapin, W. H. : *Second Year College Chemistry*.

540 – H75　Holmes, H. N. : *General Chemistry*. 1931.

541 – G18d　Getman & Daniels: *Outlines of Theoretical Chemistry*. 1931.

541. 2 – C95　Crowther, J. A. : *Ions Electrons and Lonizing Radiations*.

542 – H78　Holmes, H. N. : *Laboratory Manual of General Chemistry*. 1930.

542 – N85　Norris, J. F. : *Experimental Organic Chemistry*.

542. 1 – L65　Lewis & Radasch: *Industrial Stoichiometry*.

544 – N95　Noyers, A. A. : *Course of Instruction in the Qualitative Chemical Analysis of Inorganic Substances*.

545 – T14　Talbot, H. P. : *An Introductory Course of Quantitative Chemical Analysis with Explanatory Notes*.

600　Applied Sciences

626 – G18　Gray & Wallace: *Principles and Practice of Electrical Engineering*. 1934.

640 – R73　Rogers, A. : *Industrial Chemistry*. 1931. 2 vols.

646 – B14　Badger & Mc Cabe: *Elements of Chemical Engineering*.

648 – 085　Ostwald, W. : *An Introduction to Theoretical and Applied Colloid Chemistry*.

900　History and Geography

913. 64 – J15　Jackson, J. H. : *The Postwar World*. 1935.

914. 1 – C69　Cole, G. D. H. & Cole, M. : *The Intelligent Man's Review of Europe Today*. 1933.

（《暨南校刊》1935 年第 146 期）

暨南大学图书馆新到图书目录(续前)

书号	著者	书名	出版处	册
		100 哲理科学		
150－123	沈有乾	心理学	上海新亚	1
150－602	潘 菽	心理学概论	上海北新	1
150－9331	张显之	近代心理学	上海民智	1
150－G26－2L	杜佐周译	普通心理学	上海大东	1
150－P33－2	郭一岑译	苏俄新兴心理学	上海中华	1
150.11－W91	谢循初译	现代心理学派别	上海商务	1
150.4－W24－2	黄维荣译	行为主义论战	上海黎明	1
157－15	方旦明	普通心理实验手册	上海知新	1
157－G24－2	朱镇荪等译	心理学上几个重大实验	上海中华	1
		200 教育科学		
210.6－148	杜佐周	小学行政	上海商务	1
215－148	杜佐周	麦柯尔教育测量法撮要	上海民智	1
240－K48－2	孟宪承译	教育方法原论	上海商务	1
241－441	陈礼江	普通教学法	上海民智	1
241－775	罗廷光	普通教学法	上海商务	1
246－161	吴研因	新中华小学教学法	上海中华	1

248－M65－2	释凡保译	中学教学之研究	上海商务	1
293－511－2	杜佐周等译	成人的学习	同上	1

300 社会科学

349.2272－412		中华民国海商法	上海会文堂	1
349.27－21－3	王效文	中国海商法论	同上	1
371.63－441	陈振骅	农业信用	上海商务	1
372－08	朱彬元	货币银行学	上海黎明	1
372.91－462	崔晓岑	中央银行论	上海商务	1
375.6－242	金国珍	都市财政论	上海商务	1

600 应用科学

660.4－21	王叔明	商标注册指导	上海商务	1
660.9－21	王孝通	中国商业小史	同上	1
660.92－441	陈　灿	中国商业史	同上	1
661.3－151	李鸿寿	会计学	上海生活	1
661.32－556.1	杨肇遇	成本会计概要	上海商务	1
661.3－622	潘序伦	会计学	同上	2
661.3－714	嵇储英	初级会计学	同上	1
664－56	甘永龙	广告须知	同上	1
667－6746	刘冠英	现代商品学	同上	1
668.5－416	陈重民	今世中国贸易通志	同上	1
668.628－148	杜廷绚	美国对华商业	同上	1
668.62－441	陈重民	中国进口贸易	同上	1
668.628－441	陈其鹿	英国对华商业	同上	1
668.72－33	尤季华	中国出口贸易	同上	1

670 – 248	周志骅	世界之经济利源与制造业	同上	1
670. 91 – 938	冯达夫译	世界产业大全	上海中华	1
		900 历史地理		
910 – 636. 1	欧阳缨	新世界列国地图	武昌亚新地学社	1
910. 3 – 654	蔡源明	经济地理学概论	上海商务	1
910. 6 – 207	武堉幹	商业地理	上海中华	1
910. 6 – 248	周志骅	世界百大商埠要览	上海商务	1
920 – 10 – 598	赵如珩编	江苏省鉴	上海新中国建设学会	2

(《暨南校刊》1935 年第 146 期)

图书馆近讯

本学期自何校长来校后,对于图书设施大加扩充,近更为便于统盘计划充实图书起见,并已成立图书委员会。今后关于购置图书计划,及扩充图书馆事宜,当更有进展,良可庆幸也。自开学迄今,因陆续购备大批图书杂志,故本馆工作甚为紧张,兹为同学明了本馆情形,特将近讯分记如次:

（一）关于杂志报章方面

本馆杂志报章，除一部分由出版机关寄赠外，余悉由本馆购置，计杂志现有《新中华》《国闻周报》《申报月刊》《东方杂志》等五十余种，均陈列楼下杂志阅览室；报纸计有《申报》《新闻报》《大公报》等八种，逐日陈列报纸阅览室，公开阅览。每种杂志收到后，先予登记，缮写新到杂志表，分贴于莲韬馆、科学馆、大教室及本馆布告栏等处，俾众周知。然后陈列杂志室，将旧期杂志存放书库，新期杂志则插放架上，以供众览。每逢年终，汇订成册，藉备存查。至各院系研究室所需之专门杂志，均由各该院系开单，交由本馆转交庶务课照购，杂志仍寄交本馆，经分别登记后，送交各该研究室陈列，年终则由本馆收回，汇订存查。今将本馆及各研究室订购之中西文杂志数目，开列于下：

名　称	中文杂志册数	西文杂志册数
图书馆杂志阅览室	二四三（连赠阅在内）	四一
中文系研究室	一九	
外文系研究室	一三	四
教育系研究室	一〇	一七
史地系研究室	七	九
理学院研究室		五二
商学院研究室	九	九

附注：所有中西文杂志书名均刊载第一四八期校刊，兹不赘列。

（二）关于图书方面

本学期购书手续，改用统制办法，各院所需参考图书，由各教授指定开单介绍，经各该院盖章后，送来本馆。本馆根据该单，抄送庶务课照购，原单存本馆备查。新书送到后，本馆即分别登记编目，除照杂志之登记手续缮贴新到书籍表于上列各处外，且另印行单张，分发各办公处,同时通知各介绍人来馆阅览。除教务须参考之图书,可借出阅览外,余均以在馆阅览为原则。本馆所购图书,系普通参考书籍,如最近购置之大英百科全书、社会科学百科全书等;其专门研究之书籍,则由各该院开单,交由本馆转送庶务课购办。本学期所订购各书,已陆续到馆矣。

(三)阅览时间

本馆开放时间:星期一——五:上午八—十二时

下午一——四时,晚间七—九时半

星期六:上午八—十二时

星期日:晚间七—九时半

同事及同学中,如对于本馆设备各方面有何意见,尚希不吝惠教,本馆当竭诚采纳,以资改善为幸。

(《暨南校刊》1935 年第 150 期)

LIBRARY CATALOG

100 Philosophical Science

120 – G79	Granet, M. : La pensée Chinois. 1934.

300 Social Science

326. 3 – J54	Jenks & Lauck: *The Immigration Problem*. 1926.
327. 17 – S86c	Stoddard, L. : *Clashing Tides of Colour*. 1935.
327. 28 – P38	Peffer, N. : *Must We Fight in Asia?* 1935.
327. 86 – S92	Strong, E. K. : *The Second – generation Japanese Problem*. 1934.

341 – C72 Consentini, F. : *International Code of Aviation*. 1933.

341 – T18 Taracouzio, T. A. : *The Soviet Union and International Law*.

350.1 – F49 Finer, H. : *Theory and Practice of Modern Government*.

371 – K31 Kemmerer, E. W. : *On Money*. 1934.

371.7 – E35 Einzig, P. : *Exchange Control*. 1934.

371.7 – F98 Furniss, E. S. : *Foreign Exchange*.

383 – B87 Brockway, F. : *The Bloody Traffic*. 1933.

386 – □6 Acworth, C. B. : *The Navy and the Next War*. 1934.

388 – S74 Spaight, J. M. : *Air Power and War Rights*. 1933.

388.95 – L52 Lehmann – Russbüldt, O. : *Germany's Air Force*. 1935.

390.1 – S72 Sorokin & Zimmerman : *Principles of Rural – urban Sociology*.

500 Natural Science

531.6 – B35 Bazzoni, C. B. : *Energy and Matter*. 1934.

535.8 – C73 Compton & Allison : *X – rays in Theory and Experiment*. 1935.

600 Applied Science

622.9 – H29 Harrer, H. : *The Evolution of the Flying Machine*. 1930.

659 – G62 Golding, H. : *The Wonder Book of Aircraft*.

659.05 – I61 International Air Traffic Association : *Information Bulletin*. No. 21.

661.5 – M68S Montgomery & Staub : *Auditing Principles*. 1923.

800 Literature

812.01 – S45 Saintsbury, G. : *Loci Critic*. 1933.

900 History and Geography

910.1 – □4 Durant, W. : *Story of Civilization*. 1935.

913 – T23 Temperley, H. W. V. : *A History of the Peace Conference of Paris*. 1920. 6 vols.

928 – T16 T'ang Liang-li : *Reconstruction in China*. 1935.

929－R32　Redman, H. V.: *Japan in Crisis*. 1935.

934.1－M50　Mcclellan, G. B.: *Modern Italy*. 1933.

995.1－S44　Sedgwick, H. D.: *A Short History of Italy* (476－1900). 1905.

(《暨南校刊》1935 年第 150 期)

国立暨南大学图书馆新到书籍

(十月五日至十一月八日)

书号	著者	书名	出版处	册
		000　总计		
093－164	吴荣光	历代名人年谱	上海商务	1
093－402	梁廷灿	历代名人生卒年表	上海商务	1
093－641	樊荫南	当代中国名人录	上海良友	1
		200　教育科学		
201.5－98	朱智贤	教育研究法	南京正中	1
201.5－J92－2	郑宗海译	教育之科学的研究	上海商务	1
209.2－248	周予同	中国现代教育史	上海良友	1
249.9－164	吴研因	小学历史科教学法	上海商务	1
260－148	杜佐周	小学教育问题	上海儿童书局	1
264－598	赵廷为	小学教学法通论	上海商务	1
		300　社会科学		

327.2－F82－2	王光祈译	三国干涉还辽秘闻	上海中华	1
327.21－710	鲍德澄	国联处理中日事件之经过	上海南京	1
327.26－935－2	王仲廉译	甲午战前日本挑战史	上海南京	1
327.27－753	蓝孕欧	满蒙问题讲话	上海南京	1
327.27－W83－2	王光祈译	李鸿章游俄纪事	上海东南	1
330.942－2	陈绥荪译	战时统制经济论	上海商务	1
330－L76－2	王开化译	国家经济学	上海商务	1
330－M49－2	胡泽译	数理经济学大纲	上海商务	1
330－S68－2	郭大力译	国富论	上海神州国光社	2
330.4－242	金国宝	中国经济问题之研究	上海中华	1
330.4－352－2	马寅初	中国经济改造	上海商务	1
330.9－265	施复亮	中国现代经济史	上海良友	1
332.1－575	邹　鲁	日本对华经济侵略	广州中山大学	1
332.2－248	周宪文	资本主义与统制经济	上海中华	1
333.2－434	陆璞译	中国土地制度研究		1
333.2－141	陈登元	中国土地制度	上海商务	1
371－F54－2	金本基译	货币的购买力	上海商务	1
371.92－248	周伯棣	中国货币史纲	上海中华	1
371.92－428	张家骧	中国之币制	上海商务	1
375－35	尹文敬	财政学	上海商务	1
375.59－810	财政部财政年鉴编译处	财政年鉴	上海商务	2
375.92－775	罗介夫	中国财政问题	上海太平洋	1

376.2－271	胡善恒	赋税论	上海商务	1
376.2－806	行政院农村复兴委员会	田赋附加税调查	上海商务	1
377.92－864	中国银行	中国外债汇编	上海中国银行	1
390.1－375－2	孙本文	社会的文化基础	上海世界	1
391.1－491	黄国璋	社会的地理基础	上海世界	1
391.6－622	潘　菽	社会的心理基础	上海世界	1
392.1－164－2	吴景超	社会的生物基础	上海世界	1
396.3－941	马札亚尔	中国农村经济研究	上海神州国光社	1

500　自然科学

547－C18－2	李缵文译	康氏生物化学	上海中华医学会	1
572－C61－2	黄素封译	世界之童年	上海开明	1
573－C64－21	俞松笠译	世界幼稚时代	上海商务	1

600　应用科学

650.92－428	张心澂	中国现代交通史	上海良友	1
668.72－864	中国银行经济研究室	中国对外贸易统计图解	上海中国银行	1

700　语言学

722.□－98.1	朱芳圃	甲骨学商史编	上海中华	2
722.2－352	马叙伦	说文解字研究法	上海商务	1
722.4－428－1	张世禄	音韵学	上海商务	1
722.4－428－3	张世禄	广韵研究	上海商务	1
722.41－428－2	张世禄	中国古音学	上海商务	1
722.41－428.3	张世禄	语音学纲要	上海开明	1

727.9－722	韩楚原	开明活叶文选注释	上海开明	10
		800　文学		
828.1－838.1	孙俍工译	中国文学通论(上)	上海商务	1
832.15－428	张景星	元诗别裁	上海商务	1
832.57－151	李玄玉	北词广正谱	四川成都大学	1
834.2－428	张　汉	南曲谱	四川成都大学	1
		900　历史地理		
901－21	王益崖	地理学	上海世界	1
901－674	刘玉峰	地学通论	北平文化学社	1
901－F62－2	薛澄清译	历史方法概论	上海商务	1
901－M3－2	竺可桢译	新地学	南京钟山	1

(《暨南校刊》1935年第151期)

图书馆近讯

一、新书踊到

图书馆新近购得大批书籍,计有史地类一百二十册,小说类四百六十七册,商业类一百五十二册,均系国内外名著,已赶速登记编目,大部分已由相关研究室借出矣。

二、装订大批书籍

图书馆有大批书籍、杂志及报纸急需装订为合订本，计中文书有九百零七册，中文杂志一百六十七册，外文杂志一百六十六册，报纸七十四册，现已商定由新昌印刷厂承订，但因随时仍有人参考，乃采取陆续付装订办法，亦因时局关系免除误会，也预计在最近期间即可全部装竣云。

三、添置同学介绍书籍箱

过去图书馆购书，例由各院部介绍，至同学方面如认为有某种图书需购置，均由各院转图书馆办理。最近为便利同学需要起见，特置介绍书箱并备有介绍书籍单，同学可随时填写报入箱内，俾同学亦有直接介绍购置图书之机会也。

（《暨南校刊》1935 年第 152 期）

LIBRARY CATALOG

100 Philosophical Science

156. 6 – M82 Moore & Hartmann: *Readings in Industrial Psychology*. 1931.

156. 6 – V84 Viteles, M. S.: *Industrial Psychology*. 1933.

200 Educational Science

201. 2 – M16 Mac Latchy, J. H.: *Education on the Air*. 1933.

201. 2 – T98 Tyson, L.: *Radio and Education*. 1933.

222. 2 – C56 Chu Y – K: *Some Problems of a National System of Education in China*. 1933.

300 Social Science

330 – K44 Keynes, J. N. : *The Scope and Method of Political Economy.*

330. 1 – S58 Silverman, H. A. : *Economics of the Industrial System.* 1931.

330. 4 – W82 Withers, H. : *The Way to Wealth.* 1935.

330. 98 – N93 Nourse and other: *America's Capacity to Produce.* 1934.

331 – F64 Florence, P. S. : *Economics of Fatigue and Unrest and the Efficiency of Labour in English and American Industry.* 1924.

331 – H12 Hackett, J. D. : *Labor Management.* 1929.

331 – H78 Hoopingarner, D. L. : *Labor Relations in Industry.* 1925.

331. 92 – T24 Tawney, R. H. : *Land and Labor in China.* 1923.

333. 92 – B92 Buck, J. L. : *Chinese Farm Economy.* 1930.

338. 5 – W92 Warren & Pearson: *Prices*, 1933.

371 – C22 Cannan, E. : *Money.* 1932.

371 – F541 Fisher, I. : *Inflation?* 1934.

371 – K44 Keynes, J. M. : *A Tract on Monetary Reform.* 1925.

371 – M13 Madden & Nadler: *The International Money Markets.* 1935.

371 – P30 Pasvolsky, L. : *Current Monetary Issues.* 1933.

371 – W45 Welch, H. J. : *Money, Foreign Trade and Exchange from a National Point of View.* 1934.

371. 1 – B82 Bratter, H. M. : *Silver Market Dictionary.* 1933.

371. 1 – H39 Hawtrey, R. G. : *The Gold Standard in Theory and Practice.*

371. 1 – W29 Warren & Pearson: *Gold and Prices.* 1935.

371. 4 – C22 Cannan, E. : *Modern Currency and the Regulation of Its Value.*

371. 4 – F54m Fisher, I. : *The Money Illusion.* 1930.

371. 91 – E35 Einzig, P. : *The Sterling – Dollar – Franc Tangle.* 1933.

372. 94 – L70 Liefmann & Mac Gregor: *Cartels, Concerns and Trusts.* 1932.

373 – W82 Withers, H. : *Investing Simplified.* 1934.

378 – D52f Dewing, A. S. : *The Financial Policy of Corporations.* 1926.

378 – M48 Mead, E. S. : *Corporation Finance.* 1931.

380. 9 – L44 League of Nations: *Armaments Year – book*. 1933. 1934.

392 – M37 Marshall, L. C.: *Industrial Society*. 3 vols. 1931.

vol. 1. *The Emergence of the Modern Order.*

vol. 2. *Production in the Modern Order.*

vol. 3. *The Coordination of Specialists.*

600 Applied Science

613 – A46 Alsaker, R.: *Child Health via Food*. 1933.

613 – P31 Paterson & Smith: *Modern Methods of Feeding in Infancy and Childhood*. 1934.

660 – C92 Creedy, F.: *Human Nature in Business*. 1927.

660. 1 – C92 Crew, A.: *Economics for Commercial Students and Business Men*. 1932.

660. 1 – S83 Stephenson, J.: *The Principles of Business Economics*. 1924.

663. 5 – W58s White, P.: *Scientific Marketing Management*. 1927.

671 – F28 Fayol, H.: *Industrial and General Administration.*

671 – F61 Fleming & Brocklehurst: *An Introduction to the Principles of Industrial Administration*. 1922.

671 – J77 Jones, E. D.: *The Administration of Industrial Enterprises*. 1922.

671 – S56 Shields, B. F.: *The Evolution of Industrial Organization.*

671. 07 – L48 Lee, J.: *Dictionary of Industrial Administration*. vols. 2.

672 – E37 Elbourne, E. T.: *Factory Administration and Cost Accounts.*

800 Literature

833 – C88 Carlyle, R. M.: *The Poetical Works of George Crabbe*. 1932.

833. 1 – D82 Dixon & Grierson: *The English Parnassus*. 1924.

834 – W67L Wilde, O.: *Lady Windermere's Fan*. 1929.

900 Geography

915 – S78 Stamp, L. D.: *Asia, an Economic and Regional Geography*. 1931.

F Fiction

F – M443 Maugham, S.: *On a Chinese Screen*. 1934.

F－N757 Nordhulf & Hall: *Falcons of France.*

F－Y41 Yeats-Brown, F.: *Dogs of War!*

(《暨南校刊》1935 年第 152 期)

国立暨南大学图书馆新到书籍

(十月五日至十一月八日)

书号	著者	书名	出版处	册
904－428	张其昀	人地学论丛	南京钟山	1
910－B78－2	张其昀译	战后新世界	上海商务	1
910－3－V21－2	傅东华译	我们的世界	上海新生命	1
910－V12－2	陈瘦石译	房龙世界地理	上海世界	1
910.1－B38－2	于熙俭译	人类的前程	上海商务	1
910－3－B91－2	谌亚达译	人文地理学	上海世界	1
911－H42－2	伍蠡甫译	上古世界史	上海世界	1
913－H42－2	姚莘农译	近代世界史	上海世界	1
914.3－178	何炳松	近世欧洲史	上海商务	1
914.5－M58.2	伍光建译	十九世纪欧洲思想史	上海商务	2
920.9－173	童世亨	历代疆域形势一览图	上海商务	1
923.9－53	玄　奘	大唐西域记	上海商务	1
924.07－471	汤　中	宋会要研究	上海商务	1

924.4 - B84 - 2	梁园东译	西辽史	上海商务	1
924.9 - 945 - 2	陈捷译	辽金乣军及金代兵制考	上海商务	1
925.2 - 441	陈彬龢	元朝秘史	上海商务	1
925.9 - 945	陈捷译	蒙古史研究	上海商务	1
925.9 - 945.1	陈捷译	元代蒙汉色目待遇考	上海商务	1
925.9 - 945.2	陈捷译	元朝制度考	上海商务	1
925.9 - 945.3	陈捷译	元朝怯薛及斡耳朵考	上海商务	1
925.9 - 945.4	陈捷译	兀良哈及鞑靼考	上海商务	1
926.2 - 963	三余氏	南明野史	上海商务	3
928 - 551.1	贾逸君	中华民国政治史	北平文化学社	2
966 - 58	古同资	日本维新三十年史	上海华通	1
969.16 - 938	林泰辅	朝鲜通史	上海商务	1
976 - 21	王锡纶	苏俄之政治经济社会	上海新生命	1

厶 小说

厶 - 184	文 康	儿女英雄传	上海东亚	4
厶 - 521	石玉昆	三侠五义	上海东亚	4
厶 - 551	李伯元	官场现形记	上海东亚	4
厶 - 1643	吴趼人	二十年目睹之怪现状	上海世界	1

(《暨南校刊》1935 年第 152 期)

图书目录

LIBRARY CATALOG

100 Philosophical Science

150 – K78 Koffka, K. : *Principles of Gestalt Psychology*. 1935.

152.1 – J56 Jersild, A. T. : *Child Psychology*. 1933.

152.1 – S55 Sherbon, F. B. : *The Child*. 1934.

153 – B99 Buytendijk, F. J. J. : *The Mind of the Dog*. 1935.

200 Educational Science

262 – R44 Retan, G. A. : *Management and Teaching Technique in the Elementary School*. 1933.

294.2 – R53 Richmond, W. V. : *An Introduction to Sex Education*. 1934.

300 Social Science

321 – L34 Laski, H. J. : *The State*. 1935.

325.93 – H96 Hertz, G. B. : *The Old Colonial System*. 1905.

327 – M22 Mair, L. P. : *The Protection of Minorities*. 1928.

330 – S31 Schack, H. : Volkswirtschaftspolitik. 1930.

330 – S37 Schönpflug F. : Das Methodenproblem in der Einzelwirtschaftslehre. 1923.

330.1 – A53 Amonn, A. : Ricardo als Begründer der Theoretischen Nationalökonomie. 1924.

330.19 – B97 Currows & Horsefield : *Economics of Planning*. 1935.

330.1 – C69 Cole, C. D. H. : *Principles of Economic Planning*. 1935.

330.1 – W13 Wagema, E. : Khnjunkturlche. 1928.

330.4 – F54 Fischer: Der Mensch und Die Rationalisierung. 1931.

330.4 – H62 Horn, H.: Tendenzen zur Aussonderung von Vermögenswertänderungen in Betriebswirtschaftslehre, Wirtschaftspraxis und Steuerrecht. 1931.

330.4 – P63 Pigou, A. C.: *Economics in Practice*. 1935.

330.9 – Z48 Zeitschrift für Handelswissenschaft: Archiv der Fortschritte Betriebswirtschaftlehre Forschung und Lehre. 1924 – 26.

331 – R55 Riedel, J.: Arbeitskunde, Grundlagen, Bedingungen und Ziele der Wirtschaftlichen Arbeit. 1925.

331.03 – C045 Giese, F.: Handwörterbuch der Arbeitswissenschaft. 1930.

332 – K64 Kleeck & Fleddérus: *On Economic Planning*. 1935.

332 – S65 Smith, J. G.: *Economic Planning and the Tariff*. 1934.

338.5 – L43 Layton & Crowther: *An Introduction to the Study of Prices*. 1935.

371.098 – C98 Currie, L.: *The Supply and Control of Money in the United States*. 1935.

371.1 – L59 Leong, Y. S.: *Silver, An Analysis of Factors Affecting Its Price*. 1934.

372.94 – K65 Klug, O.: Das Wesen der Kartell, Konzern und Trustbewegung. 1930.

373.92 – R39 Remer, C. F.: *Foreign Investments in China*. 1937.

378 – P35 Peking University: *Corporation Finance*.

500 Natural Science

541.3 – F22 Farkas, A.: *Orthohydrogen, Parahydrogen and Heavy Hydrogen*. 1935.

547 – N79 Noller, C. R.: *Organic Syntheses*. vol. 14. 1935.

547 – W38 Waters, W. A.: *Physical Aspects of Organic Chemistry*. 1935.

581.2 – A55 Anderson, J. G.: *Children of the Yellow Earth*. 1934.

600 Applied Science

630.6 – R98 Royal Institute of International Affairs: *World Agriculture*. 1932.

660.1 – H71 Hoffman, A.: Wirtschaftslehre der Kaufmännischen Unternehmung. 1932.

660.4 – B22 Bankers'co – operative Eredit Service: *Credit Men's Business Directory of China*. 1935.

661 – C52 Chevalier, J.: La Technique de l'organisation des Entreprises. 1933.

662.1 – L90 Lyainski, E.: Psychologia des Bctniotsas. 1923.

663.3 – S62 Seyffert, R.: Der Mensch als Betriebsfaktor. 1922.

670 – S34 Schlesinger, C.: Psychotechnik und Betriebswissenschaft. 1920.

670.2 – N64 Nundworterbuch der Bestriehswirtschrft. 1926. 5 vols.

671 – C28 Carlioz, J.: Le Gouvernement des Entreprises. 1927.

671 – H47 Seidebrock, E.: Industriebetriebelobre. 1923.

671 – I74 Tsnac, A.: Der Industrieheirich. 1920.

800 Literature

832 – S42p Scott, W.: *The Poetical Works of Sir Walter Scott.*

900 Geography

910 – 8 Y95 Yule, H.: *The Book of Sir Marco Polo, the Venetian Concerning the Kingdoms and Marvels of the East.*

915 – K61 Kirtland, L. S.: *Finding the Worth while in the Orient*. 1924.

920 – C22 Cressey, G. B.: *China's Geographic Foundations*. 1934.

(《暨南校刊》1935 年第 157 期)

图书馆职员名录

(民国二十五年度)

主任	林仲达	昭音	三九	浙江瑞安	南京高师毕业,历任浙江省立十中教员,广东龙川,上海浦东立达教员,商务印书馆编辑,安徽大学、湖北教育学院教授	上海文庙路学西街一号	廿四年八月
事务员兼文书股长	张契灵		三二	江苏南通	本校教育学士,历任本校及浙大教职五年	本校	廿三年二月
事务员兼编目股长	汪善禄	孝先	三〇	江苏吴县	本校商学院毕业	本校	十七年二月
事务员兼典藏股长	温文耀		三四	广东惠阳	本校教育学士,历任南洋尊孔学校教员,本校图书馆馆员五年	本校	十九年八月

事务员	李敬伯	允恭	二七	辽宁抚顺	本校法学士	本校	廿三年二月
事务员	汤若楣		二七	安徽安庆	上海沪江大学商学士，曾任崇德女子中学教员	本校	廿三年八月
事务员	许荣水	时溜	二九	福建思明	本校文学士，曾任本校商学院助教	本校	廿三年三月
事务员	李先治	仲俊	二六	湖南长沙	本校商学士	真如新木桥二号	廿四年九月
事务员	高寿崧	觉皆	三四	浙江吴兴	浙江省立三师毕业，历任吴兴商业学校、南京市立实验学校级任考试委员会科员，本校庶务课校长室干事	本校	廿二年二月
书记	徐寄尘	耀章	二六	江苏如皋	江苏第二□□师范毕业，历任本校干事、书记	真如后江港一号	十七年五月
临时办事员	胡曼君		三三	江苏吴县	苏州平江学校毕业	暨南新村二十一号	廿四年九月

(《国立暨南大学教职员学生名录·民国二十五年度》，

国立暨南大学出版课编印，1936)

图书馆近讯

本校为华侨学府,虽值寒暑假,同学亦多不离校,故图书馆为便利同学进修起见,除新年一月一日至四日暂停阅览外,余虽寒假期间亦仍开放,惟时间略有变更。

最近本校有一部分同学爱好世界语,图书馆因代购得一大批以备参考。又图书馆新近购得太平洋国际学会刊物多种及中央研究院刊物全份云。

(《暨南校刊》1936年第158期)

图书馆近讯

寒假期间,图书馆为便于同学随时阅览起见,特变更时间,每日自上午九时至晚间九时均开放,自二月一日起,因将开课,乃改照原定时间。

廿四年度下学期增购图书事宜,现正与各学院部磋商中,各任课教授已陆续开列书单交各院长转馆方办理矣。

最近承铁道部图书室赠送交通史一部,计廿五册,内航空编一册,航政编六册,路政编十八册,查该书洵为我国交通事业上之重要著述。

(《暨南校刊》1936年第160期)

暨南大学图书馆新到图书目录

书号	著者	书名	出版处	册
		000 总记		
000－178	何汉文	华侨概况	上海神州国光社	1
000－674	刘士木	华侨概观	上海中华	1
000.8－661	郑健庐	南洋三月记	上海中华	1
000.9－P39－2	冯承钧译	郑和下西洋考	上海商务	1
003－491	黄泽苍	荷属马来西亚	上海商务	1
005－491	黄泽苍	马来亚	上海商务	1
010－H97－2	喻友信译	图书馆使用法的指导	武昌文华学校	1
018.3－972	开　仁	怎样学习英语	上海南强	1
019.8－69	平　心	生活全国总书目	上海生活	1
042－337	唐　钺	国故新探	上海商务	1
042－393	徐畏潜	国学纂要	上海南京	1
062.3－151	李文裿	北平学术机关指南	北平图书馆协会	1
090.0－942	大通弘雄	朝日年鉴	大阪朝日新闻社	1
099－G66－2	林曼青译	我的童年	上海亚东	1
		100 哲理科学		
120.9－47	冯友兰	中国哲学史	上海商务	1

156.1－164	吴景鸿	犯罪心理学	上海法学编译社	1

200 教育科学

203.1－810		留学指南	上海南京	1
210－148－2	杜佐周	教育与学校行政原理	上海商务	1
220－151	李相勖	训育论	上海商务	1
237.6－568	董任坚	行为课程	上海中华	1
237.7－811－2	教育部	中学课程标准	上海商务	1
260－568	董任坚	小学教育的改造	上海商务	1
266－K44－2	沈泽民译	儿童的教育	上海商务	1
266－S65－2	董任坚译	前进的师育	上海商务	1
294.2－568	董任坚	性的教育	上海儿童	1
295－945－2	赖勃尔	儿童与家庭	上海开明	1

300 社会科学

327.21－761	魏建新	帝国主义侵略中国史图	上海中国文化馆	1
327.26－761	魏建新	日本在华势力史地图	上海中国文化馆	1
332.2－C49－2	黄澹哉译	资本主义的浪费	上海新生活	1
335－A25－2	樊季子译	世界金货分配论	上海商务	1
342.2－333		宪法全稿	天津大公报社	1
352.3－197	冯　震	国民政府组织法研究	南京南京书店	1
371－64	司徒宏	通货膨胀与货币贬值	经业书局	1
371.1－177	谷春帆	银之发炎	上海大公报分报	1
371.6－21	王维因	征信问题与信用调查		1
380－687	王志莘	我的储蓄计划	上海新华银行	1
380.96－454	谌国钧	战时经济与国防	上海军事编译社	1

380.96－454	庄心在	日本军备的检讨	上海南京	1
390.4－915		派克社会学论文集	北平燕京大学	1
393.9－352	马哲民	精神科学概论	上海新生命	1
395.4－407	许鹏飞	犯罪学大纲	上海大学书店	1

400 艺术

426.9－598	赵㧑叔	六朝别字记	上海商务	1
426.9－775	罗振玉	增订碑别字		5卷

500 自然科学

551－933	小川琢治	地质现象之新解释	东京古今书院	1
551－935	北田宏藏	大陆漂移说解义	东京古今书院	1
551－938	松泽武雄	地球物理学	东京古今书院	1
551.3－936	辻村太郎	新考地形学	东京古今书院	2
551.3－936.1	辻村太郎	新考地形学索引	东京古今书院	1
551.7－934	今井半次郎	地层学	东京古今书院	1
572－164	吴泽霖	现代种族	上海新月	1

600 应用科学

630.22－441	陈 铎	中国农林畜产分布图	上海商务	1幅
655.5－128－2	沈奏廷	铁路运价之理论与实际	上海商务	1
656－491	黄育西	汽车运输管理	上海商务	1
665.3－2	丁振一	堆栈业经营概论	上海商务	1
665.3－21	王志莘	农业仓库论	上海商务	1
665.3－934－2	欧阳瀚存译	农仓经营论	上海商务	1

(《暨南校刊》1936年第160期)

图书馆杂闻

本学期自开学以来,馆中工作甚为紧张,各院部交来书单甚多,计有文学院之文学书籍、理学院之数理书籍、商学院之应用科学等,均已陆续购到。该馆近购到《首都志》《旧都文物志》《文渊阁藏书全景》及汉北魏唐碑帖印本数十种,中文杂志缺本,现已补齐一部分,至上学期整理装订之杂志,内中文杂志三百余册,已于日前装竣送到,均在赶速编目,以备借阅。他如书籍目录已编竣者,计中文本有丛书类、哲学类及总类三种,业经送印务组排印,英文本之社会科学类正在印刷中,不日即可出版。新到书籍表及新到杂志表,向例分贴于莲韬馆总办公处、文学院、理学院及该馆布告栏中,本学期为使普通周知起见,特于科学馆侧马路旁另立该馆布告栏,俾同学更便检查。再该馆现有馆舍不敷应用,现拟另建规模较大之新馆舍,前托上海启明建筑事务所代绘之图样,现已送请本大学校长核阅,最近期内计划可能实现。

(《暨南校刊》1936 年第 161 期)

暨南大学图书馆新到图书目录

书 号	著 者	书 名	出版处	册

700 语言学

722－170	吕思勉	中国文字变迁考	上海商务	1
722－170－2	吕思勉	字例略说	上海商务	1
725－671	黎锦熙	比较文法	上海著者书店	1
763－933.2	大通弘雄	モタフ常用语辞典	大阪朝日新闻社	1

800 文学

818.3－135	汪原放译	伊所伯的寓言	上海亚东	1
821－271－128	胡 适	胡适文存三集	上海亚东	2
821.17－128	沈粹芬	国朝文汇	上海国学扶轮社	30
821.17－316	姚 椿	国朝文录		8
822.1－206	祁忠祖	诗 选	上海南京	1
822.61－434	陆侃如	屈 原	上海亚东	1
822.61－434.7	陆侃如	宋 玉	上海亚东	1
826－440	陶知行	知行书信	上海亚东	1
827.83－135	汪乃刚	宋人话本七种	上海亚东	1
834－J77－2	张志澄译	玛加尔及其失去的天使	上海商务	1
834－R77－2	侯佩尹译	淞沚集	上海南京	1
844－L61－2	李青崖译	木 马	上海商务	1
864－938－2	王古鲁译	四人及其他	上海南京	1
874－940	李秉之译	俄罗斯名著二集	上海亚东	1
876－T25－2	程万孚译	柴霍夫书信集	上海亚东	1
894－M18－2	傅东华译	青 鸟	上海商务	1
894－M42－3	汤澄波译	梅脱灵戏曲集	上海商务	1

900 历史地理

904－932	八木奘三郎	考古便览	东京嵩山书房	1

904－942	森本六尔	飞行机考古学	东京考古学会	1
904－947	滨田耕作	考古学研究法	东京图书院	1
904－948	滨田耕作	东亚考古学研究	东京图书院	1
914.02－72	田　农	西洋史表解	北平人文书店	1
920.4－337	唐　钺	中国史的新页	上海商务	1
927.61－758	简又文	太平天国杂记	上海商务	1
960－693	赖襄子成	日本政记		8
960－036.1	早稻田大学	日本时代史	东京早稻田大学	14
960－938	青木武助	大日本历史集成	东京隆文馆	5
960－S39	早川孝太郎	国史大系	东京经济杂记社	17
960－939.1	西岛政之	续国史大系	东京经济杂记社	15
920－338	东木龙七	自然人文地理图演习	东京古今书院	1
904－869	帝国大学	地理论丛	东京古今书院	7
904－934	山峰直方	地理学丛话	东京古今书院	1
910－935	北田宏藏	数理地理学	东京古今书院	1
910－2－937	佐藤弘	政治经济地理学	东京古今书院	1
910－3－933	小川琢治	人文地理学研究	东京古今书院	1
910－3－938	松尾俊郎	人文地理学	东京古今书院	1
910－3－645	德重英助	人种地理学	东京古今书院	1
920－2－634	欧阳缨	中国历代疆域战争合图	武昌亚新地学社	1
920－2－761	魏建新	中国历代疆域形势史图	上海中国文化馆	1
920－5－441	陈　铎	中国地势图	上海商务	1幅

△　小说

△－211	王以仁	孤　雁	上海商务	1

△-214	王统照	一 叶	上海商务	1
△-214-1	王统照	黄 昏	上海商务	1
△-214-2	王统照	春雨之夜	上海商务	1
△-362	巴 金	旅途随笔	上海生活	1
△-362-1	巴 金	新 生	上海开明	1
△-362-2	巴 金	光 明	上海新中国	1
△-362-3	巴 金	复 仇	上海新中国	1
△-364	巴 金	秋天里的春天	上海开明	1
△-605	平 万	都市之夜	上海亚东	1
△-722	田 言	雨点集	上海亚东	1
△-967-1	老 舍	老张的哲学	上海商务	1
△-967-2	老 舍	赵子曰	上海商务	1
△-973	圣 旦	发 掘	上海天马	1
△-1351	西周生	醒世姻缘传	上海亚东	8
△-1357-7	汪静之	寂寞的国	上海开明	1
△-3326	高尔基	草原故事	上海生活	1
△-3968	翁漫栖	西南角	上海漫庐出版部	2
△-4669	章铁民	波斯传说	上海亚东	1
△-4674-1	许 杰	惨 雾	上海商务	1
△-4283	张恨水	弯弓集	北平远恒	1
△-4284	张资平	不平衡的偶力	上海商务	1
△-4284-1	张资平	梅岭之春	上海光华	1
△-4284-2	张资平	雪的除夕	上海商务	1
△-4286	张闻天	旅 途	上海商务	1

△ -5624 -1	叶绍钧	隔　膜	上海商务	1
△ -5634	落华生	缀网劳蛛	上海商务	1
△ -5634 -2	落华生	空山灵雨	上海商务	1
△ -5674	敬隐渔	玛　丽	上海商务	1
△ -6652 -4	鲁　迅	南腔北调集	上海同文	1
△ -7005	卢葆华	哭　父		1
△ -7112	谢冰心	超　人	上海商务	1
△ -7754.2	罗黑芷	醉　里	上海商务	1
△ -7911 -7	顾一樵	芝兰与茉莉	上海商务	1
△ -9618	庐　隐	海滨故人	上海商务	1
△ -9618 -1	庐　隐	象牙戒指	上海商务	1
△ -9618 -2	平万译	求真者	上海亚东	1

(《暨南校刊》1936 年第 161 期)

LIBRARY CATALOG

000 General Works

099 - A23 Courthope, W. J. : *Addison*. 1884.

099 - B96 Dobson, A. : *Fanny Burney*. 1904.

099 - B99 Nichol, J. : *Byron*. 1908.

099 - C89a Ainger, A. : *Crabbe*. 1903.

099 – H68	Stephen, L.: *Hobbes*. 1904.
099 – L21a	Ainger, A.: *Charles Lamb*. 1905.
099 – L79	Fowler, T.: *Locke*. 1880.
099 – S54	Symonds, J. A.: *Shelley*. 1907.

300 Social Science

303.1 – N25	Nash, L. R.: *The Economics of Public Utilities*. 1931.
303.9 – L44	League of Nations: *World Economic Survey Fourth Year*. 1935.
310 – F354	Fisher, I.: *Stabilised Money*. 1935.
317.98 – R92	Rufener, L. A.: *Money and Banking in the United States*. 1934.
327.3 – F54	Fisher, I.: *100% Money*. 1935.
368 – R89	Royal Aeronautical Society: *Handbook of Aeronautics*. 1934.
393.1 – B16	Bailey, K. H.: *The Peopling of Austrilia*. 1933.
395.4 – K78	Koerber, L. V.: *Soviet Russia Fights Crime*. 1934.
395.4 – M82	Michael & Adler: *Crime, Law and Social Science*. 1933.
395.4 – M88	Morris, A.: *Criminology*. 1934.

500 Natural Science

500 – B73	Born, M.: *The Restless Universe*. 1935.
517.4 – C78	Copson, E. T.: *An Introduction to the Theory of Functions of a Complex Variable*. 1935.
530 – G86 – 3	Grimsehl, E.: *A Textbook of Physics*. 1935.
530 – J80	Joos, G.: *Theoretical Physics*. 1934.
530.1 – M48	Me Crea, W. H.: *Relativity Physics*. 1933.
531 – L13	Lacey, J. M.: *A Comprehensive Treatise on Practical Mechanics*.
531 – T93	Tuplin, W. A.: *Torsional Vibration*. 1934.
531 – W75	Wilson, W. K.: *Practical Solution of Torsional Vibration Problems*. 1935.

531.2 – R18 Ramsey, A. S. : *Statics*. 1934.

531.32 – C69 Cole, E. B. : *The Theory of Vibrations for Engineers*. 1935.

531.4 – L83s Loney, S. L. : *Solutions of the Examples in a Treatise on Dynamics of a Particle and of Rigid Bodies*. 1926.

534 – D26 Davis, A. H. : *Modern Acoustics*. 1934.

534 – M48 Mc Lachlan, N. W. : *Noise*. 1935.

538 – J13 Jacob, L. : *High Voltage Physics*. 1934.

541.3 – T24 Taylor, H. S. : *A Treatise on Physical Chemistry*. 2 vols.

544 – N95r Noyes, W. A. : *The Elements of Qualitative Analysis*.

561.6 – K16 – 3 Kanda, T. : *Notes on Ancient Stone Implements of Japan*. 1884.

562.81 – H22 Hammerton: *Peoples of All Nations*. 2 vols.

600 Applied Science

650 – E26 Edwards, F. K. : *Principles of Motor Transportation*. 1933.

650 – M69 Meyrick – Jones, L. M. : *Commercial Motor Road Transport*.

650.9 – W84 Wohl & Albitreccia: *Road and Rail in Forty Countries*.

650.98 – M93 Moulton, H. C. : *American Transportation Problem*. 1933.

656 – W25 Wang, P. N. : *Rail and Motor Carriers*. 1932.

659 – C43 CH, A. H. : *Liability in the Law of Aviation*. 1935.

663.2 – M68 Mitchell, W. N. : *Purchasing*. 1927.

663.2 – M98 Murphy, H. D. : *The Fundamentel Principles of Purchasing*.

800 Literature

817.1 – J59 Jessup, A. : *Representative Modern Short Stories*. 1929.

817.1 – L71 Lieber & Williams: *Great Stories of All Nations*. 1934.

817.1 – P41 Pence, B. W. : *Short Stories by Present – day Authors*. 1927.

817.2 – W73	Williams, B. C.: *A Handbook on Story Writing*. 1930.
822 – L69	Li Po: *The Works of Li Po*. 1935.
832 – C52d	Chesterton, G. K.: *Avowals and Denials*. 1935.
833.1 – P41	Pence, R. W.: *Essays of Today*. 1935.
833.1 – P96	Pritchard, F. H.: *Great Essays of All Nations*. 1929.
843 – M76 – 3	Florio, J.: *The Essays of Montaigne*. 1933.

F Fiction

F – B855	Buck, P. S.: *The First Wife*. 1933.
F – L232	Lardner, R. W.: *Round Up*. 1929.

(《暨南校刊》1936 年第 162 期)

暨南大学图书馆新到图书目录

书号	著者	书名	出版处	册
		000 总记		
018.09 – 650	蒋元卿	校雠学史	上海商务	1
021.65 – 428	张昌圻	洙泗考信录评误	上海商务	1
024 – 271	胡朴安	诗经学	上海商务	1
036 – 933.1	下中弥三郎	大百科事典索引	东京平凡社	1
082 – 21 – 1	周予同	经今古文学	上海商务	1
082 – 21 – 2	甘乃光	先秦经济思想史	上海商务	1
082 – 21 – 8	谢无量	古代政治思想研究	上海商务	1
082 – 21 – 10	梁启超	陶渊明	上海商务	1

082 - 21 - 16	吕思勉	中国文字变迁考	上海商务	1
082 - 21 - 20	陈彬龢译	道教概说	上海商务	1
099 - 938	钱穆译	周　公	上海商务	1

100　哲理科学

121.1 - 935 - 2	北村泽吉	儒学概论	上海商务	1
121.4 - 21	王恺銮	邓析子校正	上海商务	1
124 - 178	何炳松	浙东学派溯源	上海商务	1
124 - 551	贾丰臻	宋　学	上海商务	1

200　教育科学

210.6 - 148	杜佐周	小学行政	上海商务	1
212.2 - 268	姜书阁	中国近代教育制度	上海商务	1
240 - K48 - 2	孟宪承译	教育方法原论	上海商务	1

300　社会科学

327.21 - 866	世界知识社	太平洋问题十讲	上海生活	1
330 - 151.3	李权时	经济学原理	上海民智	1
333.2 - 717	谢无量	中国古田制考	上海商务	1

400　艺术

460.92 - 375	孙毓修	中国雕板源流考	上海商务	1

500　自然科学

551.5 - 21	王勤堉	气象学讲话	上海开明	1
551.5 - 556	杨钟健	气象学纲要	上海中华	1
551.5 - 864	中央研究院	国际云图节略	南京中央研究院	1
551.5 - 940	许达年译	日常气象学	上海中华	1

600　应用科学

650.6 - 806	交通部	考察欧美交通报告	上海商务	1
654.92 - 428	张梁任	中国邮政(上)	上海商务	1
655.13 - 562	叶崇勋	中国铁路会计学	上海商务	1
655.5 - 128	沈奏廷	铁路货运业务	上海商务	1
658 - 271	胡继瑗	海洋运输原理	上海商务	1

660.92－661	郑行巽	中国商业史	上海世界	1

700 语言学

722－650	蒋善国	中国文字之原始及其构造	上海商务	2
722.4－128－3	张世禄	广韵研究	上海商务	1
722.4－491－2	黄永镇	古韵学源流	上海商务	1
722.41－428－2	张世禄	中国古音学	上海商务	1

800 文学

822.07－274	胡云翼	唐诗研究	上海商务	1
822.501－164	吴　梅	词学通论	上海商务	1
824－164	吴　梅	顾曲麈谈	上海商务	1

900 历史地理

901.R22－2	青锐译	历史哲学	上海辛垦	1
904.1－98	中央古物保管委员会	六朝陵墓调查报告	南京古物保委会	1
920.7－402	梁启超	中国历史研究法	上海商务	1
920.7－402－1	梁启超	中国历史研究法补编	上海商务	1
920.7－553	靳德峻	史记释例	上海商务	1
920.7－R13－2	克仁译	中国历史之理论的分析	上海辛垦	1

（《暨南校刊》1936年第163期）

图书馆开始建筑

本校附属中学图书馆以藏书渐多,阅览人数日众,原有馆地狭小,不敷应用,业由校长拨款五千元,并划定初中宿舍左侧空地一方,以为建筑新馆舍之用,旋经委托上海启明建筑事务所绘图设计,并登报招标。结果由王恩记营造厂得标承造,计洋三千四百二十元,三月五日已兴工建造,预定五月中旬即可乐观厥成云。

(《暨南校刊》1936 年第 164 期)

暨南大学图书馆新到图书目录

书号	著者	书名	出版处	册
		000 总记		
019.4-864	方醒	内阁大库书档旧目	北平中央研究院历史语言研究所	1
042.1-674	刘复	敦煌掇琐	北平中央研究院历史语言研究所	6

100 哲理科学

194.09 - 151	李昌龄	宋绍定本乐善录	上海商务	3
194.09 - 406	章炳文	宋本搜神秘览	上海商务	1

300 社会科学

311 - 556	杨西孟	指数公式总论	北平社会调查所	1
330 - 164	吴世瑞	经济学原理	上海商务	1
330 - 942 - 21	曹贯一译	战时经济论	上海商务	1
330.1 - 938	杨及玄译	正统学派的价值学说	上海商务	1
330.92 - M18 - 2	徐公达译	中国经济大纲	上海新生命	1
330.923.1 - 8	千家驹等	广西省经济概况	上海商务	1
331.092 - 807	上海市社会局	上海市工人生活程度	上海中华	1
331.12 - 807 - 2	上海市社会局	上海市劳资纠纷统计	上海中华	1
331.12 - 807 - 3	上海市社会局	近五年来上海之劳资纠纷	上海中华	1
331.2 - 803 - 2	上海市社会局	上海市之工资率	上海商务	1
331.6 - W37 - 2	陈建民译	英国工会运动史	上海商务	1
334.92 - 556	杨西孟	中国合会之研究	上海商务	1
349.2 - 98	朱梅庵等	宋本名公书判清明集	上海商务	5
371.1 - 177 - 2	谷春帆	银价变迁与中国	上海商务	1
371.92 - 428 - 1	张素民	白银问题与中国币制	上海商务	1
372 - 441 - 2	陈振骅	货币银行原理	上海商务	1
372.092 - 164	吴承禧	中国的银行	上海商务	1
372.092 - 864.2		中国重要银行最近十年营业概况研究	上海中国银行	1
376.5 - 207	武堉幹	中国关税问题	上海商务	1
376.5 - 810		海关法规汇编	海关总税务司署	2
392.9 - 98	朱其华	中国社会的经济结构	上海新生命	1

393.3 - 407	许 璇	粮食问题	上海商务	1

400 艺术

431 - 225	邵子风	甲骨书录解题	上海商务	1
431 - 375	孙海波	甲骨文编	北平燕京大学	5
431 - C44	白瑞华校	甲骨卜辞	上海商务	1
431.07 - 412	郭沫若	卜辞通纂	东京文求堂	4
431.61 - 21	王 辰	续殷文存	北平考古学社	

500 自然科学

537.2 - 178	何治垓等	近世实用无线电学	北京共和书局	1

600 应用科学

640 - 938 - 2	王云五	最新化学工业大全	上海商务	1
646.03 - 933	小野贤一郎	陶器大辞典	东京富山房	1
655.92 - 821 - 2	铁道部	铁道年鉴		2
661.35 - 151	李鸿寿	会计数学	上海商务	1
661.37 - 2	丁宇学	政府会计学	北京正中	1
661.37 - 164 - 3	吴 萼	实用官厅会计学	上海商务	1

700 语言学

722 - 375	孙海波	古文声系	北京来薰阁	4
727 - 375	俞康德	模范日语读本	北平郭纪云图	1

900 历史地理

925 - 036 - 2	冯承钧译	多桑蒙古史	上海商务	2
926 - 2 - 21	王金绂	中国经济地理	北平文化学社	2

LIBRARY CATALOG

100 Philosophical Science

150.9 - M96 - 3 Müller - Freienfels: *The Evolution of Modern Psychology*. 1935.

154 - F53 Fisher: *An Introduction to Abnormal Psychology*. 1920.

154.2 – H51 Hendrick, I. : *Facts and Theories of Psychoanalysis.*

154.4 – P42 Penrose, L. S. : *Mental Defect.* 1934.

300 Social Science

330.1 – M39 Moulton: *Income and Economic Progress.* 1935.

330.1 – R51 Ricardo, D. : *Principles of Political Economy.* 1933.

330.914 – S70 Soltau: *An Outline of European Economic Development.* 1935.

331.98 – M69 Mo Z – C: *Minimum Wage Legislation in the United State.*

341 – M48 Mcnair & Lauterpacht: *Annual Digest of Public International Law Cases* 1925 – 26. 1929.

341 – W72 Williams & Lauterpacht: *Annual Digest of Public International Law Cases* 1919. 1932.

341.1 – W67 Wilcox: *The Ratification of International Conventions.* 1935.

351 – M96g Munro, W. B. : *Government of European Cities.* 1927.

358.6 – R31 Reed: *Municipal Government in the United States.* 1926.

371.1 – G30 Gayer, A. D. : *Monetary Policy and Economic Stabilisation.*

372 – C56 Chu, B. : *Banking Practice.* 1938.

375 – E35 Einzig, P. : *World Finance* 1914. 1935.

375 – W82 Withers, H. : *War – time Financial Problems.*

375.93 – G74 Grady, H. F. : *British War Finance* 1914 – 1919. 1927.

375.94 – J89 Jeze & Truchy: *The War Finance of France.* 1927.

375.98 – N95 Noyes: *The War Period of American Finance* 1908 – 25.

500 Natural Science

509 – W86 Wolf, A. : *A History of Science.* 1935.

543.1 – S55 Sherman, H. C. : *Chemistry of Food and Nutrition.* 1935.

600 Applied Science

660.7 – E47 Ellison & Brock: *The Run for Your Money*. 1935.

663.5 – O71 Collins: *World Maketing*. 1935.

668.5 – H68 Ho Ping – yin: *The Foreign Trade of China*. 1935.

800 Literature

870 – B26 Baring, M.: *An Outline of Russian Literature*. 1929.

900 History and Geography

919.6 – P12 Packard – Sinnott – Overton: *The Nations at Work*. 1935.

920.1 – L72 Lin Yutang: *My Country and My People*. 1936.

(《暨南校刊》1936 年第 167 期)

图书馆消息

最近图书馆为便利同学研究南洋问题起见,特向海外购到大批关于南洋方面的书籍,如:Deunery: *Economic Relations of French Indo – China*. May: *The Coinage of Siam*. Richardson: *The Regional Geography of Malaya*. Yates: *Bali*. Morrell: *New Zealand* 等。又向上海商务购到大宗地图表册,如:《中国人口密度图》《中国地势图》《中国矿物图》《中国气候图》等。上列各书均已编目入库,同学如需阅览,可径向图书馆出纳处接洽。再西文教育类目录已经出版,哲学心理类目录亦已付梓,不久即可出版云。

(《暨南校刊》1936 年第 168 期)

暨南大学图书馆新到图书目录

书号	著者	书名	出版处	册
		000 总记		
000.3－814	侨务委员会	侨务法规汇编	南京侨委会秘书处	1
		200 教育科学		
266－R96－2	谢曼译	儿童教育原理	上海新中国	1
		300 社会科学		
312－775	罗志如	生命表编制法	上海商务	1
327－935	田村德治	国际社会の将来と新国际主义	东京有斐阁	1
330－661	郑学稼	庞巴卫克的经济学说	上海黎明	1
330.19－L70－2	孙寒冰译	价值学说史	上海黎明	1
371－749	戴蔼庐	最近货币金融学说	上海黎明	1
371－940－2	高书田译	金融原理	上海商务	1
371.93－S74－2	金国宝译	伦敦货币市场概要	上海商务	1
372.091－M15－2	李达理译	欧美银行制度	上海世界	1
372.91－375	孙祖荫	各国中央银行比较论	上海商务	1
372.91－402	梁钜文	中央银行制度概论	上海大东	1
372.91－441	陈清华译	中央银行概论	上海商务	1
372.94－941	资耀华译	信托及信托公司论	上海商务	1
372.95－21－2	王志莘	中国之储蓄银行史	上海新华银行	1
373.2－248	周沈刚	证券买卖秘术	上海文明	1

373.5 – M92 – 2	伍光建译	债票投机史	上海神州国光社	1
376.5 – 473	童蒙正	关税论	上海商务	1
376.5 – 941 – 2	李达译	中国关税制度论	上海商务	1
380 – 375 – 3	孙武等	宋本武经七书	上海商务	1
		400　艺术		
431 – 412	郭沫若	金文丛考	东京文求堂	4
432.1 – 327	容　庚	秦汉金文录	北平中央研究院历史语言研究所	5
438 – 393	徐中舒	驫氏编钟图释	北平中央研究院历史语言研究所	1
		500　自然科学		
572 – 211 – 2	林惠祥	文化人类学	上海商务	1
		600　应用科学		
631.1 – 806	王志莘	农业金融制度论	上海商务	1
662.8 – 178	何清儒	人事管理	上海商务	1
663.3 – B86 – 2	戴昌藻译	商店销货术	上海中华	1
668.5 – 815	实业部国际贸易局	最近三十四年来中国通商口岸对外贸易统计	上海商务	1
668.5 – G85 – 2	沈光沛等译	国际贸易原理	上海黎明	1
668.628 – 654	蔡正雅等	中日贸易统计	上海中华	1
670.92 – 815 – 2	实业部	中国实业志江苏省编	上海国际贸易局	1
690 – 178	何静安	家庭经济学	上海商务	1
		700　语言学		
722 – 337	唐　兰	古文字学导论	北平北京大学	1

722.4-491-2	黄淬伯	慧琳一切经音义反切考	上海中央研究院历史语言研究所	1

900　历史地理

908-477	冯承钧	史地丛考续编	上海商务	1
920-838	开明书局	二十五史补编	上海开明	1
920.2-574-2	刘汝霖	汉晋学术编年	上海商务	1
921-A92-2	鄂卢梭	秦代初平南越考	上海商务	1
926.9-556	杨　英	从征实录	北平中央研究院历史语言研究所	1
929.14-674	刘炳荣	印度史	上海太平洋书店	1
916-8-491	黄公柱	欧美考察记	上海作者书社	1
910-8-491-2	黄士谦	世界一周之实地观察	上海世界出版合作社	1

（《暨南校刊》1936年第168期）

暨南大学图书馆新到图书目录

书　号	著　者	书　名	出版处	册

000　总记

003.9-3-C30-2	卡奔德	爪哇与东印度群岛	上海商务	1
007-21	王又申	暹罗古代史	上海商务	1

007－21－2	王又申	暹罗现代史	上海商务	1
010－B88－2	吕绍虞译	图书馆利用法	上海商务	1
093－21	王云五	外国人名地名表	上海商务	1

100 哲理科学

190.9－935－2	加藤玄智	世界宗教史	上海商务	1
192.9－E46－2	德礼贤	中国天主教传教史	上海商务	1
195－523	傅勤家	道教史概论	上海商务	1

300 社会科学

311.04－864	陈长蘅	统计论丛	上海黎明	1
320.1－815	监察院	监察制度史要	南京汉文	1
325.09－568	董之学	世界殖民地独立运动	上海中华	1
325.09－933－2	大盐龟雄	近代世界殖民史略	上海中华	1
330.1－G46－2		经济学的基本原理	上海商务	1
333.4－661	郑学稼	地租论	上海黎明	1
371－K31－2	岑德彰译	货币论	上海商务	1
377.92－870		一年来之中国公债	上海浙江兴业银行	1
396.3－151	李景汉	北平郊外之乡村家庭	上海商务	1
396.3－200	宗　华	近代农村经济的趋向	上海社会科学研究所	1
396.3－441	陈翰笙	封建社会的农村生产关系	上海社会科学研究所	1

400 艺术

410－441	陈兆坤	实用建筑学	上海作者书社	4

500 自然科学

560－21	王特夫	世界生成论	上海辛垦	1

600 应用科学

629－556	杨　建	钱江水底隧道计划	上海作者书社	1
630－568	董时进	农业经济学	北平文化学社	1

631.1 - 938 - 2	牧野辉智	农业金融概论	上海黎明	1
635 - 164	吴景澄	实验园林经营全书	上海园林新报社	1
663.5 - 311	侯厚吉	市场学	上海黎明	1
664 - 21	王贡三	广告学	上海世界	1
677.06 - 21	王子建等	七省华商纱厂调查报告	上海商务	1

900 历史地理

920 - 523	徐中舒	东北史纲	上海商务	1
939.4 - 112	向 达	印度现代史	上海商务	1
970 - M67 - 2	张炳心译	俄国史	上海商务	1
973.61 - 242	金兆梓	俄国革命史	上海商务	1
973.61 - V53 - 2	鲁学瀛译	俄国革命史	上海商务	1
910 - 7 - 530	盛叙功	农业地理	上海商务	1
920 - 141 - 2	陈 铎	中国新地图	上海商务	1 幅
920 - 19 - 441	陈 铎	上海形势图	上海商务	1 幅
920 - 19 - 441 - 2	陈 铎	南京城市图	上海商务	1 幅
920 - 2 - 441 - 2	陈 铎	中国政区都市图	上海商务	1 幅
920 - 2 - 473	童世亨	历代疆域形势一览图	上海商务	1 幅
920 - 5 - 441 - 2	陈 铎	中国气候图	上海商务	1 幅
920 - 5 - 441 - 3	陈 铎	中国矿物分布图	上海商务	1 幅
930 - 8 - 332	高良佐	西北随轺记	南京建国月刊社	1
930 - 28 - 21	王雨生	锡兰一瞥	上海商务	1

LIBRARY CATALOG

000 General Works

001 - 41 Deunery, E. : *Economic Relations of French Indo - China.*

003.9 - 3 - Y33 Yates, H. E. : *Dali.* 1934.

005 – R51	Richardson, C. : *Regional Geography of Malaya*. 1935.
009 – S52	Chambers & Williams: *A Short Life of Shakespeare with the Sources*. 1933.

300 Social Science

320.96 – R32	Redman: *Japan in Crisis*. 1935.
327.26 – S55	Shinobu, J. : *International Law in the Shanghai Conflict*.
330.4 – P25	Parmelee, M. : *Farewell to Poverty*. 1935.
371.92 – L72	Lin W. Y. : *China under Depreciated Silver*. 1926 – 27. 1935.
371.99 – M47	May: *The Coinage of Siam*. 1932.
376.5 – W95	Wright & Cubbon: *China's Customs Revenue since the Revolution of* 1931. 1935.

500 Natural Science

510 – D66	Doherty & Keller: *Mathematics of Modern Engineering*.
512 – 82 – D53	Dickson, L. E. : *Elementary Theory of Equations*. 1914.
531 – D59	Dirac, P. A. M. : *The Principles of Quantum Mechanics*. 1935.
531 – G98	Gurney, R. W. : *Elementary Quantum Mechanics*. 1934.
538 – S88	Stoner, E. C. : *Magnetism and Matter*. 1934.
540 – B29	Bartley: *Medical Chemistry*.
543 – V72	Villavecchia, V. : *Treatise on Applied Analytical Chemistry*.
544 – B16	Bailey & Cady: *A Laboratory Guide to the Study of a Qualitative Analysis*. 1930.
572.891 – H85	Howell, F. : *Our Aryan Ancestors*. 1935.
575 – M22	Marett, R. : *Head, Heart & Hands in Human Evolution*. 1935.
576.2 – M48	Mead: *Sex and Temperament in Three Primitive Societies*.

700 Philology

700 – Z80	Zipf, G. K. : *Psycho – biology of Language*. 1926.

900 Geography

916 – T55 Thurnwald, R. C.: *Black and White in East Africa*. 1935.

920 – Y63 Yorke: *China Changes*. 1935.

939 – 17 – M88 Morrell: *New Zealand*. 1935.

F Fiction

F – F617 Flaubert: *The Temptation of St. Anthony*.

F – F617m Flaubert: *Madame Bovary*. 1934.

F – Sa56 Sand, G.: *The Devil's Pool and Francois the Waif*. 1930.

(《暨南校刊》1936 年第 169 期)

图书馆近讯

最近图书馆以积存历届毕业论文为数已多,兹为采取形式一律,并易于保全起见,悉行检付装订,闻于一个月内即可装竣云。

该馆现有中外期刊四百余种,或分送各研究室,或就馆内陈列,现以需用较多,或破毁损失,乃择要加购复本,其残缺者均开单向各书局征集补充,最近已补得一大批,务使各期刊完好无缺,以利参考云。

再,该馆新购影印《永乐大典》、中华名画等名贵典籍,又中文书目录教育类,业经交印务组付印,一月内即可出版云。

(《暨南校刊》1936 年第 170 期)

暨南大学图书馆新到图书目录

书号	著者	书名	出版处	册
		000 总记		
001－393	徐瘦秋	越 南	上海暨大文化部	1
001－M41－2	冯承钧译	占婆史	上海商务	1
018.3－375	孙德谦	古书读法略例	上海商务	1
019.68－674	刘修业	文学论文索引续编	北平北平图书馆	3
019.68－871		清代文集篇目分类索引	北平北平图书馆	1
042－441.1	陈登原	古今典籍聚散考	上海商务	1
042.9－21	王古鲁	最近日人研究中国学术之一斑	上海生活	1
		100 哲理科学		
180－162	阮 略	军事教育	上海商务	1
		200 教育科学		
260.1－359－2	袁学礼	各国小学教育比较论	上海商务	1
		300 社会科学		
330.12－556	杨心秋	十九二十世纪经济学说史	上海黎明	1
330.4－941－2	崛江归一	国际经济问题	上海商务	1
332.1－W89－2	骆笑帆	帝国主义经济侵略下的非洲和亚洲	上海大东	1

371.7－164－2	吴宗焘	中国之汇兑	上海商务	1
371.92－491	黄元彬	白银国有论	上海商务	1
372.9－804	中央银行	德意日三国最近之银行业	上海商务	1
376.5－218	周念明	中国海关之组织及其事务	上海商务	1
380－164.1	吴　沆	化学战争	上海商务	1
380－375－2	孙豫寿	化学战争概论	上海商务	1
390－363－2	吴泽霖译	社会学大纲	上海世界	1
396.3－934－2	莫仇译	农村经济研究	北平平凡社	1
399.2－945	杨炼译	中国历代社会研究	上海商务	1

400　艺术

416.7－393	徐鑫堂	经济住宅	上海合群印刷所	1

500　自然科学

549.92－2	丁文江	中国官办矿业史略		1
580－128	沈祥瑞	植物形态图表	上海国光	1

600　应用科学

610.9－491	黄素封	南洋热带医药史话	上海商务	1
629.4－271	胡仁源	造　船	上海商务	1
66－332	高伯时	新中华商业概论	上海中华	1
668.5－271	胡纪常	国际贸易统计上之货物名目及分类	上海世界	1
668.52－804	中央银行	华茶对外贸易之回顾与前瞻	上海商务	1

700　语言学

722.2－2	丁　山	说文阙义笺	南京中央研究院	1
722.5－749	戴东原	续方言	北平中央研究院	1
723－866	全国国语教标准语大辞典			

	育促进会		上海商务	1
		800 文学		
820.9-231	阿 英	中国新文学大系史料索引	上海良友	1
822.1-428.1	张 援	田间诗选	上海商务	1
		900 历史地理		
910-3-932-2	川西正鉴	经济地理学原理	上海世界	1
920-8-225	邵元冲	西北揽胜	南京正中	1
925.9-441.1	陈 垣	元秘史译音用字考	北平中央研究院	1

(《暨南校刊》1936年第170期)

暨南大学图书馆新到图书目录

书号	著者	书名	出版处	册
		000 总记		
000.8-128	沈美镇	南居印象记	上海开明	1
003-784	苏鸿宾	荷属东印度地名辞典	上海暨大文化部	1
019.1-84.1	傅增湘	藏园群书题记	天津大公报社	3
024.1-441	陈 奂	诗毛氏传疏	上海商务	2
		100 哲理科学		
195.09-407	许地山	道教史(上)	上海商务	
		200 教育科学		
269.2-811-1	教育部	全国初等教育统计	无锡锡成公司	1
279.2-811-1	教育部	全国中等教育统计	南京京华	1

289.2－881－3	教育部	最近全国高等教育统计简编	南京教育部	1
289.2－881－4	教育部	全国高等教育概况统计	南京三民	1
298－811－1	教育部	全国社会教育概况统计	南京大陆	1

300　社会科学

313－449	陶孟和	北平生活费之分析	上海商务	1
317.201－775	罗志如	统计表中之上海	南京中央研究院	1
327.27－C68－2	陈柱一译	中俄边境之新关系	北平新亚洲	1
333－491	黄　通	土地问题	上海中华	1
340.3－661	郑竞毅	法律大辞书	上海商务	3
372.96－933	三村称平	日本银行の金融市场	东京森山	1
376.5－509	华　民	中国海关之实际状况	上海神州	1
376.72－787	严谔声	印花税法浅释	上海立报馆	1
377.92－871	国华银行	国内债券要览	上海国华银行	1
380.9－945－2	叶筱泉译	日本及列国陆军军备	天津大公报社	1
393－641	樊　弘	社会调查方法	上海商务	1
393.92－D82－2		亚细亚生产方法封建制度农奴制度及商业资本之本质问题	上海神州	1
396.3－95	曲直生	农产品运销研究的方法	北平社会调查所	1
399.2－527	曾　謇	中国古代社会	上海新生命	1

400　艺术

428－73	史德匿	中华名画	上海商务	1

500　自然科学

555－151	李四光	南京龙潭地质指南	南京地质调查所	1
555－151－1	李四光	栖霞山地质图	南京地质调查所	2

555－151－2	李四光	龙潭地质图	南京地质调查所	1
		600 应用科学		
631.4－486	邓植仪	中山县土壤调查报告书	广州中山大学土壤调查所	1
631.4－645	邓植仪	广东土壤提要初集	广州中山大学土壤调查所	1
631.4－645－1	邓植仪	番禺县土壤调查报告书	广州中山大学土壤调查所	1
631.4－674	邓植仪	南海县土壤调查报告书	广州中山大学土壤调查所	1
631.4－674－1	邓植仪	顺德县土壤调查报告书	广州中山大学土壤调查所	1
634.2－540	温文光	柑橘类栽培改良法	广州中山大学土壤调查所	1
643－598	赵　烈	中国茶业问题	上海大东	1
655－2	丁文江	川广铁道路线初勘报告	南京地质调查所	1
655.92－491	黄文泰	中日俄竞争下之东北铁道网	上海南京书店	1
		700 语言学		
725.5－393－2	徐望之	公牍通论	上海商务	1
		900 历史地理		
910－441	陈镐基	世界大地图	上海商务	1
920－30－441	陈献荣	琼　崖	上海商务	1

(《暨南校刊》1936 年第 171 期)

国立暨南大学图书馆赠刊志谢

（四月廿一日至五月五日）

名　称	卷数	期　数	册数	赠　者
每月文艺	1	5	1	每月文艺社
安大季刊	1	1	1	安徽大学
福建省政府公报		583－584	2	福建省政府秘书处
湖北省政府公报		191－195	5	湖北省政府秘书处
河南省政府公报		1607－1621	15	河南省政府秘书处
江西省政府公报		467－481	15	江西省政府秘书处
陕西省政府公报		2780－2791	12	陕西省政府秘书处
国民政府公报		2022－2034	13	国民政府秘书处
审计部上海市审计处公报		2	1	审计部上海市审计处
广东合作	3	5－6	2	广东事业合作委员会
山东教育行政周报		387－388	2	山东省政府教育厅
明德旬刊	13	1	1	明德旬刊社
农　报	3	10－11	2	实业部中央农业实验所农报社
大同旬刊	1	6	1	大同大学
广东省政府公报		324	1	广东省政府
四川省政府公报		33－38	1	四川省政府秘书处
河北省政府公报		2729－2738	10	河北省政府秘书处
岭南周报		8	3	岭南大学
国立四川大学周刊	4	26	1	国立四川大学

澄　衷	20	1	澄衷中学
礼拜六	636 – 638	3	礼拜六报馆
国外情报选编	70	1	外交部情报司
贸　易	79	1	中国国际贸易协进社
西大学生	3	1	广西大学
苏中月刊	1	1	苏岛棉兰岛中月刊社
统计月刊	11 – 12	1	广西统计局

（《暨南校刊》1936 年第 171 期）

图书馆近讯

图书馆新到书一批，关于史地者如 Stein：*Ancient Central Asian Tracks*；Febure：*A Geographical Introduction to History* 等，关于南洋方面者有 Winstedt：*History of Malaya*；*Penang Island and Province Wellesley*；Malaya，Singapore Island 各地地图等。《四部备要》合订本全套六百册，已编目完竣，陈列于该馆楼上阅览室，任阅者取阅。卡片目录指引卡因检阅频繁，诸多破旧，现着手改用软玻璃头指引卡，预计最短期内即可全部调换云。

（《暨南校刊》1936 年第 172 期）

国立暨南大学图书馆赠刊志谢

(五月六日至十二日)

名　　称	卷数	期数	册数	赠　者
民族先锋	1	4	1	李敬伯
礼拜六		637-638	2	礼拜六报馆
上海市教育局教育周报		333-334	2	上海市教育局
青年半月刊	2	21-22	1	中国青年励志会
天津市政府公报		80	1	天津市政府秘书处
保险界	2	9	1	太安丰保险公司
国立上海医学院季刊	1	1	1	国立上海医学院
北洋理工季刊	3	4	1	国立北洋工学院
贵州省教育厅公报		4	1	贵州教育厅
文　艺	4	1-2	2	成都文艺研究社
正　信	8	1-2	2	正信社
大同旬刊	1	7-8	1	大同大学
山东教育行政周报		380	1	山东教育厅
河北省政府公报		2242-2248	7	河北省政府秘书处
实业部公报		277	1	实业部总务司
陕西省政府公报		2792-2797	6	陕西省政府秘书处
国民政府公报		2035-2039	4	国民政府文官处
江西省政府公报		482-484	3	江西省政府秘书处
河南省政府公报		1622-1624	3	河南省政府秘书处
安徽教育周刊		57-8	1	安徽省政府教育厅

广播周报		84	1	中央广播事业管理处
福建省政府公报		587 – 588	2	福建省政府秘书处
山西公报		44	1	山西省政府秘书处
黄　钟	8	6	1	黄钟社
厦大图书报	1	7	1	厦门大学图书馆
立法院公报		68	1	立法院秘书处
实用无线电杂志		8	1	中雍无线电机厂
学　风	6	3	1	安徽省立图书馆
实业部公报		752276	2	实业部
津中周刊		154 – 157	3	河北省立津中周刊
教育与职业		175	1	中华职业教育社
建国月刊	14	4	1	建国月刊社
银行期刊		3	1	复旦大学银行学系系学会
卫生月刊	6	3	1	上海市卫生局
气象杂志	12	4	1	中国气象学会
时　论		23	1	时论社
大夏周报	12	14 – 15	2	大夏大学
杭州市政季刊	4	1	1	杭州市政府
体育研究与通讯	3	2	1	江苏省立镇江公共体育会
湖北公路	1	2	1	湖北省公路管理局
暨南学报	1	1	1	本校
上海市政府公报		166	1	上海市政府秘书处
纺织时报		1274 – 1277	4	华商纱厂联合会
励　志	4	16 – 17	2	南京励志社
广播周报		82 – 83	2	中央广播事业管理处
国立清华大学校刊		734	1	国立清华大学
黄　钟	8	5	1	黄钟文学社

昆虫与植病	4	11－12	2	浙江昆虫局
国立同济大学旬刊		92	1	国立同济大学
海　王	8	23	2	海王社
大夏图报	2	1－2	2	查修
卫生月刊	1	1－3	3	查修
水　利	1	5	1	中国水利工程学会
农村合作	1	8	1	中国农村合作出版部
图馆学季刊	9	1	1	查修
文华图馆学专科学校季刊	8	1	1	查修
湖北省政府公报		196	1	湖北省政府秘书处
交大学生	4	1	1	交通大学
青　年	4	1－6	5	大夏大学青年社
广东省政府公报		321	1	广东省政府秘书处
广州市政府市政公报		518－519	2	广州市政社
清华周刊	44	3	1	清华大学
同济旬刊		94	1	同济大学
国立清华大学校刊			1	清华大学
广西省政府公报		112	1	广西省政府秘书处
学　觚	1	1－2	1	查修
学　觚	1	1－2	2	国立中央图书馆筹备处

(《暨南校刊》1936年第172期)

国立暨南大学图书馆赠刊志谢

（五月十三日至十八日）

名　称	卷数	期数	册数	赠　者
时兆月报		5	1	时兆月报社
安庆女中校刊		7	1	安庆女子中学校
浙江商务	1	4	1	浙江商务管理局
国立武汉大学社会科学季刊	6	3	1	国立武汉大学
新北辰	2	4	1	新北辰杂志社
遗族校刊	3	2	1	遗族学校
南大半月刊		28	1	南开大学
空校月刊		23	1	航空学校
青　年	2	23	1	中国青年励志社
圣教杂志	25	5	1	圣教杂志社
海军公报		82	1	海军公报室
内政公报	9	2	1	内政部总务司
一三杂志	2	3－4	2	一三杂志社
工读半月刊	1	1	1	工读半月刊社
工读半月刊	1	1	1	查修
民族魂		1	1	中央陆军军官学校特别训练班
日华佛教	1	2－3	2	日华佛教会
统计时报	2	5－7	3	福建省调查局
湖北公路	1	3－1	1	湖北公路管理局

福建省政府公报		590	1	福建省政府秘书处
广西省政府公报		114	1	广西省政府秘书处
广播周报		85	1	中央广播事业管理处
礼拜六		639	1	礼拜六报馆
湖北省政府公报		197	1	湖北省政府秘书处
山东教育行政周报		390	1	山东教育厅
贸　易		80	1	中国国际贸易协会
民　鸣	2	40－41	1	国术研究社民鸣周刊社
厦大周刊	15	19－21.23	4	厦门大学
昆虫与植病	4	13	1	浙江昆虫局
纱织时报		1280	1	华商纱厂联合会
是非公论		5	1	是非公论社
清华周刊	44	4	1	清华大学
陕西省政府公报		2798－2803	6	陕西省政府秘书处
河北省政府公报		2749－2753	5	河北省政府秘书处
国民政府公报		2040－2043	4	国民政府文官处
河南省政府公报		1625－1630	6	河南省政府秘书处
江西省政府公报		487－8	2	江西省政府秘书处
合江县政府公报			1	合江县政府公报室

(《暨南校刊》1936 年第 173 期)

暨南大学图书馆新到图书目录

书号	著者	书名	出版处	册
		000 总记		
019－265	施廷镛	丛书子目书名索引	北平清华大学	1
		100 哲理科学		
104－407	许晚成	人生问题讨论集	上海龙文	1
		300 社会科学		
327.27－18	文公直	中俄问题之全部研究	上海益新	1
327.27－375	孙几伊	中俄交涉论	上海大东	1
385－21	王锡纶	青年陆军常识	上海商务	1
386－21	王锡纶	青年海军常识	上海商务	1
388－21	王锡纶	青年军事航空常识	上海商务	1
389－402－1	梁伯强	军用毒气病之病理及治疗法	广州中山大学	1
396.458－756	瞿明宙	台湾的租佃制度	上海社会科学研究所	1
396.5－154－2	唐道海译	奴隶制度史	上海新生命	1
		400 艺术		
421－312	俞剑华	书法指南	上海商务	1
437－491	黄文弼	高昌陶集	北平西北科学考察团	2
437－49－1	黄文弼	高昌專集	北平西北科学考察团	1

600 应用科学

613-864-2		国民卫生须知	中国卫生社	1
662.8-393	徐春霖	办事处人事管理	上海中国人事管理学会	1
691.9-556	杨鹤庆	看护学总论	上海商务	1
691.9-556-1	杨鹤庆	内科看护学	上海商务	1
691.9-556-2	杨鹤庆	外科看护学	上海商务	1

700 语言学

722-271-2	胡光炜	古文变迁论		1

800 文学

822.84 42	仇 英	仇文合制西厢记图册	上海文华	1

900 历史地理

920-868	亚新地学社	中国明细地图	武昌亚新	1幅
920-12-868	亚新地学社	河北明细地图	武昌亚新	1幅
920-13-868	亚新地学社	东北四省明细地图	武昌亚新	1幅
920-13-868-1	亚新地学社	辽宁明细地图	武昌亚新	1幅
920-14-868	亚新地学社	吉林明细地图	武昌亚新	1幅
920-15-868	亚新地学社	黑龙江明细地图	武昌亚新	1幅
920-16-868	亚新地学社	山东明细地图	武昌亚新	1幅
920-17-868	亚新地学社	河南明细地图	武昌亚新	1幅
920-18-868	亚新地学社	山西明细地图	武昌亚新	1幅
920-19-868	亚新地学社	江苏明细地图	武昌亚新	1幅
920-20-868	亚新地学社	安徽明细地图	武昌亚新	1幅
920-21-868	亚新地学社	江西明细地图	武昌亚新	1幅
920-22-868	亚新地学社	福建明细地图	武昌亚新	1幅
920-23-868	亚新地学社	浙江明细地图	武昌亚新	1幅
920-24-868	亚新地学社	湖北明细地图	武昌亚新	1幅
920-25-868	亚新地学社	湖南明细地图	武昌亚新	1幅
920-26-868	亚新地学社	陕西明细地图	武昌亚新	1幅

920-30-128	沈鹏飞	调查西沙群岛报告书		1
920-30-128	亚新地学社	广东明细地图	武昌亚新	1幅
920-31-868	亚新地学社	广西明细地图	武昌亚新	1幅
920-33-868	亚新地学社	贵州明细地图	武昌亚新	1幅
920-33-868-1		青海省全图	青海江政厅	1幅

(《暨南校刊》1936年第173期)

图书馆近讯

由商务购到图书一批,计共一百四十六册,共价二千三百四十余元,内有 Furness:*A New Variorum Edition of the Works of Shakespeare*;*Cambridge Tracts in Mathematics and Mathematical Physics* 等书,皆名贵典籍也。

暑假期近,图书馆已着手清查书籍,关于前后借出各书,拟于最近期间发出通知,限于六月十五号前归还,逾期不还则照向例通知会计课在薪金内扣除书价以资清偿。又闻图书馆为应付外间来函调查馆务起见,现已印有概况一种,即可寄出云。

(《暨南校刊》1936年第174期)

暨南大学图书馆新到图书目录

LIBRARY CATALOG

000 General Works

005 – M23 *Map of Malaya, Showing Bills.* 1933.

005.9 – W78 Winstedt, R. O. : *A History of Malaya.* 1935.

008.9 – S25 *Malaya, Topographical Survey (Singapore Island).*

008.92 – P41 *Map of Penang Island and Province Wellesley.* 1931.

100 Philosophical Science

192.2 – D36 D'Elia, P. M. : *The Catholic Missions in China.* 1934.

300 Social Science

330 – W61 Wicksteed: *The Common Sense of Political Economy.* 1935.

330.9 – B65 Block: Les progrès de la science économique. 1897. 2v

330.9 – S96 Surányi – Unger: *Economics in the Twentieth Century.* 1932.

338.5 – E23 Edgeworth, K. E. : *The Price Level.* 1935.

343.2 – C54 *The Chinese Criminal Code and Special Criminal and Administrative Laws.*

347.7 – B71 Bonnecase: Précis élémenraire de droit maritime. 1932.

395.1 – L78 Lo, R. Y. : *The Opium Problem in the Far East.* 1933.

395.5 – L24 Lamson: *Social Pathology in China.* 1935.

395.8 – L22 Lamb: *The Development of the Agrarian Movement and Agrarian Legislation in China.* 1934.

500 Natural Science

551.1 – G82	Gregory: *The Making of the Earth*. 1935.
555 – B16	Bain: *Ores and Industry in the Far East*. 1933.

600 Applied Science

626.64 – T32m	Terman: *Measurement in Radio Engineering*. 1935.
661.32 – N55	Newman, W.: *Theory and Practice of Costing*. 1933.
668.5 – S74	Spalding: *The Finance of Foreign Trade*. 1935.

800 Literature

814.4 – H42	Hazlitt: *Characters of Shakespeare's Plays*. 1915.
814.4 – W75	Wilson, J. D.: *The Essential Shakespears*. 1935.
822.13 – G47	Giles & Waley: *Select Chinese Verses*. 1934.
828.2 – H88	Hsü, R.: *Chinese Children's Rhymes*. 1935.
830.3 – B49	Berdoe: *The Browning Cyclopaedia*. 1931.
830.4 – D75	Dowden: *Shakespeare, a Critical Study of His Mind and Art*.
833 – B88	Orr: *A Handbook to the Works of Robert Browning*. 1930.
833 – L73	Lin, Y. T.: *The Little Critic*. 1935.

900 History and Geography

910.1 – F29	Febure: *A Geographical Introduction to History*. 1932.
910 – 3 – B88	Brown: *The Principles of Economic Geography*. 1934.
910 – F17	Fairgrieve: *Geography and World Power*. 1932.
910 – 3 – M48	Mc Farlane: *Economic Geography*. 1935.
910 – 8 – S82	Stein: *On Ancient Central – Asian Tracks*. 1933.
920 – 38 – C46	Chang: *The Economic Development and Prospects of Inner Mongolia*. 1933.
980 – S65	Smith: *North American*.

F Fiction

F – B855e	Buck: *The Exile*. 1936.
F – Sa75	Saroyan, W.: *Inhale and Exhale*. 1936.

(《暨南校刊》1936 年第 174 期)

图书馆发展计划

查　修

本校为华侨教育而设立,大中学外更有海外文化事业部之设置,性质与国内其他大学显然不同,故图书馆对于图书之搜集,特别注重于有关华侨及海外文化与大东亚文化方面,此本校图书馆之特点也,今后之计划本此特点继续努力有不待言。根据历年度之统计,可知最近两年来图书之增加显有进步。

年度	中文	外文	合计
廿一	三三、八〇九	八、一六九	四一、九七八
廿二	三六、二一九	八、九一二	四五、一三一
廿三	三八、六二二	一〇、〇三三	四八、六五五
廿四(截至本年五月止)	四四、六〇五	一一、四〇四	五六、〇〇九

今后希望更有进步,亦不待言也。

现有馆舍虽系民十六年所特建,但目下极感不敷应用,希望能另行建筑,或就现有馆舍加以扩充,此外对于同学之参考辅导事宜,拟加注意。此上所述,皆希望中之大要,兹更撮要分述如次:

(一)馆舍之新建或扩充

本校现有馆舍形为凸形,二层,占地四、九六七平方尺,楼上有阅览室二,书库一,图书出纳处一,楼下有阅览室一,杂志书库一,办公室二,又应接室、盥洗室各一。现有藏书除书库中已充满外,其他各室亦几无虚地可容,各种研究室致无法安插于馆内,而阅览室亦不敷应用,故今后实有另建大规模新馆舍之需要。倘一时为事实所不许,希望能就现有馆舍加以扩充，并望注意下列各点：

1. 书库一，材料全用钢骨水泥，用新式钢制书架，能容书二十万册。

2. 研究室十。

3. 教授参考室四。

4. 阅报室一。

（二）国内外学术团体刊物之购置

年来为研究上之需要起见，关于国内外著名学术团体之刊物，无不设法购置，今后当更继续努力也。

（三）国内外官书之征集

自民十六年以来，中央暨各省市之官书，已搜罗殆尽，今后拟及东西各国，希望学者不出国门而有此种材料参考。

（四）国内外杂志之增购及补缺

图书馆现订购之中文杂志有一二五种，外文杂志有一六六种，均能按期寄到。缘购订标准皆以需用为原则，虽外文杂志价值昂贵，亦必购置。今后拟仍本此原则，注意何种杂志应补充全套，何种杂志应行增添，以利扩充。

（五）外文参考书之先期购置

近两年来，凡教授所开书单，无不从速照购，倘系国内售缺，则即向国外订购，惟时间上常感急促，今后希望各教授介绍外国书籍，能早为通知，俾可及早采办。

（六）参考辅导人员之设置

缘学校不惜巨量金钱购置大批图书，其目的原在供同学之研究，同学中对于参考方法有相当根底者，固不乏人，但以年龄与经验关系，不能充分运用者，恐在所不免。是则有书与无书等，有负学校购置大批图书之苦心矣，因此本馆今后拟设卷□□导人员，惟专设一人，抑就现有工作人员中指定若干人分别担任，现尚未定，要必设法如何辅导同学充分运用图书也。

（《暨南校刊》1936 年第 176 期）

暨南大学图书馆新到图书目录

书号	著者	书名	出版处	册
		000 总记		
000－814	侨务委员会	侨乐村	南京侨委会	1
000.2－491	黄麟书	考察南洋华侨教育意见书	广东教育厅	1
003.3－434	陆　庆	荷印之统制贸易	南京实业部	1
007－491	黄承官	暹罗华侨问题	本校海外文化部	1
010.92－661	郑鹤声等	中国文献学概要	上海商务	1
042－705	钱　穆	国学概论	上海商务	1
042.4－352	马芳若	中国文化建设讨论集	上海龙文	1
082－98	朱　棣	永乐大典		1
		100 哲理科学		
121.2－477	冯　振	老子通证	无锡国学专校	1
		200 教育科学		
215.8－811	教育部	视察各省市教育报告汇编	南京教育部	1
		300 社会科学		
318.6687－313		福建历年对外贸易统计	福建省政府秘书处	1
321.8－151	李生泼	内蒙自治问题	广州民智	1
324－441	陈震异	选举之理论与实际	南京南京书店	1

327.09-731	薛代强等	中国外交年鉴	上海正中	1
327.26-864-1	中央大学社会科学研究会	对日问题研究	上海南京书店	1
341.1-352	马存坤	委任统治地问题	上海拔提书店	1
341.1-423	梅宝昌	委托统治制度与日本南洋统治地	天津大公报社	1
341.2-406-3	商文立	何谓宣战	南京南京书店	1
347.22-674	刘绍基	典权要论	上海南京书店	1
371.1-H39-2	段继典译	金本位之理论与实际	南京南京书店	1
374.5-W89-2	郭佩贤等译	人寿保险社会学	上海中华人寿保险协进社	1
380.97-935-2	张孤山译	日本的假想敌劳农赤军	上海南京书店	1
388-449	陶鲁书	现代空中战之都市攻防	航空委员会	1
393-686	诸青来	社会改造问题		1

500 自然科学

527-556	杨官缘	现代航海学	上海中国航海学会	1
527.1-21	王　洸	航业政策	南京交通杂志社	1
527.5-21	王　沈	中国航业论	南京交通杂志社	1
530.3-815	国立编译馆	物理学名词	上海商务	1

600 应用科学

630-528-1	张　农	农业经济论丛	广州中山大学	1
655.06-815	胶济铁路管理委员会	胶济铁路经济调查报告总编	青岛胶济路局	1
655.06-815-1	胶济铁路管理委员会	胶济铁路经济调查报告分编	青岛胶济路局	1

700 语言学

765 - 948 - 1	松浦珪三	现代日本语文法	东京文求堂	1

800 文学

808 - 864	文学研究会	世界文学名著丛书	上海商务	20
810 - B82 - 2	侍桁译	十九世纪文学之主潮	上海商务	1
820.4 - 412	郭绍虞	中国文学批评史	上海商务	1
822.1 - 975	履 朴	国难吟咏汇编	南京南京书店	1
825.17 - 661	郑振铎	清人杂剧初集		2
827.89 - 260	洪 楩	清平山堂话本	北平古今小品书籍印行会	1
827.89 - 260 - 1	洪 楩	雨窗欹枕集		1
844 - 945 - 2	刘半农	茶花女剧本	上海北新	1

900 历史地理

920 - 8 - 812		黄麻视察记	湖北省政府秘书处	1

LIBRARY CATALOG

000 General Works

099 - 1188s Hudson: *Shakespeare: His Life, Art, and Characters.* 1872. 2v.

100 Philosophical Science

152.3 - M98 Murchison, C.: *Social Psychology.* 1920.

300 Social Science

330.1 - E23 Edie: *Economics.* 1930.

330.1 - M36 Marshall: *Principles of Economics.* 1930.

335.3 – E68	Böhm – Bawerk: *Positive Theory of Capital.*
338 – C22	Cannan: *Theories of Production and Distribution.* 1924.
341 – D55	Dickinson, E. D.: *A Selection of Cases and Other Readings on the Law of Nations.* 1929.
341 – M48	Mc Nair: *Annual Digest of Public International Law Cases.* 1928.
371 – G82	Greidanus: *Value of Money.* 1932.
371 – R88	Royal Institute of International Affairs: *Monetary Policy and the Depression.* 1933.
372.91 – K61	Kisch: *Central Banks.* 1932.
375 – P63	Pigon: *Public Finance.* 1929.
393.8 – B98	Burns, E.: *A Handbook of Marxism.* 1935.

500 Natural Science

510 – B31	Blaschke, W.: Die Grundlehren der Mathematischen Wissenschaften in Einzeldarstellungen. 1934. 21 vols.
510 – H27	Hardy G. H.: *Cambridge Tracts in Mathematics and Mathematical Physics.* 1932. 19 vols.
547 – M43	Mathews, A. P.: *Physiological Chemistry.* 1930.

600 Applied Science

631 – W62	Whitney, H.: *Soil and Civilization.* 1926.
650 – J66	Johnson and others: *Principles of Transportation.*
661.01 – F51	Finney, H. A.: *Principles of Accounting.* 1935. 2 vols.
665 – M78	Montgomery: *Auditing Principles.*
668.5 – M47	Maynard and others: *Principles of Marketing.* 1932.
668.5 – O37	Ohlin, B.: *Interregional and International Trade.* 1925.

800 Literature

820.9 – J96	Jusserand: *A Literary History of English People.* 1931.

	2 vols.
824 – S52	Shakespeare, W. : *A New Variorum Edition of Shakespeare*. 20 vols.
824.04 – B82	Brandes, G. : *William Shakespeare*. 1926.
834.04 – R16	Ralli, A. : *A History of Shakespeare Criticism*. 1932. 2 vols.

900 History and Geography

907 – D55	Dickinson & Howarth: *The Making of Geography*. 1935.
909 – B1	Baker: *A History of Geographical Discovery and Exploration*.
910 – 3 – H05h	Huntington, E. : *The Human Habitat*. 1930.
910 – 3 – 1.7	Lippingcott, I. : *Economic Resources and Industries of the World*.
910 – 6 – S65	Smith: *Industrial and Commercial Geography*. 1925.
915 – S78	Stamp: *A Regional Geography, Asia*. 1935.
919 – L12	Laborde: *Australia, Newzeland, and Pacific Islands*. 1934.

F Fiction

F – F844	France, A. : *The Revolt of the Angels*. 1914.
F – P948	Proust: *Swann's Way*. 1928.
F – Z075	Zola, E. : *Nann*. 1928.

（《暨南校刊》1936 年第 177 期）

国立暨南大学图书馆赠刊志谢

（五月二十一日至六月五日）

名　称	卷数	期　数	册数	赠　者
浙江财政	9	2	1	浙江省财政厅
闻生半月刊	1	2-3	2	闻生半月刊社
明日之中国	1	1-2	2	明日之中国半月刊社
报人世界		4	1	燕京新文学系
工读半月刊	1	2-3	2	工读半月刊社
江西助产月报	2	1-2	2	徐寄尘
道路月刊	50	2	1	中华全国道路建设协会
新北辰	2	5	1	新北辰社
外交部公报	9	3	1	外交部情报司
北洋理工季刊	4	1	1	国立北洋工学院
自由评论		24-26	2	自由评论社
江西省政府公报		495-508	14	江西省政府图书处
国民政府公报		2049-2063	15	国民政府文官处
河北省政府公报		2759-2774	18	河北省政府秘书处
励　志	4	20-22	3	南京励志社
湖北省政府公报		200-204	5	湖北省政府秘书处
同济旬刊		95-97	3	同济大学
福建省政府公报		502-506	4	福建省政府秘书处
广西省政府公报		115-117	3	广西省政府秘书处
实业部公报		279-280	2	实业部总务司
贸　易		81-82	2	中国国际贸易协会
东　望	5	16	1	陆军第六七军参谋处

是非公论		6－7	2	是非公论社
礼拜六		641－642	2	礼拜六报馆
河南省政府公报		1637－1648	17	河南省政府秘书处
陕西省政府公报		2810－2821	12	陕西省政府秘书处
军政公报		228	1	军政部
财政公报		96	1	财政部
青年月刊	2	2	1	南京青年月刊社
光华半月刊	4	9	1	光华大学
江西省妇女生活改进会会刊		1	1	江西省妇女生活改进会
华中校刊		3－4	1	查修
华中校刊		3－4	1	华中大学
明德旬刊	13	2	1	长沙明德中学
北平中法大学文学院丛刊		12	2	北平中法大学文学院
中法大学月刊	8	5	1	中法大学
同济医学季刊	6	1	1	同济大学
合江县政府公报		45	2	合江县政府秘书处
昆虫与植病	4	15	1	浙江昆虫局
广东省政府公报		327	1	广东省政府秘书处
大夏周报	12	16－17	2	大夏大学
燕大周刊	2	1－3	3	燕京大学
四川省政府公报		41－42	2	四川省政府秘书处
清华周刊	44	6	1	清华大学
防务月刊	2	5	1	防务协会
广西卫生半月刊	3	15	1	广西卫生局
厦大周刊	15	24－27	4	厦门大学
快乐家庭	1	2	1	查修

(《暨南校刊》1936 年第 177 期)

图书馆主任查修辞职

图书馆主任查修先生，因到交通大学任事，现已辞职，另请林仲达先生担任。据报告一年以来，图书馆内中西文书籍的增购约达原有图书的三分之一，就是一年间所购之书，可抵十年以来所购图书之一半。林先生为一个用功的学者，对于馆务的改进已有规划，将来本校图书馆一定可以有更大的进步。

（《暨南校刊》1936 年第 179 期）

大学部图书馆馆务会议记录

日　期　九月七日下午二时

地　点　图书馆办公处

出席人　林仲达　汪善禄　李敬伯　温文耀　张契灵　汤若楣

　　　　胡曼君　李先治　徐寄尘

主　席　林仲达

记　录　张契灵

一、开会　行礼如仪

二、报告

上年度工作概况(见报告书)

三、工作分配

文书股　张契灵(文书)　章　柱(购置)　李先治(登记图书兼整理杂志)　汤若楣(登记杂志)

编目股　汪善禄　高寿崧　徐寄尘(兼整理杂志)

典藏股　温文耀　李敬伯　许荣水　胡曼君

四、讨论

(一)现有馆舍不敷应用各种研究室无法设置馆内应如何办理案

议决:请学校扩充馆舍为研究室及阅报室之用

(二)购书标准应如何确定案

议决:(1)多购有关华侨及东亚文化书籍

(2)多购新近名著

(3)多购新近有名杂志

(4)多购有名学术团体研究报告及其他专刊

(5)多购新近地图

(6)快购

(三)新到书籍杂志应如何办理案

议决:未登记编目之新书及杂志应从速登记编目,以后更当及时办理

(四)整理杂志应如何克期完成案

议决:限两个月内办理完竣

(五)续订杂志应于何时办理案

议决:限二星期内办妥

(六)缺期杂志亟待补充应定何时办妥案

议决:限一个月内办理

(七)据上年度工作报告关于清查书籍尚有待查之处应如何克期完成案

议决:限一个月内办理完竣

(八)上年度教职员未还图书应于何时清查报告案

议决:限开学后一个月内报告

(九)教授有时需入书库应如何应付案

议决:经管理人许可即可

(十)阅览室管理应如何注意案

议决:今后应力求严密

(十一)本馆馆舍建筑已有十年而藏书日增对于安全问题应如何注意案

议决:请学校请工程师来馆察看

(十二)编制统计图表案

议决:交文书股办理

(十三)如何协助馆员进修案

议决:定期参观国内著名图书馆,请学校量情资助馆员赴国外研究

(《暨南校刊》1936 年第 180 期)

暨南大学图书馆新图书目录

书号	著者	书名	出版处	册
		000 总记		
040-914		暨南大学毕业论文	本校	115
042.1-428	张凤等	暨南大学纪念论文集	本校	1

200　教育科学

237.8 –914		暨南大学讲义	本校	16

300　社会科学

347.27 –21 –2	王孝通	公司法		1
347.27 –28	张知本	破产法论	上海会文堂	2
347.27 –41	陶亚东	破产法	上海商务	1
347.27 –717 –1	谢　霖	公司法要义	上海商务	1
347.27 –805	立法院	各国破产法选编	上海会文堂	1
375.1 –810	财政部	最近各省市县地方预算分类统计		1

400　艺术

428 –370	夏　珪	长江万里图	北平故宫博物馆	1

600　应用科学

661.32 –128	沈立人	成本会计学	上海商学书局	1
668 –72 –815	国际贸易局	全国进出口商行要览		1

900　历史地理

902 –933	小林房太郎	世界地名大辞典	东京南光社	4
920 –19 –312	俞樾等	上海县志		5
920 –19 –312	吴馨等	上海县续志	上海南园	2
920 –19 –351	莫晋等	松江府志		13
920 –19 –477	冯桂芬等	苏州府志	江南书局	20
920 –23 –407	许瑶光	嘉兴府志	鸳湖书院	15

本校参加世运代表

尹贵仁君赠图书馆世运刊物

本校此次出席世界运动大会代表,除体育部主任余衡之及沈昆南二先生担任职员外,有足球篮球代表梁树棠、王南珍、尹贵仁、蔡演雄等君,世运闭幕后乘轮返国,已于日前到校上课,详情已志上期本刊。尹贵仁君为使本校同学对于世运有深切认识起见,特在德购有世界运动会运动刊物多种,赠送本校,各刊物内容丰富,图画美观,关于此次世运会之精彩照片均有刊载,现已陈列于本校图书馆杂志室内,本校不乏爱好运动之同学,定必以先睹为快也。

(《暨南校刊》1936 年第 184 期)

Chinan University Library Catalog

000　General Works

005 – G37　German: *Handbook to British Malaya.* 1935.

005.7 – M23　*Malaya Foreign Imports and Exports during the Year* 1934.

008.06 – A62　*Annual Departmental Reports of the Straits Settlements for*

	the Year 1934.
020.3 – M47	Mc Phee: *Official Year Book of the Commonwealth of Australia.* 1935.

300 Social Science

330 – E92	Evans: *Basic Economics.* 1935.
330 – R78	Roos, C. F.: *Dynamic Economics.* 1934.
330.1 – P63i	Pigou: *Industrial Fluctuations.* 1929.
330.91 – I94	Iversen: *International Capital Movements.* 1935.
331.2 – D73	Douglas: *The Theory of Wages.* 1934.
371 – B98	Butchart: *Money.* 1935.
371 – H84	Houston: *The Fundamentals of Money.* 1935.
371 – K31	Kemmerer: *Money.* 1935.
371 – R89	Royal Institute of International Affairs: *The Future of Monetary Policy.* 1935.
372.2 – L28	Langston: *Practical Bank Operation.*
372.91 – D25	Davidson: *Central Reserve Banking.* 1929.
375 – N62	Nicholson: *War Finance.* 1918.
376.5 – G74	Graham: *Protective Tariffs.* 1934.

500 Natural Science

515 – C56	Church & Bartlett: *Elements of Descriptive Geometry.*
517.6 – T43	Thiele: *Theory of Observations.* 1903.
517.6 – G86 – 3	Grimsehl: *A Textbook of Physics.* 1932. 5v
547 – P98	Pryde: *Recent Advances in Biochemistry.* 1931.
551.5 – K33	Kendrew: *The Climates of the Continents.* 1930.
551.5 – M65	Miller: *Climatology.* 1921.
551.5 – N26	Ward: *Climate.* 1918.

800 Literature

834.03 – B29	Bartlett: *A New and Complete Concordance to Shakespeare's Dramatic Works.* 1927.

834.13 – S32	Schelling: *Elizabethan Drama* 1558 – 1642. 2v.

F Fiction

F – B469	Beyle: *The Red and the Black*. 1926.
F – H396	Henry: *The Gentle Grafter*. 1918.
F – Sco86w	Scott, W.: *The Waverley Novels*. 10 vols.

(《暨南校刊》1936 年第 184 期)

暨南大学图书馆新到图书目录

书号	著者	书名	出版处	册
		200 教育科学		
201/C54 – 2	赵演译	教育原理	上海商务	1
209.2/441	陈青之	中国教育史	上海商务	1
210/56	甘豫源	县教育行政	南京正中	1
217/252	邰爽秋	教育经费问题	上海教育编译馆	1
293/200	宗亮东	教育电影概论	上海商务	1
293/352 – 2	马宗荣	社会教育事业十讲	上海商务	1
294/939 – 2	哀 斯	苏维埃女教师日记	上海新学会社	1
		300 社会科学		
300/123	沈志远	新经济学大纲	北平经济学社	1
300/151 – 2	李菊时	统制经济之理论与实际	上海新中国建设学会	1

330.4/568	董修甲	国民经济建设之途径	上海生活	1
331/935－2	周宪文译	社会政策论	上海新生命	1
349.227/791	顾炳元	中国劳动法令汇编	上海会文堂	1
371.92－556	杨荫溥	中国金融研究	上海商务	1
389/527－2	曾昭抡	炸药制备实验法	上海商务	1
389/72	韩组康	烟幕发火剂及爆炸实验	上海商务	1
393/265－2	施伏量	社会问题之基础知识	上海新生命	1

500　自然科学

520/428	张钰哲	天文学论丛	上海商务	1
520.3/811	国立编译馆	天文学名词	上海商务	1

600　应用科学

611.8/700	卢于道	神经解剖学	上海科学仪器馆	1

700　语言学

765/943	新井无二郎	国语时相の研究	东京中文馆	1

(《暨南校刊》1936 年第 186 期)

Chinan University Library Catalog

200 Educational Science

201 – S99　Symonds: *Education and the Psychology of Thinking*. 1936.

247 – M99　Mursell: *The Psychology of Secondary School Teaching*.

300 Social Science

347.7 – C33　Carver: *A Treatise on the Law Relating to the Carriage of Goods by Sea*. 1925.

347.7 – M22　Mahaffy: *Highway and Road – traffic Law*. 1935.

351.5 – G65　Goodnow: *Municipal Problems*. 1911.

351.5 – G65m　Goodnow: *Municipal Home Rule*. 1916.

371 – L49　Leffler: *Money and Credit*. 1935.

371.98 – M99　Myers: *The New York Money Market*. 1931. 4v.

375 – S65　Smith: *War Finance and Its Consequences*.

393.2 – W72　Williams & Zimmerman: *Studies of Family Living in the United States and other Countries*. 1935.

500 Natural Science

518.11 – T75　Townsend: *Functions of Real Variables*. 1928.

547 – S85　Stewart: *Recent Advances in Organic Chemistry*. 1931. 2v.

700 Philology

733.2 – 491　*A Comprehensive English – Chinese Dictionary*. 2v.

800 Literature

802 – G97　Gunn: *The Story of Literature*. 1927.

810.9 – W26　Ward: *Landmarks in Western Literature*. 1932.

814.4 – C69 Coleridge: *Essays and Lectures on Shakspeare and Some Other Old Poets and Dramalists*. 1930.

832 – A17 Acheson: *Mistress Davenant*. 1913.

834.03 – S35 Schmidt: *Shakespeare – lexicon*. 1923. 2v.

834.04 – N41 Neilson & Thorndike: *The Facts about Shakespeare*. 1935.

834.08 – W19 Wallace: *The Evolution of the English Drama up to Shakespeare*. 1912.

900 History & Geography

903 – G65 Goode: *Goode's School Atlas*. 1933.

903 – J71 Johnston: *The Handy Royal Atlas of Modern Geography*. 1928.

910 – A48 *The Modern Atlas of the World*.

910 – 2 – F17 Fairgrieve: *Geography and World Power*. 1932.

910 – 3 – B46 Bengtson: *Fundamentals of Economic Geography*. 1936.

910 – 3 – B91 Brunhes: *Human Geography*. 1929.

910 – 3 – F17 Fairgrieve: *A Course in Human Geography*. 1932.

928 – S92 Strong: *China's Millions, the Revolutionary Struggles from 1927 – 1935*.

930.13 – S66 Smith: *Oxford Students History of India*. 1933.

（《暨南校刊》1936 年第 187 期）

暨南大学图书馆新到图书目录

书　号	著　者	书　名	出版处	册
		000　总记		
000.8/F94－2	黄素封译	十七世纪南洋群岛航海记两种	上海商务	1
082/717	萧一山	太平天国丛书	上海商务	10
		100　哲理科学		
150.4/K96－2	夏斧心译	心理卫生丛谈	上海商务	1
155.09/B73－2	高觉敷译	实验心理学史	上海商务	1
156.6/933－2	大野辰见	商业心理学	上海商务	1
		200　教育科学		
201/940－2	雷通群译	现代新教育彻览	上海商务	1
209.2/532－2	舒新城	近代中国教育史稿选存	上海中华	1
249.299/556	杨幼炯	近代中国立法史	上海商务	1
266/375	孙　钰	儿童教育实际问题	上海商务	1
		300　社会科学		
332.97/248	周宪文	苏俄五年计划概论	上海中华	1
352.09/804	内政部	内政年鉴	上海商务	4
376.3/164	吴广治	所得税	上海中华	1
380/R88－2	于熙俭译	未来大战中的国际间谍战	上海生活	1

390.1/375-3	孙本文	社会学原理	上海商务	1
393/938-2	周宪文译	社会政策新原理	上海中华	1
		500 自然科学		
523.8/441	陈遵妫	星体图说	上海商务	1
		600 应用科学		
639.2/151	李士豪	中国海洋渔业现状及其建设	上海商务	
		700 语言学		
763/831		万国新语大辞典	大阪大阪出版社	1

(《暨南校刊》1936年第188期)

刘胡两先生赠送图书馆杂志书籍

商学院教授刘絜敖先生,日前惠赠本校图书馆藏书,计日文四十二册,德文刊物四十八册。又李故教授石岑先生夫人胡曼君女士,亦将李先生遗藏杂志七十三种,共一千零八十册全部赠送。闻两种惠书,业由图书馆拟送谢函,分别致谢云。

(《暨南校刊》1936年第189期)

CHINAN UNIVERSITY LIBRARY CATALOG

000 General Works

007 – E96 *Siam, General and Medical Features*. 1930.

007.63 – B76 Bourko – Borrowes: *The Teak Industry of Siam*. 1927.

007.7 – M66 *Siam, Nature and Industry*. 1930.

100 Philosophical Science

150.2 – R92 Ruckmick: *The Psychology of Feeling and Emotion*. 1936.

156.2 – C69 Cole: *Psychology of the Elementary School Subjects*.

300 Social Science

372.91 – H34 Harvey: *Central Banks*. 1923.

373.2 – H66 Hirst: *The Stock Exchange*. 1932.

800 Literature

832 – W92g Wordsworth: *Poems*.

832 – S54n Shelley: *Poems*.

832 – K25p Keats, J.: *Poems*.

832 – A76n Arnold, M.: *Poems*.

832 – B88 Browing, R.: *Poems*.

832 – P82p Pope, A.: *Poems*.

832 – C69n Coleridge, S. T.: *Poems*.

900 History & Geography

944 – M18 Madelin, L.: *The French Revolution*.

980 – 3 – C69 Colby: *Source Book for the Economic Geography of North America*. 1930.

F Fiction

F－D454	Descartes, R. : *A Discourse on Method.* 1934.
F－L564	Lesage, A. : *The Adventures of Gil Blas de Santillana.* 2v.
F－B219e	Balzac, H. : Eugénie Grandet. 1926.
F－B219o	Balzac, H. : *Old Goriot.* 1931.
F－B234	Barbusser, H. : *Under Fire.* 1933.
F－C211	Carmen & Merimee: Manon Lescaut. 1929.
F－D256	Daudet, A. : *Tartarin of Tarascon, Tartarin on the Alps.*
F－D892	Dumas, A. : *The Three Musketeers.* 1931.
F－F617s	Flaubert, G. : *Salambo.* 1931.
F－H875	Hugo, V. : *Les Miserables.* 9v.
F－H865n	Hugo. V. : Notre－Dame de Paris. 1931.
F－R112	Rabelais: *Gargantua and Pantagruel.* 3v.
F－T752	Troyes, C. : *Arthurian Romances.* 1935.

(《暨南校刊》1936 年第 189 期)

CHINAN UNIVERSITY LIBRARY CATALOG

000 General Works

007. 63 － L16	Ladell: *The Use of Fertilizers in the Cultivation of Padi.* 1930.
007. 63 － W35	Ministry of Commerce: *Report on Cottons from Siam.* 1929.

007.65 – M66	*6th Report of the Goverment Laboratory B. E.* 2473 – 74(Siam).
007.654 – P85	Post & Telegraph Department: *Administration Report on Post, Telegraph, Telephone and Radio Services for the Year B. E.* 2473. (1930 – 31)
007.655 – G72	*Thirty – seventh Annual Report on the Administration of the Royal State Railways for the Year B. E.* 2476. (1933 – 34)
007.655 – M66	*Commercial Directory for Siam.* 1929.
007.66 – M66	*The Journal of the Board of Commercial Development.*
010 – H97	Hutchins Johnson – Williams: *Guide to the Use of Libraries.*
062.7 – C56	Chyne: *Handbook of Cultural Institutions in China.* 1936.
090 – R66	Robson: *The Pacific Islands Year Book.* 1935.

100 Philosophical Science

150 – B29	Bartlett: *Psychology and the Soldier.* 1927.
150 – G85p	Griffiths: *The Psychology of Human Behavior.* 1936.
150 – H94h	Hunter: *Human Behavior.* 1928.

500 Natural Science

510 – H86	Howe: *Mathematics for the Practical Man.* 1915.
510 – Y68	Young: *Monographs on Topics of Modern Mathematics.*
511 – S64a	Smith: *Advanced Arithmetic.* 1905.
512 – D55m	Dickson: *Modern Algebraic Theories.*
512.8 – B67	Bôcher: *Introduction to Higher Algebra.*
512.8 – R56	Rietz & Crathorne: *College Algebra.*
513.8 – W89	Woods: *Higher Geometry.* 1922.
515 – B65	Blessing & Darling: *Elements of Descriptive Geometry.*
516 – N61	Nichols: *Analytic Geometry.* 1938.

517 – M66	Milne & Westcott: *A First Course in the Calculus.*
517 – O82i	Osgood: *Introduction to the Calculus.*
517.38 – C68	Cohen: *An Elementary Treatise of Differential Equations.*
517.5 – M48	Mc Clenon: *Introduction to the Elementary Functions.* 1918.
517.6 – W62a	Whittake & Robinson: *A Short Course in Interpolation.*
517.9 – W63	Wicksell: *Contributions to the Analytical Theory of Sampling.* 1923.
537.7 – G69	Goodwin: *Elements of the Precision of Measurement and Graphical Methods.*
543 – C98	Cox: *The Chemical Analysis of Foods.* 1926.
543 – M68	Mitchell: *Recent Advances in Analytical Chemistry.* 2v.
550.92 – G73	Grabau: *Stratigraphy of China.* 1924. 2v.

(《暨南校刊》1936 年第 190 期)

CHINAN UNIVERSITY LIBRARY CATALOG

000 General Works

003 – D16	Dammerman: *Preservation of Wild Life and Nature Reserved in the Motherlands Indies.* 1929.
003 – P88	Power: *Guide for the Netherlands, East Indies.* 1929.
003 – T78	*The Netherland Indies.* 1933.
003 – W67	Wilde: *The Netherlands Indies during the Depression.* 1936.
005 – B81	Braddell: *The Legal Status of the Malay States.* 1931.

005 – G45	Gibson: *The Malay Peninsula and Archipelago*. 1928.
005.9 – 4 – L74	Linehan: *A History of Pahang*. 1936.
008.9 – 1 – M24	*Historical Guide of Malacca*. 1936.
008.9 – 2 – I44	*Information Guide to George Town Penang*. 1933.
008.9 – 4 – W73	Willis: *Willis's Singapore Guide*. 1934.

300 Social Science

327 – H30	Harley: *Documentary Textbook on International Relations*. 1934.
330 – H25	Hansen: *Economic Stabilization in an Unbalanced World*. 1932.
330 – M12	Moore: *Synthetic Economics*. 1929.
330.1 – B56	Bethke: Gesetz und gestaltung über die Einheit und Grenze der Wirtschaftstheorie. 1935.
330.1 – C34q	Cassel: *On Quantitative Thinking in Economics*. 1935.
330.1 – E87	Eucken: Kapitaltheoretische Untersuchungen. 1934.
330.1 – W22	Walras: Les théories de l'équilibre économique. 1934.
330.3 – F54	Fish: *International Commercial Policies*. 1930.
330.4 – B76	Boucke: *A Critique of Economics*. 1922.
347.7 – D84	Duckworth: *The Principles of Marine Law*. 1930.
351.5 – W95	Wright: *Selected Readings in Municipal Problems*. 1935.
371 – F21	Fanno: Beiträge zur Geldtheorie. 1933.
371.1 – N41	Neisser: Der Tauschwert des Geldes. 1928.
372.5 – W64	Wicksell: *Interest and Prices*. 1936.
372.5 – 810 – 3	*Code of Customs Regulations and Procedure*. 1935.
388.0 – 93 – B95	Burge: *The Air Annual of the British Empire* 1935 – 36.

600 Applied Science

660.74 – P88	Powell: *How to Write Business Letters*. 1926.
660.74 – R27	Raymond: *Modern Business Writing*. 1924.
660.9 – B33	Bastable: *The Commerce of Nations*. 1927.

660.9 – H57	Herrick: *History of Commerce and Industry*. 1935.
	900 History & Geography
914 – H99	Hyma: *History of Europe*, 1500 – 1815. 1929.
916 – 8 – B18	Balfour: *Grand Tour*.
920 – T52	Thorp: *Notes on Soils and Human Geography in China*. 1934.
930.14 – S66	Smith: *The Oxford History of India*. 1928.

(《暨南校刊》1936 年第 191 期)

图书馆布告

为布告事:兹依照学校规定,星期六下午照常办公,特将本馆开放时间改订如下:

星期一—五

上午八—十二时,下午一—五时,晚间七—九时半

星期六

上午八—十二时,下午一—五时

星期日

晚间七—九时半

主任 林仲达

十二月四日

(《暨南校刊》1936 年第 192 期)

Chinan University Library Catalog

500 Natural Science

540 – B86 Brinkley: *Principles of General Chemistry.*

540 – F49 Findlay: *Chemistry in the Service of Man.* 1931.

540 – L53 Leighou: *Chemistry of Engineering Materials.* 1931.

540 – N95 Noyes: *An Advanced Course of Instruction in Chemical Principles.* 1934.

540 – R55 Reigel: *Industrial Chemistry.*

540 – K33i Kendall: *Smith's Intermediate Chemistry.*

540. 3 – P32 Patterson: *A German-English Dictionary for Chemists.* 1935.

540. 3 – T95 Turner: *The Condensed Chemical Dictionary.* 1930.

540. 5 – N95 Noyes: *Chemical Reviews.* vol. 11.

540. 9 – P28 Partington: *Origins and Development of Applied Chemistry.*

540. 9 – T52 Thorpe: *History of Chemistry.* 1930.

541. 3 – G55 Glasstone: *Recent Advances in Physical Chemistry.* 1933.

541. 3 – M65 Millard: *Physical Chemistry for Colleges.*

541. 3 – S55 Sherrill: *A Course of Laboratory Experiments on Physico-chemical Principles.* 1930.

542 – B43 Belcher: *Experiments and Problems for College Chemistry.*

542 – E32 Ehret: *Laboratory Studies in General Chemistry.*

542. 8 – C92 Creighton: *Principles and Applications of Electrochemis-*

try.

542.8 – G55	Glassstone: *The Electrochemistry of Solutions*. 1930.
542 – C61	Clarke: *A Handbook of Organic Analysis.*
542 – W58	White: *Technical Gas and Fuel Analysis.*
543.1 – L44	Leach: *Food Inspection and Analysis*. 1920.
544 – N95	Noyes: *The Elements of Qualitative Analysis.*
544 – N95s	Noyes: *A System of Qualitative Analysis for Rare Elements.*
545 – F18	Fales: *Inorganic Quantitative Analysis.*
545 – F28	Fay: *An Advanced Course in Quantitative Analysis.*
546 – C38	Caven: *Systematic Inorganic Chemistry*. 1932.
547 – A24	Adkins: *An Introduction to the Practice of Organic Chemistry in the Laboratory*. 1933.
547 – A55	Anderson: *Essentials of Physiological Chemistry*. 1935.
547 – G88	Groggins: *Unit Processes in Organic Synthesis*. 1935.
547 – H74	Holleman: *A Textbook of Organic Chemistry.*
547 – L92	Lowy: *An Introduction to Organic Chemistry*. 1932.
547 – T52	Thorpe: *A Student's Manual of Organic Chemical Analysis.*
547.03 – H32	Heilbron: *Dictionary of Organic Compounds*. 1934. 4v.
566.092 – B84	Breuil: Le feu et I'industrie Lithique et Ossouse á Choukoutien. 1931.
566.092 – C15	Chardin: *Preliminary Report on the Chou Kou Tien Fossiliferous Deposit*. 1929.
566.092 – C46	Chaney: *The Occurrence of Cercis Associated with the Remains of Sinanthropus*. 1933.

(《暨南校刊》1936 年第 192 期)

国立暨南大学图书馆新到图书目录

书号	著者	书名	出版处	册
732.9/428	张士一	英文最常用四千字表	上海中华	1
735/841	商务印书馆	高等英文典	上海商务	1
		800 文学		
820.95/441	陈铨	中德文学研究	上海商务	1
821/41	仇兆鳌	杜少陵集详注	上海商务	2
821/151	李白	李太白集	上海商务	2
822.18/285	郁葆青	沪渎同声集		1
822.18/871	国风社	采风录	天津大公报	2
822.51/522	舒梦兰	白香词谱	上海新文化	1
822.54/52	毛晋	宋六十名家词	上海博古斋	1
822.7/406-2	章石承	石承的诗	上海孤帆社	1
		900 史地		
910/717	谢元范	一九一四年后之世界	上海商务	1
910.1/21-2	王孝鱼	现代文化史	上海商务	1
913.641/491-2	黄郛	欧战之教训与中国之将来	上海新中国学会	1

920.19/598	赵如珩	江苏省鉴	上海新中国学社	8
920.77/441	陈登原	高中本国史	上海世界	1
927.61/727	萧一山	太平天国丛书	上海商务	10
960.3/441	陈　湜	日本经济地理		
960/727	萧治平	现代日本	上海商务	1
990.11/441	陈彬龢	战争前夜	上海商务	1

（《暨南校刊》1936 年第 193 期）

国立暨南大学附属中学新编图书目录

书　号	著　者	书　名	出版处	册
#812.82/4917	赵　翼	瓯北诗钞	上海商务	14
#812.82/9748	恽　敬	大云山房文稿	上海商务	4
812.83/4217	姚　鼐	惜抱轩文集	上海商务	4
#813.56/4644	杨朝英	阳春白雪	上海商务	1
#815.27/2616	吴承恩	西游记	上海商务	10
#817.22/2683	吴增祺	历代名人书札	上海商务	6
#818.14/1000	王应麟	困学纪闻	上海商务	14
#818.18/7535	陈　澧	东塾读书记	上海商务	2
#818.18/8346	钱大昕	十驾斋养新录	上海商务	5
#818.85/7280	刘义庆	世说新语	上海商务	2
822/3740	沈性仁	林　肯	上海商务	1
822.0/1048	梁实秋	潘彼得	上海商务	2

822.0/6040	方 安	正 义	上海商务	1
823.2/3058	伍光建	浮华世界	上海商务	1
823.2/9330	李 珠	恋爱与社会	上海商务	1
823.2/1720	伍光建	孤女飘零记	上海商务	6
833.1/2022	毛秋白	德意志短篇小说集	上海商务	1
839.73/212	伍蠡甫	瑞典短篇小说集	上海商务	1
843/5703	黎烈文	企鹅岛	上海商务	1
843.1/4052	李青崖	法兰西短篇小说集	上海商务	1
853.1/4308	戴望舒	意大利短篇小说集	上海商务	2
863.2/4151	李青崖	四骑士	上海商务	1
891.S432/9404	徐炳昶	你往何处去	上海商务	2

900 史地

901.9/3443	伍光建	十九世纪欧洲思想史	上海商务	16
909/7043	何炳松	西洋史学史	上海商务	2
910.79/023	郑 震	民族地理学	上海商务	2
910.77/441	陈其可	世界史	上海世界	1
920.77/441	陈登原	陈氏高中本国史	上海世界	1
920.77/428	张其昀	初中地理教科书	南京钟山	3
920.77/718	谌亚达	高中本国地理	上海世界	1

（《暨南校刊》1936 年第 193 期）

国立暨南大学图书馆新到图书目录

书号	著者	书名	出版处	册
		000 总记		
019.7-178	何多源	中文参考书指南	广州岭南大学	1
019-242	金步瀛	丛书子目索引	上海开明	1
019.21-327	容 媛	金石书录目	上海商务	1
019.62-252	邰爽秋	教育论文索引	上海民智	1
019.63-441	陈东原	教育杂志索引	上海商务	2
032.9-21	王云五	十通	上海商务	20
042.4-21-2	王光祈	王光祈旅德存稿	上海中华	2
093-948	龟井高孝	岩波西洋人名辞典	东京岩波书店	1
095-441	陈德荣	甘棠集	上海新中国建设学会	1
099-284	南柳如	甘地传	上海正中	1
		100 哲理科学		
154-C75-2	徐儒译	变态心理学原理	上海商务	1
156.6-938	青木庄左卫门	贩卖心理の研究	东京三笠书房	1
		200 教育科学		
220-151-2	李相勖	课外活动	上海商务	1

300 社会科学

311 – 8 – 11	国民政府统计局	中华民国统计提要		1
311 – 21	王世杰	移民问题	上海商务	1
330 – 933 – 2	土方成美	经济学总论	东京日本评论社	1
330.4 – 942	胜田贞次	经济界景气变动の研究	大阪大同书局	3
330.92 – 674	刘骅南	中国经济史	南京爱吾编译馆	1
342.2 – 174	岑德彰	中华民国宪法史料	上海新中国建设学会	1
376.3 – 412	郭　卫	所得税暂行条例释义	上海会文堂	1
376.3 – 571	郭　卫	现在实行的所得税	上海会文堂	1
389 – H25 – 2	曾昭抡译	化学战争通论	上海商务	1

400 艺术

436.09 – 76	白志谦	大同云冈石窟寺记	上海中华	1

500 自然科学

520 – 370	夏坚白	应用天文学	上海商务	1
537 – 80	邱越凡	现代实用电磁学	上海作者书局	1
550 – 396	翁文灏	锥指集	北京地质馆	1
551.092 – 15	方　俊	中国地形图	地质调查所	1

551－791	顾寿白	气候与健康	上海商务	1

600 应用科学

613.8－406	章颐年	心理卫生概论	上海商务	1
626.2－128	沈嗣芳	电动机原理		1
668.5－654	蔡　谦	中国各通商口岸对各国进出口贸易统计	上海商务	1

700 语言学

765－933－4	山田孝雄	日本文法讲义	东京宝文馆	1
765－933－5	山田孝雄	日本口语法讲义	东京宝文馆	1

800 文学

823.1－151	李兆洛	骈体文钞	上海世界	1

900 历史地理

902－661	郑鹤声	近世中西史日对照表	上海商务	1
920－838.1		二十五史	上海开明	1
926－99	印鸾章	明　鉴	上海世界	1
927－99	印鸾章	清　鉴	上海世界	1
920－19－281	柳培潜	大上海指南	上海中华	1

(《暨南校刊》1936 年第 194 期)

校长布告

（第一六二号）

本大学图书馆主任林仲达先生屡请辞职,情词恳挚,业已勉允所请,所遗图书馆主任一职,由文学院院长郑振铎先生兼任。

此布

校长　何炳松

二十六年二月十六日

（《暨南校刊》1937 年第 198 期）

秘书室通告

（第三三号）

查本大学学生阅览图书,应按照阅览规则第四条之规定,先持注册证向图书馆领取阅书证,然后凭证借阅,仰各知照,特此通告。

秘书室

廿六年二月十二日

（《暨南校刊》1937 年第 198 期）

图书馆主任辞职

馆务暂由文学院长兼代

本校文学院教育系教授兼图书馆主任林仲达先生，曾在海外文化部担任研究股主任有年，上期调任图书馆以来，锐意整顿，颇具热忱。寒假因受广州勷勤大学聘邀，前往担任教育系课程，已向校长恳辞，闻业获勉允，所遗主任职务，已商由文学院郑振铎院长暂行兼代云。

（《暨南校刊》1937 年第 198 期）

朱化雨任职广州第二中学

寄赠母校图书馆近著两册

朱化雨校友，现任广州市立第二中学训育主任。在校时，初读附中师范科，经赵正平、姜琦、郑韶觉三校长任内，前后共肄业八年，曾一度返南洋服务华侨小学，继升母校教育学院，民廿年毕业。离校后曾任新加坡南洋女高中师范、广东台山县立师范、番禺县立师范、省立第一师范、私立南武中学、省立勷勤大学教育学院等处教职员，惠群小学校长，国立中山大学教育研究所担任华侨教育调查研究工作，旋入日本九州帝国大学研究院教育专攻科毕业。现与林之光校友合编《南洋华侨教育调查研究》,在中大研究院出版,著有《华侨社会生活与教育》《中华民族海外发展》,两书均在广州华侨问题研究社出版。日昨朱君致函本刊,云已另邮寄赠本校图书馆及文化部收存,藉供师友参考云。

(《暨南校刊》1937 年第 198 期)

Chinan University Library Catalog

000 General Works

001 – C32 Carto Rouliero do La Cochin Chine ot du Cambodgo.

001 – P71 Plain des villos do Saigon ot Cholon.

001 – R43 Réseau routior do I'Indochine.

200 Educational Science

209 – E16 Eby & Arrowood: *The Development of Modern Education.* 1936.

600 Applied Science

612 – B68 Bodansky & Fay: *Laboratory Manual of Physiological Chemistry.*

615.9 – A94 Autenrieth & Warren: *Laboratory Manual for the Detection of Poisons and Powerful Drugs.* 1928.

620 – O52 Olsen: *Unit Processes and Principles of Chemical Engineering.*

620 – T58 Timoshenko: *The Elasticity.* 1934.

620.1 – T31 *Tentative Standard Methods of Sampling and Testing Highway Materials.*

620.9 – K58 Kirkpatrick: *Twenty – five Years of Chemical Engineering Progress.*

626 – H93 Hund: *High – frequency Measurements.* 1933.

626.64 – H52 Henney: *Principles of Radio.* 1934.

626.64 – L16 Ladner & Stoner: *Short Wave Wireless Communication.* 1935.

640.3 – T52 Thorpe & Whiteley: *Thorpe's Dictionary of Applied Chemistry.*

641 – F17 Fairlie: *Sulfuric Acid Manufacture.* 1936.

641 – H84 Hon: *Manufacture of Soda.* 1933.

641 – M72 Molloy: *Chemistry in Commerce.* 3v.

645 – G44 Gibbs: *Clouds and Smokes.*

645 – S84 Stevens: *Patents, Technology and Bibliography of China Wood Oil (Tung oil).* 5v.

645.2 – F94 Fryer: *Technical Handbook of Oils, Fats and Waxes.* 2v.

646.1 – M48 Mc Clung: *Handbook of Microscopical Technique.*

647 – C14 Cain: *The Synthetic Dyestuffs.* 1933.

647.6 – H44 Heaton: *Outlines of Paint Technology.*

647.6 – T64 Toch: *The Chemistry and Technology of Paint.*

660.1 – M13 Macfie: *Theories of the Trade Cycle.* 1934.

660.4 – B22 Bankers´ Co – operative Credit Service: *Crediten's Business Directory of Shanghai.* 1935.

660.4 – W92 *The World Wide Traders Directory* 1935 – 36.

677 – S41 Schwarz: *Rayon and Synthetic Yarn Handbook.*

668 – B32 Bastable: *The Theory of International Trade.* 1934.

668 – R62 Sinclair: *The Principles of International Trade.* 1932.

668.8 – L94 Lubbock: *Coolie Ships and Oil Sailors.* 1935.

700 Philology

733.2－C44　Chang:*Model English－Chinese Dictionary*. 1935.

(《暨南校刊》1937 年第 198 期)

本学期图书馆第一次馆务会议记录

日　期:廿六年二月十九日下午。

地　点:本馆办公处。

出席者:郑振铎,徐懋棠,徐寄尘,李曼君,李先治,温文耀,李敬伯,汪善禄,许荣水,张契灵,汤若榍

主　席:郑振铎　记　录:张契灵

(一)开会　行礼如仪

(二)主席报告

1. 任职经过;

2. 国内外各大学图书馆之状况;

3. 对于本馆之希望:

(甲)除如一般大学对于图书馆之希望外,更注意南洋文献之特殊使命。

(乙)目下最急切注意之事项:

(1)整理过去,清理现在。

(2)清查书库。

关于遗失书籍问题,应查明何时遗失,其原因安在。

(3)按时办公。

(三)工作分配

张契灵文书购置,汤若榍图书登记,徐寄尘杂志登记及图书杂志

整理装订,汪善禄编目,温文耀编目,高寿崧编目,徐懋棠编目(临时),李敬伯楼上典藏,许荣水楼上典藏,李先治楼上典藏,李曼君杂志室典藏。

(四)决议事项

1. 各院部购置图书经费数,应每月报告一次。

2. 赶速完成中西图书目录。

3. 除编制上述书目外,每月出新书目录一种。

4. 赶编中西文杂志目录。

5. 购书标准,首为必要参考书,次为基本书,再次其他。

6. 购订杂志经费与购书经费,此后应分别确定。

7. 每月举行会议一次,时间规定每月之第四星期,星期五下午一时。

8. 典藏对于书库,每日应点阅一次,每星期清查一次。

9. 教授借阅必要参考书,经系主任及院长签字者,得借一学期,其他书籍经两星期之久即应催还。

(五)散会

(《暨南校刊》1937年第199期)

二十五年度上学期图书馆工作报告

时值二十五年度上学期告终之时,图书馆例须拟具报告,陈述半年来之工作概况,兹撮述其大要如次:

(一)文件之收发

1. 收文　一、一四二件

2. 发文　五六八件

（二）入库新书及杂志

1. 书籍　中文　七三三册

　　　　外文　六六一册

　　　　合计　一、三九四册

2. 杂志（单本）　中文　二、一八七册

　　　　　　　　外文　六六三册

　　　　　　　　合计　二、八五〇册

3. 杂志（合订本）

近两三年来，凡中文书，多装订后，方登记编目入库，中外文杂志则登记后即入库，待需装订时，再整理付装订，然后编目入库。

此半年间对于未装订之杂志特加整理，计共装合订本一千四百三十三册（较上年度一年度多至两倍以上）。现正继续此种工作，希不负全校师生之希望也。

上述合订本杂志类别如下：

中文　九三六册

外文　四九七册

合计　一、四三三册

（三）阅览人数

计自二十五年七月十三日至二十六年一月三十一日，计共二十九周中，平均每日阅览人数在

一〇〇以上者　　二周

二〇〇以上者　　五周

三〇〇以上者　　二周

四〇〇以上者　　二周

五〇〇以上者　　一周

七〇〇以上者　　五周

八〇〇以上者　　六周

九〇〇以上者　　一周

一一〇〇以上者　一周

一二〇〇以上者　一周

一三〇〇以上者　一周

一六〇〇以上者　二周

计二十九周之平均数为七〇五人，即二十九周中每日平均阅览人数为七〇五人(平均每小时有五九人阅书)，较之上年度(五七四人)则增多一三一人，似足证同学读书兴趣之提高也。

(四)借书统计

1. 学生借阅书籍分类统计(各研究室借书不在内)

类别	册数	次第
总类	二〇九三	九
哲理	二三二二	七
教育	二三八一	六
社会	三七五一	一
艺术	五五三	一一
自然	三六六五	二
应用	三三〇二	三
语言	二二三五	八
文学	二六三七	四
史地	二四五五	五
小说	一二四一	一〇

2. 各研究室借书统计

中文系研究室	二〇三一册
外文系研究室	五一二册
教育系研究室	六八四册
史地系研究室	一二六一册
商学院研究室	三二三册
理学院研究室	六二六册
数学系	二五一册

心理实验室	五册
军事教官室	二九册
文化事业部	二九六册
共计	六〇二一册

(《暨南校刊》1937年第200期)

二十五年度上学期图书馆工作报告(续)

3. 教职员借书统计

教职员借书人数	一四三人
教职员借书册数	九七一册
教职员借书尚未归还数	五四一册

关于借书未还一事分别办理,凡续聘者作为下学期转借,去职者已请求会计课按例扣薪。

(五)图书目录之编制

1. 书本目录本学期编有:

中文	文学类	已出版
	社会科学类	已出版
西文	史地类	已出版
	文学类	装订中

2. 新书目录　除按例随时公布登校刊外,对于西文新书更印有单行本一册。

3. 新到杂志　按例每日公布。

4. 南洋研究参考书目及论文索引之编制　图书馆为适应本校特

殊需要起见,特编制上列书目及索引,为时三月。书目编有英文(一千六百余种)、日文(一千三百余种)、中文(一千余种),三种于一个月内均可出版。

关于论文索引,取材自民十六年始,最近期间恐不及出版,惟下学期中当可完成。

(六)书籍杂志之装订

书籍及杂志装订总数计共一八六五册,其类别如下:

中文书籍	三六一册
外文书籍	三册
中文杂志	九三六册
外文杂志	四九七册
报纸	六八册

(七)清查书籍

此次拟将全馆书籍均查对一遍,先查西文,现方查对二星期,结果如何,待后再为报告。

(八)图书经费之支出

据发票登记,自二十五年九月至二十六年一月,计图书购置费共为一二、一九八、一八元(各院部分配情形见次表),外此尚有下列各项之支出:

一、李石岑先生书价之一部六百元;

二、特定用品约二百元;

三、装订书费约六百元。

因性质略有不同,故未一并列入。

(《暨南校刊》1937 年第 201 期)

图书经费概况表

（二十五年九月至二十六年一月）

标准数（以一万元计）	实支	余存（＋）超出（－）
文学院 2,777.00	4,088.34	-1,311.34
理学院 2,083.00	3,968.87	-1,885.87
商学院 2,083.00	1,665.30	+417.70
文化部 1,111.00	727.28	+383.72
图书馆 1,946.00	1,748.39	+197.61
共计 10,000	12,198.18	-2,198.18

注　附

1. 李石岑先生遗书价（自上年八月至今年一月）六百元尚未计入。
2. 特定用品购置费约二百余元尚未计入。
3. 装订书籍费约六百余元尚未计入。

（《暨南校刊》1937 年第 201 期）

本校图书馆每周收到书籍及定期刊物报告

（自3月8日至3月13日）

项目／星期	书籍（册）				定期刊物（份）							
					期刊				日报			
	中文	西文	日文	合计	中文	西文	日文	合计	中文	西文	日文	合计
一	48	34		82	57	5		62	23	4	1	28
二	34	25		59	41	5		46	15	2	1	18
三	30	45		75	9	20		29	15	2	1	18
四	29	42		71					18	2	1	21
五	放	假										
六	16	22		38	71	16		87	24	4		28
合计	157	168		325	178	46		224	95	14	4	113

（《暨南校刊》1937年第203期）

图书委员会会议记录

日　期：三月十七日

地　点：本校会议室

出席人员：郑振铎　戚叔含　程瀛章　吴泽霖　李熙谋　王子瑜　杜佐周　张耀翔　程瑞霖　周予同

主　席:郑振铎　　记　录:张契灵

甲　报告事项

一、图书馆本年度上学期工作概况

图书馆上学期之工作状况已见图书馆工作报告(印有专册),兹仅撮述如次:

(一)图书册数之增加

半年间图书册数之增加为五,四四六册,较之廿四年度全年度之增加尚多出二三四册。

(二)各类借书统计(各参考室未计入)

以各类图书借出册数最多者列为第一,次多者列为第二,依次排列如次:

1. 社会科学　2. 自然科学　3. 应用科学　4. 文学　5. 历史地理　6. 教育　7. 哲理科学　8. 语言学　9. 总类　10. 小说　11. 艺术

据此统计可略见全校大多数同学兴趣之所在。

(三)阅览人数统计

阅览人数统计方法,数年来皆以每小时计算一次,每日作十小时计,此半年间平均每日阅览人数为七〇五人,平均每小时为七〇人,较之廿四年度增加一六人。本校共有同学八百五十余人,平均每小时尚不足十分之一之人在图书馆阅书。此种统计方法是否合理,尚未敢自信,现拟调查其他各大学图书馆之统计方法加以比较研究。

二、本学期工作计划

(一)清查书库。

(二)所有未装订登记或编目各书限期装订登记或编目。

(三)尽量购买大学图书馆应有之图书。

(四)完成南洋文献之使命。

(五)克期完成书本目录。

(六)实施科学管理。

以上所述,皆图书馆特别注意之点,尚有赖全校同人随时之指示与匡助也。

乙 讨论事项

一、同学借书问题。

图书馆数年来规定同学不得借书出馆,仅可在馆内阅览,原为保护大多数同学利益起见,因图书保存在馆内,同学可随时取阅,不至因一人借去而妨碍其他人之阅览也。此种办法试行已久,尚未见其弊,有无变更之必要请付公决。

决议:仍照向例办理,不必变更。

二、阅览规则付讨论。

阅览规则廿一条,逐一讨论通过。

三、教职员借阅图书暂行规则。

暂行规则十三条,逐一讨论通过。

丙 散会。

(《暨南校刊》1937 年第 204 期)

图书馆馆报创刊号不日出版

本校图书馆新书目录向在校刊发表,年来新书较多,每为校刊篇幅所不容,而检阅亦深感不便,因此有馆报之刊行,内容除新书目录、馆务暨统计图表外,更有“专著”“介绍与批评”及“南洋关系论文索引”等。

创刊号业已齐稿,“专著”二篇,“图书介绍与批评”凡十一篇,均由本大学各教员执笔,内容甚为丰富,不日即可出版。

(《暨南校刊》1937 年第 205 期)

国立暨南大学最近出版物一览

名称	编著者	价目	发行处
一、定期杂志			
暨南学报(已出至二卷二期)	编译委员会	七角	上海开明书店代售
商学季刊(已出至一卷二期)	商学院研究室	二角	本校出版课
南洋研究(已出至七卷二期)	海外文化事业部	三角	本校出版课
暨南校刊(已出至二〇八期)	出版课	二分	本校出版课
二、现代问题讲座丛刊			
中国的地理环境	竺可桢	五分	本校出版课
中国国势鸟瞰	张其昀	五分	本校出版课
交通运输与国防计划	陈湘涛	五分	本校出版课
国防经济政策	刘振东	五分	本校出版课
民众教育与民族复兴	陈礼江	五分	本校出版课
劳工问题	程海峰	五分	本校出版课
三、海外文化丛书			
南洋各国史	李长傅	二角	本校出版课
越　南	徐瘦秋	二角	本校出版课
日本委任统治岛的社会组织	朱伟文	二角	本校出版课
荷属东印度地名辞典	苏鸿宾	二角	本校出版课
海外侨讯汇刊第一集	吴泽霖	二角	本校出版课
暹罗之物产	周汇潇	二角	本校出版课
英属马来亚及婆罗洲	苏鸿宾	二角	本校出版课

香港政治之史的考察	石楚耀	二角	本校出版课
南洋地理与气候	周汇潇	二角	本校出版课
我国移民背景之检讨	叶绍纯	二角	本校出版课
四、杂著			
西北教育考察报告书	教育系	四角	本校出版课
元明散曲	卢冀野	一角	本校出版课
宋　诗	卢冀野	一角	本校出版课
六朝诗赋	卢冀野	一角	本校出版课
大学教育论文	出版课	五分	本校出版课
国立暨南大学一览	秘书室	四角	本校出版课
文学院课程纲要	文学院	一角	本校出版课
理学院课程纲要	理学院	一角	本校出版课
商学院课程纲要	商学院	一角	本校出版课
暨大学生须知	出版课	一角	本校出版课

附注:以上各书函购邮费在内

(《暨南校刊》1937年第207期)

本校图书馆每周收到书籍及定期刊物报告

(自4月26日至5月1日)

项目 / 星期	书籍(册)				定期刊物(份)							
					期　刊				日　报			
	中文	西文	日文	合计	中文	西文	日文	合计	中文	西文	日文	合计
一	50	15		65	56	6		62	25	6	1	32

(续表)

项目 星期	书籍(册)				定期刊物(份)							
					期刊				日报			
	中文	西文	日文	合计	中文	西文	日文	合计	中文	西文	日文	合计
二	52			52	59	1		60	22	2	1	25
三	18	18		36					24	6	1	31
四	42	18		60					22	2	1	25
五	68			68	78	15		93	19	2	1	22
六	34	2		36	21	24		45	15	2	1	18
合计	264	53		317	214	46		260	127	20	6	153

(《暨南校刊》1937 年第 208 期)

图书馆馆报创刊号出版

本大学图书馆新到图书目录,以往全在本刊发表,阅者稍觉不便,故自四月起,由该馆每月自行编印“图书馆馆报”一种,创刊号已于四月廿四日出版。内容关于专著方面,有“南洋史籍解题”(苏乾英),“嘉靖本篆本阳春白雪跋”(郑振铎);介绍与批评方面,有“王伯祥:廿五史补编”(振铎),G. W. Hartmann:*Gestalt Psychology*(一岑),Cale:*Psychology of Adolescence*(张耀翔),Paul Einzig:*Monetary Reform in Theory and Practice*(张素民),“米哈诺夫等:因果性研究”(张栗原),G. B. Scates:*Methodology of Educational Research*(陈科美),孙偎工等:中华戏剧曲选(泯民)。末后并附有本馆藏书简表、三月份各类借书统计、阅览人数统计、阅览规则、教职员借阅图书暂行规则、中日文西文图书目录等。

闻第二期起，将增辟"南洋关系论文索引"一栏，就每月所见各定期杂志上之有关南洋史地及其他问题的论文，加以分类编排及简单说明。

（《暨南校刊》1937 年第 209 期）

朱轰先生捐款

本校已全数购置图书
各书盖捐赠图记以垂久远

此次南非侨胞朱轰先生，受南非联邦政府之聘，为中非商务调查代表，便道来本校参观。承朱先生之热心，自动捐赠二百元，为设备图书之用。现图书馆已选购下列各书，每册均加盖朱轰先生捐赠图记，以垂久远。兹将各书名称列下：

1. *Useful Reference Library*. 4v.
2. *Everyman's Encyclopaedia*. 13v.
3. *Collins*：*Spanish Dictionary*.
4. E. F. G. ：*German – English*，*English – German Dictionary*.
5. Cassell：*German Dictionary*，*Part one*，*German – English*.
6. Cassell：*French – English*，*English – French Dictionary*.
7. Cassell：*German – English*，*English – German Dictionary*.
8. Cassell：*Latin – English*，*English – Latin Dictionary*.
9. *The Concise Oxford French Dictionary*.

10. 元明善本丛书十种三百册（预约，已出二种）

（《暨南校刊》1937 年第 209 期）

本校图书馆每周收到书籍及定期刊物报告

（自 5 月 3 日至 5 月 8 日）

星期＼项目	书籍（册）				定期刊物（份）							
					期刊				日报			
	中文	西文	日文	合计	中文	西文	日文	合计	中文	西文	日文	合计
一	55			55	49			49	35	4	1	40
二	56			56	19	14	1	34	35	13	1	49
三	48	11		59					15	2	1	18
四	46	10		56	55	2		57	21	4	1	26
五	91	11		102	14	17		31	21	3	1	25
六	57			57	44	1		45	20	8	1	29
合计	353	32		385	181	34	1	216	147	34	6	187

（《暨南校刊》1937 年第 209 期）

本校图书馆每周收到书籍及定期刊物报告

（自5月10日至5月15日）

项目	书籍（册）				定期刊物（份）							
					期刊				日报			
星期	中文	西文	日文	合计	中文	西文	日文	合计	中文	西文	日文	合计
一	93	17		110	41	1		42	22	5	1	28
二	15	23		38	45	10		55	19	6	1	26
三	37	20		57	19	1		20	16	6	1	23
四	43	55		98	28			28	19	2	1	22
五	46	18		64	27	10		37	19	4	1	24
六	25	20		45	18	61		79	27	3	1	31
合计	259	153		448	178	83		261	122	26	6	154

（《暨南校刊》1937年第210期）

本校图书馆每周收到书籍及定期刊物报告

（自 5 月 17 日至 5 月 22 日）

项目 星期	书籍（册）				定期刊物（份）							
					期刊				日报			
	中文	西文	日文	合计	中文	西文	日文	合计	中文	西文	日文	合计
一	74	30		104	52	1		53	22	3	1	26
二	88	21		109	56	4		60	20	3	1	24
三	120	31		151					23	2	1	26
四	86	27		113	29			29	22	3	1	26
五	95	6		101					19	7	1	27
六	43			43	39	41		80	17	2	1	20
合计	506	115		621	176	46		222	123	20	6	149

（《暨南校刊》1937 年第 211 期）

本校图书馆每周收到书籍及定期刊物报告

(自5月24日至5月29日)

项目 / 星期	书籍(册)				定期刊物(份)							
					期刊				日报			
	中文	西文	日文	合计	中文	西文	日文	合计	中文	西文	日文	合计
一	38			38	52	5		57	19	6	1	26
二	136			136	25	2		27	24	3	1	28
三	109	42		151	36	2		38	15	2	1	18
四	53	20		73	31			31	22	4	1	27
五	88	18		106	49	2		51	19	3	1	23
六	29	21		50	25	46		71	22	2	1	25
合计	453	101		554	218	57		275	121	20	6	147

(《暨南校刊》1937年第212期)

所望于今后母校者

董启俊

余离母校,已二阅寒暑矣。念校情殷,与时俱深。每作札与旧日师友,频频以校况为询。闻善则喜,闻恶则忧,盖余处身数百里之外,而于母校,耿耿于怀,固未尝一日忘情也。

方余之离校,正柏丞先生长校之始,二年以来,闻母校学风改善矣,闻体育馆创建矣,闻一切设施进展矣,闻之向往,兴人感奋。惟吾人不应以仅此为已足,此仅为成功之初基,前程浩荡,固尚有待于吾人之努力也。

忆余在校时,正母校处于多难之秋,身经目击犹多余痛。每拟抒其所感,以为刍荛之献。任事以来,苦乏暇晷,握管屡辍,迄未如愿。会母校有十周纪念征文之便,谊不可却,不能无一言奉献。念规模之已树,慨往事之多艰,中夜彷徨,万感如织。爰抒所见,以为母校改进之资。公冗道遥,诚恐未克参与盛典,则此文之作,亦所以权充十周纪念中之一份薄礼也。……

大学教育,有异于中小学者,重在自由发挥,自由研究。此为大学教育之特质,亦即大学教育之精神。"大学图书馆为大学之心脏"(Danial Gilman)云为发挥大学教育自由研究之精神,故图书馆之改善,实属至要,不容忽视。

我校庋藏总数,据二十五年《申报年鉴》称,为四八六五五册,较之燕京、清华藏书近三十万册者,诚有小巫见大巫之概。吾人之期望于母校图书馆者有二:一曰庋臧必求其富,一曰阅借必求其便。忆余在校时，以庋藏非裕，有例不外借之规定；而开放之时间又短，未能宏图书馆之效用。不准外借之陋习，未悉至今已取消否？如尚存在，必当早日取消之。未悉阅览时间已延长否？如未延长，必须改善延长之。为增进图书馆之效用，必须实行通年日夜开放之办法（例假亦不应停阅），每天应有十二三小时之开放，使同学有朝夕进研之机会。我校情形特殊，侨生特多，多有因道远在寒暑假驻校者，故于寒暑假必得开放，以作尽量之利用。如此，漫长之假期不至虚掷，既增进修之效，而于时间经济二者之利，尤不在鲜矣。

再者，为增进同学对于图书馆之兴趣，管理员态度必须注意，必当和颜悦色，笃志尽职，使人人觉图书馆之可爱，以图书馆为进修之乐园。如冷脸冷眼，拒人于千里之外，则图书馆等于虚设，而阅览者必裹足不前矣。

上述对于图书馆之改进，此为余期望于母校者六也。……

廿六年六月五日于浙江图书馆

（《暨南校刊》1937 年第 213 期）

学校为本届毕业生话别

席设图书馆二楼东厅　校长训勉无为私排公

学校欢送本届毕业生茶会，原定本月十五日午后四时，在致远堂前面方广场上举行，后因草场雨后潮湿，临时改在图书馆二楼东厅。席设门字形，主人东坐，各同学依次南北就席，正坐设置播音机。到会者何校长、杜大学秘书、吴教务长、三院长、教育系张主任、史地系周主任、师资班彭主任及孙大雨教授等卅余人。毕业同学出席者共一百四十余人。入席后,略进茶点,即由校长主席并致训词,望各同学立德立言立功,诸位的成功,就是暨南的成功,牺牲个人利益,顾全团体的利益,不要为私排公等勉语。吴教务长继校长后致词,谓今日与诸位话别,彼此都带着笑容,过去各毕业同学因母校人事变动太甚,多不愿与母校往来,近两年来,学校抱着真诚扶助校友的态度,望大家以后有话都与母校商量,我想各位先生都是在可能范围内,一定都会协助的。杜大学秘书训勉各同学在社会服务,应以工作比较,不要以报酬比较,出校后须在百忙中努力学问。继后周主任、郑院长、商学院程院长、理学院程院长、师资班彭主任等,均先后起立训话,语仍多勖勉,末后由毕业同学戴昭明等分别致词,计历时近三小时,师生间备极欢快,各同学无不喜颜悦色而散云。

(《暨南校刊》1937年第214期)

本校图书馆每周收到书籍及定期刊物报告

(自6月7日至6月12日)

星期＼项目	书籍(册)				定期刊物(份)							
					期刊				日报			
	中文	西文	日文	合计	中文	西文	日文	合计	中文	西文	日文	合计
一	97			97	66	2	1	69	23	5	1	29
二	87			87	5	10		15	16	2	1	19

(续表)

项目 星期	书籍(册)				定期刊物(份)							
					期刊				日报			
	中文	西文	日文	合计	中文	西文	日文	合计	中文	西文	日文	合计
三	39			39	36	1		37	21	3	1	25
四	42			42	19	4		23	15	2	1	18
五	43			43	51	7		58	23	3	1	27
六	26			26	72	5		77	25	3	1	29
合计	334			334	249	29	1	279	123	18	6	147

(《暨南校刊》1937 年第 214 期)

国立暨南大学图书馆馆报发刊缘起

暨南大学图书馆每周向有新收图书目录,附刊于“校刊”,阅者深以不便检阅为憾。为了便于借阅书籍者的检查,便创刊了这个“馆报”。

但这个“馆报”发刊的目的还不止于此。我们要想在刊载每月新书目录及其他统计、报告之外,尽我们一部分的贡献。

第一,我们特辟“专著”一栏,刊载有系统的专门的书籍提要,这对于某一类的学者也许还有些用处。现在所要刊布的是苏乾英先生的《南海史籍解题》一书。我们相信研究南海史地的人,对于这样的一部书会感到有兴趣的。

第二,我们特辟“介绍与批评”一栏,凡新收到的中西文图籍,有值得介绍的，或需要批评的，我们随时分请各教授加以简短的介绍和批评。这对于未读过那部书的人是很有用的。

第三，我们拟于第二期起，特辟“南洋关系论文索引”一栏，就每月所见各定期刊物上之有关于南洋史地及其他问题的论文，加以分类的排编，以便阅者的查考，间也附以简单的说明。

最后，我们每期将有一二篇的书跋或读书札记，这些书不一定是本馆所有的，但对于藏书家及图书馆学者，这些题跋却不无用处。

本报每年将发刊十册，七、八两月停刊。（编者）

（《国立暨南大学图书馆馆报》1937 年创刊号）

国立暨南大学图书馆馆报创刊号目录

(《国立暨南大学图书馆馆报》1937 年创刊号)

国立暨南大学图书馆藏书统计简表

类别＼年度		二十四年度	二十五年度新增		
			上学期	下学期	
				二月	三月
书籍	中日文	40,071	3,284	388	384
	西文	10,043	0,661	77	227
杂志	中日文	2,642	0,086	57	5
	西文	1,112	0,515	38	41
共计		53,867	4,446	560	657

（续表）

类别 \ 年度	二十四年度	二十五年度新增		
		上学期	下学期	
			二月	三月

附注：1. 中文书籍装订者以合订本作为一册计算

2. 尚未列入书籍

A《图书集成》尚未出齐

B《宋会要》在装订中

3. 中西文杂志均以合订本计算（未装订者尚未列入）

4. 长期订阅杂志

中文 106 种（赠送中文杂志有 578 种）

西文 107 种

（《国立暨南大学图书馆馆报》1937 年创刊号）

三月份阅览人数统计

三月份平均每时阅览人数

日期	人数
1—6	175
8—13	66
15—20	58
22—27	71
平均数	78

（《国立暨南大学图书馆馆报》1937 年创刊号）

三月份借出各类书籍统计

类别 / 册数 / 日期	总类	哲理	教育	社会	艺术	自然	应用	语文	文学	史地	合计
1—6	39	54	90	160	6	124	133	240	139	82	1067
8—13	27	46	30	124	7	140	74	126	19	37	630
15—20	10	20	12	46	4	83	46	119	9	9	358
22—27	9	15	25	59	10	79	48	135	18	14	412
合计	85	135	157	389	27	426	301	620	185	142	2467

（《国立暨南大学图书馆馆报》1937 年创刊号）

国立暨南大学图书馆阅览规则

第一条　本馆图书专供本校员生阅览之用。

第二条　本馆图书以在馆内阅览为原则，但遇必要时得借出馆外，教职员借书规则另定之。

第三条　下列书籍不得借出馆外：

(一)善本书及特种书;

(二)各阅览室及各院系参考室(如有必要时,参考室书籍得经主任签字特许借出)陈列之书及新到之期刊报章;

(三)教员指定之参考书;

(四)已装订旧报及旧期刊。

第四条 凡本馆书籍、期刊均编有目录,以备检查,如有未明检查方法者,可向本馆典藏股或主任室询问。

第五条 凡新到之教职员须先得秘书室之介绍,方得借阅图书。

第六条 本校学生欲阅图书者须持有阅书证阅书证,每学期注册时发给之。

第七条 阅书证如有遗失,须立至本馆声明。在未经声明前被拾得阅书证者借去图书,应由原领证人负责赔偿。

第八条 补证每次须向会计课缴纳补证费国币二角。

第九条 阅书证不得转借他人。如因转借而发生遗失图书情事,应由原领证人负责赔偿。

第十条 以拾得之阅书证或借他人之阅书证来馆阅书者,经发觉后当报告教务处及训育委员会,加以警告以上之处分。

第十一条 借阅图书时应就目录片中录记该书书码于取书条,交馆员检取书时须将阅书证交馆员。

第十二条 每人同时最多只得借图书五册(中文书一函作一册计算)。

第十三条 阅览时不得高声交谈朗诵致妨他人阅览。

第十四条 图书阅毕应即交还,不得任意辗转借阅。

第十五条 阅览室内所陈列之书籍、期刊、报章阅毕应即归还原处。

第十六条 所借图书不得删改污损,如有错误之点应报告馆员。

第十七条 借阅图书如有损污或遗失等情,应照原价加倍赔偿。

第十八条 馆内不得吸烟或抛置燃烧物以免危险。

第十九条 书库非经本馆主任特许不得入内。

第二十条　寒暑假期内出纳图书规则另订之。

第廿一条　本规则自公布日施行。

国立暨南大学教职员借阅图书暂行规则

第一条　本校教职员借阅图书时,须填写教职员借书单,亲自签名或盖章来馆借阅。

第二条　凡因特别需要,必须借阅阅览规则第三条不得借出馆外图书时,须经本馆主任之许可,惟此项图书借阅期至多不得超过二星期。

第三条　凡新到校之教职员,须先得秘书室之介绍方得借书。

第四条　普通借书期,以二星期为限,如未阅毕得续借二星期。

第五条　特种借书期,以一学期为限,惟此种书籍所借总数不得超过十册。

第六条　借书册数,每次以五册为限(中文书籍一函作一册计)。

第七条　本馆所借出图书,得因需要随时收回。

第八条　借阅图书,如有污损或遗失,应照原价加倍赔偿。

第九条　学期结束时,所借各书必须按数归还,如不还者,由本馆通知会计课保留薪金,或即在薪金内扣除应赔偿之费。

第十条　学期结束前十日停止借阅。

第十一条　寒暑假借阅图书规则另定之。

第十二条　本规则各院系参考室准用之。

第十三条　本规则自公布日施行。

本馆三月份中日文图书目录

000 总类

019 – 248 – 1	杨家骆	墨海楼书目补提要　上海商务　民廿二　一册
019 – 817	岭南大学	中文杂志索引　广州商务　民廿四　二册
019.1 – 270	封文权编	韩氏读有用书斋书目　一册
019.1 – 523	傅增湘	藏园群书题记　天津大公报馆　民廿三　一册
019.1 – 740	缪荃孙	艺风藏书记　辛丑年　二册
019.1 – 810	故宫博物院	故宫普通书目　北平故宫博物院　民廿三　一册
019.1 – 810 – 1	故宫博物院	故宫已佚书籍书画目录四种　故宫博物院　民廿三　一册
019.1 – 810 – 2	张国瑞	故宫博物院文献馆现存清代实录总目　北平故宫博物院文献馆　民廿三　一册
019.1 – 810 – 3	故宫博物院	故宫所藏观海堂书目　北平博物院　民廿一　一册
019.1 – 810 – 4	故宫博物院	故宫善本书目　北平博物院　民廿一　一册

019.12-810	故宫博物院	摛藻堂四库荟要目 北平故宫博物院 民廿二 一册
019.61-939	南条文雄	大明三藏圣教目录 英国牛津大学 一册
019.61-941	常盘大定编	大藏经南条目录补正索引 东京南条博士记念刊行会索引 昭和五年 一册
019.68-151	李 笠	三订国学用书撰要 北京朴社 民二十 一册
019.68-810	故宫博物院	故宫方志目 北平故宫博物院 民廿 一册
019.69-98	朱士嘉	中国地方志综录 上海商务 民廿四 三册
019.9-811	国民政府文官处图书馆	国民政府文官处图书馆图书目录 民廿三 二册
019.92-816		清学部图书馆善本书目 一册
019.15-135	汪 震	大学古本集训 北平文化学社 民廿一 一册
019.35-556	杨树达	论语古义 上海商务 民廿三 一册
024-393	徐澄宇	诗经学纂要 上海中华 民廿五 一册
032-532-1	舒新城等	辞海 上海中华 民廿五 上册 一册

042－407	许啸天	国故学讨论集　上海群学会　民廿二　三册
042－735	钟　泰	国学概论　上海中华　民廿五　一册
042.4－654	蔡元培	张菊生先生七十生日纪念论文集　上海商务　民廿五　一册
082.2－871	国学整理社	诸子集成　上海世界　民廿五　八册
093－178	余祥森	外国人名地名表　上海商务　民十四　一册
093－441	陈德芸	古今人物别名索引　广州岭南大学　民廿六　一册
097－S43－2	钟建闳译	近代名人与近代思想　上海商务　民廿四　一册
097.2－M61－2	陈子明等编	现代欧洲教育家及其事业　上海中华　民廿四　一册
099－21	柯昌颐编纂	王安石评传　上海商务　民廿二　一册
099－151－2	容肇祖	李卓吾评传　上海商务　民廿六　一册
099－412	郭虚中	白居易评传　南京正中　民廿五　一册
099－434－2	蒋逸雪	陆秀夫年谱　上海商务　民廿五　一册

099－661－3	郑鹤声	司马迁年谱　上海商务　民廿　一册
099－674－3	王馨一	刘伯温年谱　上海商务　民廿五　一册
099－674－4	刘汝霖	崔东壁年谱　北平文化学社　民十七　一册
099－750	余梅年	归震川年谱　上海商务　民廿五　一册
099－765	谭云山	圣哲甘地　上海正中　民廿五　一册
099－791	顾森千	爱因斯坦传　上海正中　民廿五　一册
099－98－1	朱家积等	蒙族英雄拔都　上海正中　民廿五　一册

100　哲理科学

101－151.3	李石岑	哲学浅说　上海商务　民廿　一册二部
101－428	张如心	哲学概论　上海昆仑　民廿一　一册
101－522	舒新城	人生哲学　上海中华　民十二　一册
110－151	李石岑	体验哲学浅说　上海商务　民二十　一册
110－151.1	李石岑	超人哲学浅说　上海商务　民廿　一册

110－151—2	李石岑	希腊三大哲学家　上海商务　民廿　一册
110－E64－2	伊壁鸠鲁	学说与格言　上海辛垦　民廿三　一册
111－D38－2	梭罗文	哲学道德集　上海辛垦　民廿三　一册
111－H55－2	梭罗文	哲学思想集　上海辛垦　民廿三　一册
120－650	蒋维乔等	宋明理学纲要　上海中华　民廿五　一册
120.9—477－1	冯友兰	中国哲学史补　上海商务　民廿五　一册
120.9－650	蒋维乔等	中国哲学史纲要　上海中华　民廿四　上中下三册
121－441－2	陈清泉	诸子百家考　上海商务　民廿二　一册
121－674－1	刘汝霖	周秦诸子考　北平文化学社　民十六　二册
121.04－332	高维昌	周秦诸子概论　上海商务　民廿二　一册
121.2－98	朱芾煌	老子述记　上海商务　民廿五　一册
121.3－106	伍非百	墨子大义述　南京国民　民廿二　一册
121.31－428	张纯一	墨子集解　上海世界　民廿五　一册

121.5－441	陈启天	中国法家概论　上海中华　民廿五　一册
146－D29	德波林	伊里奇底辩证法　上海辛垦　民廿　一册
146－W86－2	林超真译	辩证法的唯物论　上海沪滨　民十九　一册
154－727	萧孝嵘	变态心理学　南京正中　民廿三　一册
156.4－F64－2	孙贵定等译	服装心理学　上海商务　民廿五　一册
160－428.3	张希之	论理学纲要　北平文化学社　民廿一　一册
170－84	江恒源	伦理学概论　上海大东　民廿二　一册
192.2－B52－2	萧濬华译	天主教十六世纪在华传教志　上海商务　民廿五　一册

200　教育

200－556	杨汉辉	中国政治教育　北平人文　民廿一　一册
200－D51.2	张岱年等译	教育科学之源泉　北平人文　民廿一　一册
201－128	沈雷渔	现代教育概要　上海开明　民廿二　一册
201－151	李浩吾	新教育大纲　上海南强　民十九　一册

201－301	范寿康	教育概论 上海开明 民廿二 一册
201－428.3	张安国	劳动生产教育思潮及实施法 上海新中国 民廿二 一册
201－428.4	张安国	体验主义教育原理 上海新中国 民廿一 一册
201－645	邓胥功	教育学大纲 上海华通 上册 一册
201－705	钱歌川	社会化的新教育 上海中华 民廿三 一册
201－775	罗廷光	教育科学纲要 上海中华 民廿四 一册
201－B14－2	余家菊译	教育社会哲学 上海中华 民廿一 一册
201－R96.21	罗素著	罗素教育论 上海商务 民廿二 一册
201－T51G－2	桑戴克等著	教育之基本原理 上海商务 民廿三 一册
201－T51G－21	桑戴克等著	新教育的基本原理 上海新亚 民廿二 二册
201.5－735	钟鲁斋	教育之科学研究法 上海商务 民廿四 一册
201.5－775	罗廷光	教育科学研究大纲 上海中华 民廿二 一册

201.9－228	孟宪承	新中华教育史　上海中华　民廿一　一册
201.9－337	唐　毅	近代教育家及其理想　上海中华　民十九　一册
201.9—661	郑次川等译	现代教育思潮　上海商务　民十二　一册
201.9－K58－2	余志远译	教育家的精神　上海商务　民一五　一册
201.914－228	孟宪承	西洋古代教育　上海商务　民廿二　一册
201.914－550	雷通群	西洋教育通史　上海商务　民廿三　一册
201.914－650	蒋径三	西洋教育思想史　上海商务　民廿三　上下二册
201.914－938－2	阿部重孝著	欧美学校教育发达史　上海商务　民廿三　一册
201.914－R56－2	陈明志等译	近代西洋教育发达史　上海商务　民廿三　一册
201.92－393	徐式圭	中国教育史略　上海商务　民廿　一册
201.92－441.1	陈东原	中国古代教育　上海商务　民廿三　一册
201.92－491.1	黄炎培	中国教育史要　上海商务　民廿　一册

201.96-590	廖鸾扬	近代日本教育史 上海民智 民廿三 一册
204-650	蒋梦麟	过渡时代之思想与教育 上海商务 民廿二 一册
204-454.1	庄泽宣	我的教育思想 上海中华 民廿三 一册
209.1-268	姜琦 邱椿	欧战后之西洋教育 上海商务 民廿 一册
209.2-2	丁致聘	中国近七十年来教育记事 上海商务 民廿四 一册
209.2-58	古 梅	现代中国及其教育 上海中华 民廿五 二册
209.2-700	卢绍稷	中国现代教育 上海商务 民廿三 一册
212-450	常导之	各国教育制度 上海中华 民廿五 上卷一册
212.29-248	周予同	中国学校制度 上海商务 民廿二 一册
212.29-441	陈宝泉	中国近代学制变迁史 北平文化学社 民十六 一册
212.29-654	蔡芹香	中国学制史 上海世界 民廿二 一册
212.92-811	教育部	全国教育经费总计 上海商务 民廿六 一册

221.5 -329	浦猗□	司法考试　南京正中　民廿四　一册
224 -441 -2	陈柏青	欧洲各国及日本之青年训练　上海正中　民廿五　一册
226 -73	史襄哉	教育卫生学　上海中华　民廿二　□册
226 -9.6	上官悟尘	学校卫生　上海商务　民廿四　一册
228.5 -904 -1	中央大学	中央大学民四级毕业纪念刊　民廿四　一册
237.8 -842	殖文编译社编	全国大学考选要览　南京天一　民廿五　一册
240.9 -550	雷通群	教育发达史大纲　上新新亚　民廿三　一册
245 -W32 -2	龚启昌译	文纳特卡新教学法　上海中华　民廿五　一册
269.2 -811 -1 -22	教育部	全国初等教育统计　上海商务　民廿六　一册
294 -402	梁瓯第等著	近代中国女子教育　南京正中　民廿五　一册

300　社会科学

321 -248	周鲸文	国家论　天津大公报馆　民廿四　一册
324 -225	邵曾原	各国选举权制度考　上海新中国建设学会　民廿二　一册

327－144	蔡伦契夫	苏联目中的太平洋争霸战　上海新生命　民廿二　一册
327－248	周守一	华盛顿会议小史　上海中华　民廿　一册
327－566	葛绥成编	太平洋问题之解剖　上海中华　民廿二　一册
327－B99－2		日美太平洋大战　天津大公报馆　民廿一　一册
327.2－21－1	王彦威	清宣统朝外交史料　民廿二　订六册
327.2－809	故宫博物院	清代外交史料　北平故宫博物院　民廿二　订一册
327.2－21－2	王　亮	清季外交史料索引　民廿　订三册
327.24－809	故宫博物院	清光绪朝中法交涉史料　北平故宫博物院　民廿一　订一册
327.26－809	故宫博物院	清光绪朝中日交涉史料　北平故宫博物院　民廿一　订十一册
329.9－164	吴友三	法西斯运动问题　上海商务　民廿六　一册
329.9－E35－2	李冠儒译	法西斯主义之经济基础　上海新中国　民廿三　一册
330－933－3	小岛昌太郎译	世界经济机构の景气变动　东京株式会社　昭和九　一册
330－934	木村喜一郎译	经营经济原理　东京文雅堂　昭和五　一册

330－937－2	井藤半弥	日本经济全集 东京改造社 昭和八 三册
330－937－21	佐佐木吉郎著	经营经济学の成立 东京岩松堂 昭和五 一册
330.19－935	石滨知行	唯物史观经济史 东京改造社 昭和四 一册
330.3－939	神田丰穗	经济辞典 东京龙文社 昭和八 一册
330.4－21	王凤仪译	国家与经济生活 上海中华 民廿七 一册
330.9－523	傅无退辑	世界经济大势 上海新中国 民廿二 一册
330.9－841	商务印书馆	各国社会经济史丛书 上海商务 民廿五

细 目

	1. 森谷克己	中国社会经济史
	2. 堀经夫	英国社会经济史
	3. 伍纯武	法国社会经济史
	4. 加田哲二	德国社会经济史
	5. 内田繁隆	日本社会经济史
	6. 小林良正	俄国社会经济史
	7. 猪谷善一	美国社会经济史
	8. 山口正太郎	意大利社会经济史
330.9－041－1	石滨知行	德国经济史 东京改造社 昭和四 一册
330.92－562	叶乐群	全国经济统制之情况及其效果 上海新中国 民廿五 一册

330.93 -915	本位田祥男	英国经济史要　东京日本评论社　昭和三　一册
331.092 -378	何德明	中国劳工问题　上海商务　民廿六　一册
332 -966	宇野弘藏	经济政策论　东京弘文堂　昭和十一　一册
332.9 -804	中央党部	中国经济建设　南京扶轮日报社　民廿六　二册
333.4 -933	土方成美	租税论讲义　东京有斐阁　大正十三　一册
333.4 -936	安倍浩	租税论　东京而立社　大正十三　一册
350 -300	范　扬	行政法总论　上海商务　民廿四　一册
350 -428	张金鉴	行政学之理论与实际　上海商务　民廿四　一册
357 -151	李立侠著	苏联政治组织纲要　上海新中国　民廿四　一册
371 -135	汪耀三译	金之经济学　北平北平大学　民廿四　一册
371.1 -938 -2	松冈孝儿	金为替本位の研究　东京日本评论社　昭和十一　一册
371.92 -556	杨荫溥	中国金融研究　上海商务　民廿五　一册
375 -178	李　锐	财政学　上海商务　民廿　一册

375－940－1	高木寿一	战时财政论　东京评论社　昭和九　一册
375.8－938	神户正雄	非常の时财源问题　东京立命馆　昭和八　一册
376－939	神户正雄	现行税制及其整理　东京日本评论社　昭和八　一册
376.8－939	神户正雄	最近地方税问题　东京日本评论社　昭和六　一册
383－523－2	傅锐等编	科学化之现代战备　上海新中国建设学会　民廿五　一册
383－31	香棣方	中国国防论　上海民智　民二十　一册
383－964		中国国防政策　民廿三　一册
388－164	吴光杰编	民众防空　南京军用图书社　民廿四　一册
390－933－1	川边喜三郎	社会学概说　东京广文堂　昭和四　一册
390.9－933.2	山内房吉著	社会思想解说　上海昆仑　民十八　一册
392－941	库斯聂	社会形式发展史大纲　上海神州国光社　民廿一廿二　二册
392.9－449	陶希圣	中国社会现象拾零　上海新生命　民廿一　一册
393－80	邱致中	都市社会问题　上海有志　民廿五　一册

393－80－1	邱致中	都市社会政策 上海有志 民廿五 一册
393－933	山内正瞭译	社会问题廿五讲 东京改造社 昭和五 一册
393.1－211	柯象峰	现代人口问题 南京正中 民廿三 一册
393.1－407－2	许仕廉	人口论纲要 上海中华 民廿三 一册
393.3－277	柯象峰	中国贫穷问题 上海正中 民廿四 一册
394－441	陈征帆	中国父母之路 上海中华慈幼协会 民廿五 一册
394－M33－2	马尔腾	妇女与家庭 上海商务 民十九 一册
396.3－80	邱致中	都市经济与农村经济 上海有志 民廿五 一册
396.32－211	林和成编	中国农业金融 上海中华 民廿五 一册
396.32－477	冯和法	中国农村经济资料 上海黎明 民廿四 二册
396.35－393	徐渊若	德国之农业金融 上海商务 民廿五 一册

400 艺术

409.2－B97－2	戴 岳译	中国美术 上海商务 民廿三 二册

412－669	滕 固编	圆明园欧式宫殿残迹 上海商务 民廿二 一册
432.1－327.2	容 庚	金文续编 上海商务 民廿四 二册
440－E12－2	刘海粟译	现代绘画论 上海商务 民廿五 一册
480－393	徐 迟译	歌剧素描 上海商务 民廿五 一册
483.1－674	刘雪厂	民歌创作集布谷 上海商务 民廿五 一册
492－2	丁伯骝	戏剧欣赏法 南京正中 民廿五 一册

500 自然科学

550－21	王进展	高等地质学 安庆安徽省印局 民廿五 一册
551.3－566	葛绥成译	地形学 上海中华 民廿五 一册
572.82－122	宋文炳	中国民族史 上海中华 民廿四 一册
572－941－21	鸟居龙藏	化石人类学 上海商务 民廿四 五册
572－W81.2	钟兆麟译	社会人类学概论 上海世界 民廿四 一册
575.1－G58－2	黄素封	善恶家族 民廿四 一册

600　应用科学

605 – 821	铁道部	国营铁路建筑标准及规则　铁道部　民廿五　一册
610 – S58 – 2	Sigerist, H. S. 著	人与医学　上海商务　民廿五　一册
612 – L62 – 2	Leslie, P. C. 著	公众卫生学　上海广学　民廿一　一册
613 – R81 – 2	胡宣明译	罗氏卫生学　上海协和　民十六　一册
625 – 821 – 2	铁道部	国营铁路建筑标准图　铁道部　民廿五　一册
630.9 – G76 – 2	万国鼎译	欧美农业史　上海商务　民廿四　一册
655.04 – 481	劳　勉	铁道经济论文集　南京中华全国铁路协会　民廿五　一册
655.2 – 562	叶崇勋	铁路管理之分析　天津大公报馆　民廿五　一册
655.5 – 661	郑宝照	铁道实际运转　天津大公报馆　民廿五　一册
655.92 – 821.3	铁道部	铁道年鉴　上海商务　民廿五　一册
658.2 – 21.2	王建平	中国航权问题　上海大东　民廿一　一册

658.9 - 428	张心澂	帝国主义者在华航业发展史 上海日新舆地学社 民十九 一册
661.32 - 622	潘序伦	成本会计教科书 上海商务 民廿三 一册
661.32 - 946	桥本良平	工场会计要义 东京文雅堂 昭和五 一册
661.32 - 949	神马新七郎	工场经营と会计 东京共和社 昭和四 二册
662 - 674	刘荫生	商业管理 上海中华 民廿三 一册
663.2 - 2	丁馨伯	采购学 上海商务 民廿五 一册
668.1 - 935	生岛广治郎	现代贸易の贸易政策 东京日本评论社 昭和九 一册
670 - R81 - 2	Hnnt, N. T. 著	工业病及工业性毒 一册
672 - 21	王抚洲	工业组织与管理 上海商务 民廿五 一册

700 语言学

722.4 - 178	何 萱	韵史 上海商务 民廿五 十四册

800 文学

801 - H94 - 2	傅东华译	文学概论 上海商务 民廿四 一册
820.1 - 556	杨晋豪	中国文艺问题 上海北新 民廿六 一册

820.8－562	叶楚伧主编	国文精选丛书　上海正中　民廿五　八册
	细　目	
	1. 胡伦清	传奇小说选
	2. 钱南扬	元明清曲选
	3. 王焕镳	中国文学批评论文集
	4. 金公亮	历代名家笔记类选
	5. 查猛济	唐宋散文作家集
	6. 吴契宁	两汉散文
	7. 徐声越	唐诗宋词选
	8. 胡伦清	乐府诗选
820.9－441	陈汝衡	说书小史　上海中华　民廿五　一册
820.9－98	朱星元	中国文学史外论　上海东方学术社　民廿四　一册
821.11－347－1	秦同培	姚氏古文辞类纂　上海世界　民十四　订廿册
821.18－784	苏渊雷	小品妙选　上海世界　民廿三　一册
822－306	冒广生	后山诗注补笺　上海商务　民廿五　一册
822.14－441	陈　衍	金诗纪事　上海商务　民廿五　一册
822－14－441－1	陈灼如	晚宋民族诗研究　上海正中　民廿五　一册

822.5 -337	唐圭璋	南唐二主词汇笺 上海正中 民廿五 一册
823.9 -396	翁漫栖	推窗谈 上海群英 民廿五 一册
824.1 -865	正音学会	增补曲苑 上海六艺 民廿一 八册

细目

王晦叔	碧鸡漫志□卷
段安节	乐府杂录一卷
南 卓	羯鼓录一卷
钟嗣成	录鬼簿校注二卷
骚隐居士	衡曲麈谈一卷
沈德符	顾曲杂言一卷
徐文长	南词叙录一卷
徐文长	旧编南九宫一卷
徐文长	十三调南宫音节谱
郁蓝生	曲品三卷
高 奕	新传奇品一卷
董绶经	曲目韵编二卷
王骥德	曲律四卷
魏良辅	曲律一卷
李调元	雨村曲话二卷
梁廷枏	藤花居士曲话五卷
杨恩寿	词余丛话三卷
王季烈	曲谈一卷
焦 循	剧说六卷
王国维	唐宋大曲考一卷

	王国维	戏曲考原一卷
	王国维	古剧脚色考一卷
	王国维	优语录一卷
	王国维	录曲余谈一卷
	王国维	宋元戏曲考一卷
	王国维	曲录六卷
829.5 - 527 - 1	曾昭抡	东行日记　天津大公报　民廿五　一册
834 - M45 - 2	陈　绵译	情书　上海　民廿六　一册
844 - D34 - 2	陈　绵译	牛大王　上海商务　民廿六　一册
847 - B20 - 2	穆木天译	欧贞尼葛郎代　上海商务　民廿四　一册
847 - Z22 - 2	陆　蠡译	葛莱齐拉　上海文化生活出版社　民廿五　一册
877 - G61 - 2	鲁　迅译	死魂灵　上海开明　民廿五　一册
877 - G61 - 21	孟十还译	蜜尔格拉得　上海开明　民廿五　一册
897 - T12 - 1	伍蠡甫译	印度短篇小说集　上海商务　民廿六　一册

△小　说

△212 - 8	王寒生	战血　一般文化出版社　民廿五　一册
△5225	舒　群	没有祖国的孩子　上海生活　民廿五　一册

900 史 地

901－936	成田重郎	有史以前の人类 东京东京堂 昭和八 一册
904－936	早川二郎	考古学概论 东京白杨社 昭和十 一册
904－948－2	滨田耕作	考古学通论 上海商务 民廿二 一册
904.1－79	白志谦	大同云冈石窟寺记 上海中华 民廿五 一册
904－1－937－2	足立喜六著	长安史迹考 上海商务 民廿四 一册
904－1－S46－2	冯承钧译	中国西部考古记 上海商务 民廿一 一册
904－1－S82－2	向 达译	斯坦因西域考古记 上海中华 民廿五 一册
910.1－948－2	滨田耕作	东亚文化之黎明 上海黎明 民廿一 一册
910.165－112	向 达	中西交通史 上海中华 民廿三 一册
920.1－21	王云五	中国文化史丛书 上海商务 民廿五

细 目

1 马宗霍	中国经学史
2 贾丰臻	中国理学史
3 陈登原	中国田赋史

	4 曾仰丰	中国盐政史
	5－6 杨鸿烈	中国法律思想史
	7 杨幼炯	中国政党史
	8 白寿彝	中国交通史
	10 李长傅	中国殖民史
	11 陈顾远	中国婚姻史
	14 李　俨	中国算学史
	17 王孝通	中国商业史
	18 吴仁敬	中国陶瓷史
	19－20 俞剑华	中国绘画史
	21 刘麟生	中国骈文史
	23－24 林惠祥	中国民族史
920.1－674	刘汝霖编	汉晋学术编年　上海商务　民廿四　四册
920.1－674－1	刘汝霖	东晋南北朝学术编年　上海商务　民廿五　一册
920.2－523	傅　恒	历代通鉴辑览　上海商务　订十册
924－477	冯　琦	宋史纪事本末　五册
925－277	柯劭忞	新元史　十五册
925.9－370	夏光南	元代云南史地丛考　上海商务　民廿四　一册
926.9－261	计六奇	明季北略　上海商务　民廿五　三册
927.5－441	陈恭禄	中国近百年史　上海商务　民廿五　一册
928.9－674	刘百川编	蒋委员长西安蒙难记　上海汗血　民廿六　一册

966－933	田保桥洁	近代日本外国关系史 东京刀江书院 昭和五 一册

地 理

902－428	张资平	地图学及地图绘制法 上海商务 民廿四 一册
910－B88－2	黄静渊译	两极区域志 上海商务 民廿五 一册
910－3－933－21	小牧实繁著	民族地理学 上海商务 民廿五 一册
910－8－C48－2	冯承钧译	马可波罗行纪 上海商务 民廿 三册
920－566	葛绥成	中国地理表解 上海商务 民廿四 一册
920－9－2	丁绍桓	近代中国地理沿革志 上海中华 民廿四 一册
920－9－260	洪亮吉	十六国疆域志 上海商务 民廿五 二册
920－11－390	倪锡英	北平 上海中华 民廿五 一册
920－19－271	胡应庚等纂	续修盐城县志 民廿五 订一册
920－19－390	倪锡英	南京 上海中华 民廿五 一册
920－16－390	倪锡英	济南 上海中华 民廿五 一册
920－16－390－1	倪锡英	青岛 上海中华 民廿五 一册

920－16－491	黄泽苍	山东 上海中华 民廿五 一册
920－17－164	吴世勋	河南 上海中华 民十六 一册
920－19－151	李长傅	江苏 上海中华 民廿五 一册
920－23－390	倪锡英	杭州 上海中华 民廿五 一册
920－25－812	湖南省政府	湖南年鉴 湖南省政府秘书处 二册
920－26－390	倪锡英	西京 上海中华 民廿五 一册
920－30－390	倪锡英	广州 上海中华 民廿五 一册
920－38－21	王金绂	现代外蒙之概观 上海商务 民廿五 一册
939.14－194	余葆贞	印度革命与圆桌会议 上海大东 民廿一 一册
960.141	国际观光局	日本
960－248	周光倬	日本地理 上海南京 民廿一 一册

国立暨南大学图书馆出版刊物一览

(一)国立暨南大学图书馆概况(印刷中)

(二)国立暨南大学图书馆馆报(创刊号已出版,定价五分)

(三)*National Chi - Nan University Library Catalogue* No. 1 - A Classified Catalogues of Books in European Languages 一册定价一元

(四)*National Chi - Nan University Library Catalogue* No. - An Author Catalogues of Books in European Languages 一册定价一元

(五)国立暨南大学图书馆丛书目录(编辑中)(附著者及书名索引)

(六)国立暨南大学图书馆中文新书目录(编辑中)(附著者及书名索引)

(七)南洋关系书目　上册　中文(附日文)(印刷中)

　　下册　欧美文字(二十六年出版)

(八)海外华侨问题论文索引(编辑中)

(《国立暨南大学图书馆馆报》1937 年创刊号)

国立暨南大学图书馆馆报第二期目录

(《暨南校刊》1937 年第 212 期)

四月份新增图书统计

类别 册数 文字		书籍	杂志 以装订者为限	合计
中日文	中文	615	119	734
	日文	28		28
西文	英文	249	1	250
	法文	14		14
	德文	2		2
合计		908	120	1028

四月份阅览人数统计

月　日	平均每时阅览人数
3. 29—4. 3	30
4. 5—4. 10	41
4. 12—4. 17	78
4. 19—4. 24	68
4. 26—5. 1	73
平均数	58

四月份各类借书籍统计

类别 册数 日期	总类	哲理	教育	社会	艺术	自然	应用	语文	文学	史地	合计
3. 29—4. 3	4	8	28	39	1	42	24	56	24	7	233
4. 5—4. 10	8	14	23	99	4	57	33	100	23	18	379
4. 12—4. 17	23	14	21	55	4	54	51	174	36	35	467
4. 19—4. 24	21	35	29	71	16	70	75	176	40	54	587
4. 26—5. 1	23	39	40	69	9	59	65	226	35	40	605
合 计	79	110	141	333	34	282	248	732	158	154	2271

四月份收到赠书志谢

名 称	卷	期	赠送机关
人海灯	四	三	香港人海灯社
小学问题	四	二九	济南小学问题社
工程季刊	二	一	浙江大学

工程季刊	一	一	清华大学
工业中心	六	二	实业部中央工业试验所
工商管理月刊	四	二	上海中国工商管理协会
上海市政府公报		一七八	上海市政府
上海体育	一	二	上海市体育场
之江期刊	一	七	杭州之江文理学院
川教新论	一	一	上海川教新论社
心理半年刊	四	一	中央大学
心理季刊	二	一	上海大夏大学心理学会
化学工业	二	二	中山大学
内政公报	十	二	内政部
文　艺	四	四	武昌武汉文艺社
文澜学报	三	一	浙江省立图书馆
天　南	七	二	大夏大学天南社
中外经济拔萃	一	四	上海国民经济研究所
中行月刊	十四	三	中国银行
中央银行月报	六	三	中央银行
中法大学月刊	十	五	上海中法大学
中国公论		八	南京中国公论社
中国美术会季刊	一	四	南京中国美术会
中国蚕丝月刊	二	十	全国经济委员会
水　利	十二	四	中国水利工程学会
水产月刊	四	二一三	天津水产专科学校
北洋理工季刊	五	一	天津北洋工业院

立信月报		八	上海立信会计师事务所
世界情报	二	六	北平世界情报社
民声期刊		七	广东国民大学
四路军月刊		七	广州绥靖公署
市政评论	五	四	北平市政评论社
全国学术工作咨询处月刊	三	三	
西北论衡	五	四	北平西北论衡社
光华大学半月刊	五	八	上海光华大学
交大季刊		二三	交通大学
交通杂志	五	三	交通杂志社
江西助产月报	二	十	南昌助产职业学校
江苏合作半月刊		十八	江苏建设厅
小学教师半月刊	四	十五	江苏教育厅
江苏建设月刊	四	四	江苏建设厅
同济医学月刊	十二	六	同济大学
防空月刊	三	四	南京防空学校
社会科学		十	广州大学
社会科学季刊	七	三	武汉大学
改进专刊		二二	北宁铁路局
协大艺文		五	福建协和大学
青年月刊	三	六	南京青年月报社
青年月会	四	四	杭州青年励志会
法学杂志	九	六	东吴大学法学院
建国月刊	十六	三	南京建国月刊社

奔　涛	一	四	汉口奔涛半月刊社
周行半月刊	二	六	长沙周行半月刊社
亚洲文化	二	五—六	南京亚洲文化刊社
员　幅	一	二	湖南大学
政治学报		七	光华大学
政治经济月刊	一	三	四川大学
政治经济学报	五	二	天津南开大学
财政公报		一〇七	财政部
科学通讯	二	八	上海交通大学
科学画报	四	十八	
南洋研究	七	一	暨大海外文化部
南通学院院刊		二	南通学院
前导月刊	一	五—六	安庆前导社
时　论		五〇	南京时论半月刊社
航空杂志	七	三	南京航空委员会
航海杂志	三	四	上海中国航海学社
浙江建设	十	七	浙江建设所
海军公报		九二	海军部
海军杂志	九	七	海军部
师大月报		三二	北平师范大学
书　林	一	三	广州中山图书馆
健康知识	一	四	北平大学医学院分院
教育论文摘要	一	四	上海复旦大学
教育与职业		一八四	上海中华职业教育社
妇女共鸣	六	三	南京妇女共鸣社

国立编译馆馆刊		二四	南京妇女共鸣社
国专月刊	五	二	无锡国学专校
国际与中国	一	四	上海中国国际学会
国际劳工通讯	四	三	国际劳工局中国分局
现代司法	二	六	司法部
清华学报	十二	二	清华大学
商专月刊	一	三	上海法学院
华侨半月刊		九八	南京华侨半月刊社

（《国立暨南大学图书馆馆报》1937 年第 2 号）

暨南大学图书馆劫余书目·序

本校图书馆原有图书及杂志八万余册。经"八一三"战役，中日文之杂志、日报二万余册，全部毁失。中日文之图书亦丧失大半。惟西文之图书杂志及比较重要之中日文图书幸获保存。兹择现藏于本馆之图书编为劫余书目二册。"八一三"后新购之图书并分类附入。凡未见于劫余书目者，请查阅西文图书总目及中日文图书卡片目录。有必要时，当随时设法提取。惟提取手续甚烦，除急需参考者外，请暂勿向本馆借阅。

编者

廿七、七、八

（《国立暨南大学图书馆劫余书目》卷首，暨南大学图书馆油印本，1938）

国立暨南大学复员计划建筑房屋之种类及造价估计（甲项）

名称	建筑种类	座数	每座容纳人数	价格估计	备注
电气厂		1		10万美元	
水厂		1		10万美元	
总办公厅	二层钢骨水泥洋房	1	50	3.5万美元	除训导、教务处外，均在此办公
南洋研究馆	二层钢骨水泥洋房	1	50	3.5万美元	内附南洋博物馆
大礼堂	宫殿式中西合璧建筑	1	3000	7万美元	内附训导、教务两处
图书馆	二层宫殿式中西合璧之建筑	1	600	8万美元	楼下书库，楼上阅览室

（张晓辉主编《百年暨南史1906—2006》，暨南大学出版社，2006）

图书馆概况

民国七年，暨南学校规复，本校初有图书馆。特迁往真如以后，兴建馆舍，图书陆续增加，收藏渐富，至二十六年三月，藏书达六万余册。战时本校内迁，图书仪器留存上海，去年复员回沪，整理旧物，仪器全部损失，图书亦多残缺，而中文善本及西文书散失尤多，尚存三万四千余册，约当战前之半。在建阳时购置中西文图书六千余册，亦迁运来沪。在沪先后接收日本女子高等学校书籍七千余册，教部分配陈群藏书三万余册，美国赠送教科书杂志四百余册，日本岩波书店赠书二百余册，教育部驻沪文物分配委员会分配书籍三百册，合计接收书籍达四万余册。又添购中西文新书五千余册，杂志一百余种。（已订未到西书杂志在外）总计旧存暨接收新购之书达八万余册，杂志达三百余种。因一二两院校舍局促，书库及阅览室均嫌狭小，势须筹建图书馆，以利扩充。

本校图书统计表

来源	中文		日文	西文	杂志		合计
	平装	线装			中文	西文	
原存上海图书	一三六三〇册	一五四五六册		五八八〇册			三四九六六册
建阳迁沪书籍	三二三五	二二四二		九七二			六四四九
接收日本女子高等书籍			七四六二				七四六二
接收分配陈群藏书		三一八〇〇					三一八〇〇
美国附送教科书杂志				二七四		二二种	二七四册二二种
教部驻沪文物分配委员会分配				三〇〇			三〇〇

(续表)

来源	中文		日文	西文	杂志		合计
	平装	线装			中文	西文	
日本岩波书店赠书			二〇六				二〇六
上海临大寄存书	一四六	五一〇	一七五	一九			八五〇
在沪添购新书	四七一四			六九六	四九种	七九种	五四一〇册 一二八种
合计	二一七二五	五〇〇〇八	七八四三	八一四一	四九	一〇一	八七七一七册 一五〇种

(《国立暨南大学校刊》1947 年复刊第 1 期)

暨大图书馆　馆舍分两处

(本报讯)暨南大学图书馆,馆舍分设二处,一处设在东体育会路,为理商学院图书馆,除专置理商学图书外,近得教育部配给敌伪图书三万册,藉补战时损失。学校当局正计划建筑能容四十万册书库、五百人座位的□室之□会。另一处在宝山路,为文法学院图书馆,专置文法学图书,除原有图书三万余册外,近又应备《东方杂志》全份,各省通志,各大学学报,中央研究院地质调查所刊物,美国图书馆协会捐送一九四〇年至四六年关于文法类图书杂志多种,及交换到吧省图书馆赠送南洋图书二十余种。全部中西图书,均已整理编目就绪。

暑假中为便利留校师生自修研究起见,该校二处图书馆,上午照常开放,凭训导处留校登记证,并可借阅图书。

(《申报》1947 年 7 月 19 日)

国立暨南大学图书馆新到西书目录

152 - G81　GREENE, F. B. : *Measurements of Human Behavior*. 1941. The Odyssey Press.

152.3 - M47　MAY, M. A. : *A Social Psychology of War & Peace*. 1943. Yale Uni. Press.

156.2 - S87　STODDARD, G. D. : *The Meaning of Intelligence*. 1943. The Macmillan Co.

160 - T19　TARSKI, A. : *Introduction to Logic & to the Methodology of Deductive Sciences*. 1946. Oxford Uni. Press.

200 - H52　HENRY, N. B. : *Forty - First Yearbook of the National Society for the Study of Education*. 1942.
Contains: Part I, Philosophies of Education.
Part II, The Psychology of Learning.
The University of Chicago Press.

200 - W57　WHIPPLE, G. M. : *Thirty - Ninth Yearbook of the National Society for the Study of Education*. 1940.
Contains: Intelligence; Its Nature & Nurture.

in two Parts.

Part I:Comparative & Critical Exposition.

Part II:Original Studies & Experiments.

Public School Publishing Co.

209.8 – M88 MORT,P. R. :*American Schools in Transition*. 1941. Teachers College Columbia University.

247 – A51 *What the High Schools Ought to Teach*. 1940. The American Youth Commission.

249.8 – B16 BEALE,H. K. :*A History of Freedom of Teaching in American Schools*. 1941. Charles Scribner's Sons.

270 – T37 THAYER,V. T. :*Reorganizing Secondary Education*. 1939. D. Appleton – Century.

291.8 – B81 BRAMELD,T. :*Workers' Education in the United States*. 1941. Harper & Brothers.

292.1 – B89 BRUNNER,E. de S. :*Community Organization & Adult Education*. 1942. The Uni. of North Carolina Press.

320 – C53 CHILDS,H. L. :*An Introduction to Public Opinion*. 1940. John Wiley & Sons.

329.2 – M34 MARITAIN,J. :*Scholasticism and Politics*. 1941. The Macmillan Co.

371.1 – R33 REEVE,J. E. :*Monetary Reform Movements*. 1943. American Council on Public Affairs.

377.31 – H33 HART,A. G. :*Debts & Recovery 1929 to 1937*. 1938. The Twentieth Century Fund.

377.8 – B23 RATCHFORD,B. U. :*American State Debts*. 1941. Duke Uni. Press.

390.1 – M27 MANDER,L. A. :*Foundations of Modern World Society*. 1941. Stanford Uni. Press.

513.6 – L26 LANE,E. P. :*A Treatise on Projective Differential Geometry*.

1942. The Uni. of Chicago Press.

572.2 – W68 WILKINSON, H. P. : *The Family in Classical China.* 1926. Kelly & Walsh.

575.1 – S57 SINNOTT, E. W. : *Principles of Genetics.* 1939. McGraw – Hill Book Co.

592 – S84 STEPHENSON, E. M. : *Animal Camouflage.* 1946. Penguin Books.

612 – T64 TOKAY, E. : *Fundamentals of Physiology.* 1947. The New Home Library.

656.9 – L76 LISSITZYN, O. J. : *International Air Transport & National Policy.* 1942. Council on Foreign Relations.

661.3 – H65 HIMMELBLAU, D. : *Fundamentals of Accounting.* The Staff of the Dept. of Accounting of North – western Uni.

664.3 – B72 BORDEN, N. H. : *The Economic Effects of Advertising.* 1949. Richard D. Irwin, Inc.

668.3 – S58 SILBERLING, N. J. : *The Dynamics of Business.* 1943. McGraw – Hill Book Co.

668.8 – k92 KREIDER, C. : *Anglo – American Trade Agreement.* Princeton Uni. Press.

672 – S63 SLICHTER, S. H. : *Union Policies & Industrial Management.* 1941. The Brookings Institution.

801 – C62 CLARK, A. M. : *Studies in Literary Modes.* 1946. Oliver and Boyd.

801 – S79 STARR, N. C. : *The Dynamics of Literature*, 1945. Columbia Uni. Press.

810 – P77 POLLOCK, T. C. : *The Nature of Literature.* 1942. Princeton Uni. Press.

810 – S38 SCHÜCKING, L. L. : *The Sociology of Literary Taste.* 1945. Oxford Uni. Press.

812.2 – S79 STANLEY, A. : *The Seven Stars of Peace*. 1940. J. M. Dent & Sons.

817.2 – B84 BREWSTER, D. : *Modern Fiction*. 1935. Columbia Uni. Press.

830 – B79 BOYD, J. : *Goethe's Knowledge of English Literature*. 1932. At the Clarendon Press.

830 – H91 HUGHES. G. F. : *Every Common Sight*. Home & Van Thal.

831 – G62 GORDON, D. C. : *College Readings on Today and Its Problems*. 1933. Oxford Uni. Press.

894 – M98 MURRAY, G. : *The Rise of the Greek Epic*. 1934. Oxford Uni. Press.

917 – V13 VAILLANT, G. C. : *Aztecs of Mexico*. 1944. Doubleday, Doran & Co.

（《国立暨南大学校刊》1947 年复刊第 3 期）

国立暨南大学图书馆新到西书目录

321.4 – F92 FRIEDRICH, C. J. : *Constitutional Government and Democracy*. 1946. Ginn & Co.

321.4 – K37 KEOUGH, R. C. : *Democracy's World*. 1944. Meador.

329.9 – S15 SAIT, E. M. : *American Parties & Elections*. 1942. D Appleton – Century.

330 – B46 BENHAN, F. : *Economic*. 1941. Pitman Pub Corporation.

330 – B63 BLADEN, V. W. : *An Introduction to Political Economy*.

1946. The Univ. of Toronto Press.

330.09 – P39 PELZER, K. J.: *Population & Land Utilization PI.* 1941. Institute of Pacific Relations.

330.1 – S79 STARK, W.: *The Ideal Foundations of Economic Thought.* 1944. Oxford Univ. Press.

330.11 – M93 MOULTON, H. G.: *Capital Expansion, Employment & Economic Stability.* 1940. The Brookings Institution.

330.52 – B62 BISSON, T. A.: *Japan War Economy.* 1945. Institute of Pacific Relations.

339 – K35 KENNEDY. A.: *Consumer Economics.* 1939. The Manual Arts Press.

341 – F34 FENWICK, C. G.: *International Law.* 1934. D Appleton – Century.

341 – O62 OPPENHEIM, L.: *International Law.* VⅡ. 1944. Longmans, Green & Co.

347.331 – N54 *Money and the Law.* 1945. N. Y.

347.7 – C45 CHANG, C. Y. C.: *The Company of China.* 1946. 2 Copies Kelly & Walsh.

358 – 034 OGG, F. A.: *Introduction to American Government.* 1945. D Appleton – Century.

371 – R55 RIEGEL, E. C.: *Private Enterprise Money.* 1944. Harbinger House.

390 – B19 BALLARD, L. V.: *Social Institutions.* 1936. D Appleton – Century.

510.3 – R14 RAIFORD, T. E.: *Mathematics of Finance.* 1945. With Tables Ginn & Co.

812 – W24 WANG, W. Y. H.: *The World's Best Love Poems.* 1947. Tong Sing Beok Co., Shanghai.

830 – B14 BAGEHOT, W.: *The English Constitution*, 1945. Oxford

Univ. Press.

910.3 - WS7 WHITBECK, R. H.: *Economic Geography*. 1941. McGraw - Hill Book.

(《国立暨南大学校刊》1947 年复刊第 4 期)

教部分配本校大英百科全书

联合国教育科学文化组织,接受美国芝加哥大英百科全书捐赠,分配我国各教育文化机关。经由我国教育部,根据该组织所作部分分配,并参酌各院校馆实际情形,决定分配总名单。顷悉,该项书籍,已有四十五部,由上海茂泰企业股份有限公司运沪,教部已饬上海长宁路八六五号驻沪图书仪器接运清理处洽提,并将按照分配名单,径寄各受配教育文化机关。本校亦奉命配得一部。顷悉,本校图书馆,已派员与教部驻沪图书仪器接运清理处接洽,点收该书云。

(《国立暨南大学校刊》1947 年复刊第 4 期)

编辑室谈话

一、最近接到暨南大学孙心磐先生来函,说本刊"中文书目"项内最好能增加出版处一项,使阅者采购便于根据。本刊决自下期起照办(本期因时间关系,已来不及)。同时并向孙先生致谢爱护本刊的厚意。

二、本刊是一块公开的园地,竭诚欢迎外稿,希望从事图书馆研究或工作的先生们多多赐稿给我们。

三、承中华图书馆协会寄来顾先生大作,当于下期刊出,特先致谢,并盼以后能经常介绍稿件给我们。

四、接赵秀峰先生来信,说要同《图书馆行政概要》译者马济美先生商榷许多问题,我们已把信转交给马先生看过。他很愿意。不过因目前身体有病,一时不能写信给赵先生,请赵先生原谅。如果赵先生有什么意见,不妨先告诉我们,由我们转告马先生,再请他答复如何?

(《国立暨南大学校刊》1947 年复刊第 2 卷第 6 期)

本校毕业在校服务同学会

捐赠《玄览堂丛书》续编

在二院图书馆编号入库

本校毕业在校服务同学会,鉴于本校图书馆已购备《玄览堂丛书》正编,该书为明代诸名人纪事,迄未刊行,前由中央图书馆郑振铎氏汇编影印,甚见名贵。续编全部计一百二十册,最近亦告出版,本校尚付阙如。该会为纪念母校四十周年,兼为纪念何故校长炳松长校十周年,特集资购置该书续编全部,捐赠本校图书馆,藉备阅览,而资纪念。该会同学爱护母校之热忱,深堪钦仰。现该书全部已由本校图书组点收。除由本校致函申谢外,并将该书全部拨在二院图书馆编号入库,即日供给阅览,本校图书,日渐充实矣。

教部分配《大英百科全书》

图书馆已接收编号

岩波书店赠书亦将送到

联合国教育科学文化组织,接受美国芝加哥大英百科全书捐赠,分配我国各文化机关,本校亦奉教部通知,配得一部,已志本刊(复刊第四期)。兹悉,该书全部已由教部驻沪图书仪器接运清理处洽提,交由本校图书馆点收。计布面金字二十四册,并已编号入库,在二院图书馆,供给本校师生阅览。又悉,岩波书店捐赠本校图书一箱,不日亦将送交本校图书馆供给阅览云。

(《国立暨南大学校刊》1948 年复刊第 7 期)

毕业在校服务同学会

续赠本校南洋研究图书

本校毕业在校服务同学会,前曾捐赠本校图书馆以《玄览堂丛书》续编一部,凡一百二十册。近复购赠新版中外图书多种。此项图书,多为抗战期间及战后各大书局所出版有关南洋方面之著作,于南洋问题之研究,极有参考价值。兹将全部书目及册数,照录如次:

安南史四册
暹罗史二册
缅甸史二册
台湾史二册
柬埔寨志略一册
中南半岛一册
槟郎屿志略一册
中南半岛华侨史纲要一册
菲律宾研究一册
东印度与华侨经济发展史一册
南洋群岛志略一册
尼泊尔新志一册
革命逸史五册
近东古代史一册
南方圈商品学一册
东洋史论丛一册
中国外交史一册
中国基尔特之研究一册

(《国立暨南大学校刊》1948 年复刊第 8 期)

国立暨南大学图书馆目录

书号	登记号	著者	书名	册数	出版处	出版期
327.16 412	94815	郭子雄	1918－1935 国际联盟与法治	1	商务	

341. 462	94816－7	崔书琴	国际法	2	商务	
348. 164	94820－21	吴经熊	中华民国六法理由判解汇编	2	会文堂新记	民36年
348.5 254	94822	季手文	民法债编则分释义	2	会文堂新记	民30年
348. 170	94823	聂运中	当代伦理学	1	成丰印刷厂	民36年
348.6 449	94824	陶汇曾	民法亲属论	1	会文堂新记	民26年
341.3A 598	94825	赵理海	国际公法	1	商务	民36年
347.59 194	94826	余秀豪	现代犯罪侦查	1	商务	民36年
347.8 375	94827	孙　雄	监狱学	1	商务	
341. 722	94828	韩桂琴译	国际法上册	1	商务	
342. 361	94829	郝志翔译	中英对照中华民国宪法	1	商务	民36年
345.31 312	94830	余斯锦	新户籍法释义	1	百新	民36年
346. 21	94831	王效文	商事法要义	1	昌明书屋	民36年
347.1 528	94832	赵　琛	中国刑法总论	1	世界书局	民36年
348.1 271	94833	胡长清	中国民法总论	1	商务	民36年

348.6 461	94835	陈宗蕃	亲属法通论	1	世界书局	民36年
324.7 801	94836－7	立法院 编译处	各国选举法选编	2	商务	
347. 801	94838		英汉对照中华 民国刑法	1	商务	民24年
618.4 193	94839	佘小宋	法医学最近 之进展	1	商务	

(《国立暨南大学校刊》1948年复刊第9期)

教部分配美国赠送期刊

本校已派员洽领

教育部接受美国赠送期刊,经图书分配委员会统盘分配,并经教育部驻沪图书仪器接运清理处清理完竣。昨特致函本校,通知派员洽领该项分配期刊。兹将来函及分配期刊照录于后:

一 接运清理处原函

径启者:查图书分配委员会,分配贵校美国赠送期刊,业经本处清理完竣,兹特检送该项清单一纸,函请查收,于该项清单上加盖关防,派员携来本处具领为荷!

二 分配美国赠送期刊

National Chi－nan University

(Periodicals by American Book Center)

Title	Uol.	No.	year
1. *The Economist*	139	5054—5063.	1940
		5065—5069.	
		5071—5079	
	148	5280—5314.	1945
2. *Pan American*		59—63	1925—29
Union: *Bulletin*	64	3.3—17	1930

（《国立暨南大学校刊》1948 年复刊第 10 期）

为充实图书室设备　本校招标添置木器

本校前为充实图书室设备起见，经招标添制阅览台、坐椅及书架等物，当于本月一日上午一时在一院开标，并由本校呈请审计部，上海市审计处指派代表监标，以本市华孚木器厂标价较低，即决由该厂承制。计共制阅览台二十六张，坐椅一百二十张，书架五支，全部洋松加添。于开标之次日订约，限二十天内完工交货。价款共五亿余元，并已由校付出九成云。

（《国立暨南大学校刊》1948 年复刊第 13 期）

校友姚肖廉著作捐赠本校图书馆

本校昨得校友姚肖廉自江西来信,以离校十年,不忘著作。除毕业论文《征信学》已梓印单行,过去曾荷母校采作"信用分析"一课教材外,兹再检送所著书刊共十种,献送本校图书馆庋藏备览。按姚校友系民廿五年在本校会计银行系毕业,现任职江西省银行经济研究室。其所赠书刊,计为《工商统计》《簿记概要》《东南角》《乱杂散草》《啼笑皆是》《法币之谜》《出席全国对外贸易会议辑要》《姚授廷先生纪念册》《南昌市商会商业学校校刊》与《工商知识月刊》(四卷一期)。内容均极丰富。该批刊物,一俟寄到即由本校图书馆编号入库,供给阅览矣。

(《国立暨南大学校刊》1948 年复刊第 13 期)

本校教务处概况·图书馆

复员之初,该馆藏书仅三万四千九百九十二册,较诸真如旧藏,残缺殆已过半。李校长素以充实图书、增进研究设备为大学要务。乃尽其全力,奔走呼吁,务使该馆能奠定其初步之基础。两载经营,计先后分得教育部分配敌伪遗书三万一千八百册,教部驻沪文物分配委员会赠书三〇〇册，接收日本女子中学书籍七千四百六十二册，日本岩波书店赠书二〇六册，并上海临大存书八五〇册，及新购中西文书籍四七一四册，都八七七一七册。是以书量骤增，乃设书库、阅览室，规模粗稍具矣。此后发展方向，厥为资料书籍之搜集，西文新著及名著之购备，而馆舍之建筑，实为一刻不容缓之事。

（《国立暨南大学校刊》1948 年复刊第 17—18 期）

国立暨南大学概况·图书

民国七年，暨南学校规复，本校初有图书馆。待迁往真如以后，兴建馆舍，图书陆续增加，收藏渐富。至二十六年三月，藏书达六万余册。战时本校内迁，图书仪器，留存上海，去年复员回沪，整理旧物，仪器全部损失，图书亦多残缺，而中文善本及西文书散失尤多。尚存三万四千余册，约当战前之半。在建阳时购置中西文图书六千余册，亦迁运来沪。在沪先后接收日本女子高等学校书籍七千余册，教部分配陈群藏书三万余册，美国赠送教科书杂志四百余册，日本岩波书店赠书二百余册，教育部驻沪文物分配委员会分配书籍三百册，合计接收书籍达四万余册；又添购中西文新书五千余册，杂志一百余种，及《四部备要》二千余册。总计旧存暨接收新购之书达八万余册，杂志达三百余种；因一二两院校舍局促，书库及阅览室均嫌狭小，势须筹建图书馆，以利扩充。

（《南光月刊》第 1 卷第 2 期，1948）

附 录

暨南大学图书馆年表(1906—1952)

罗志欢

1906 年

9 月,清政府学部委派查学大臣钱恂、学部专门司行走董鸿祎赴南洋调查学务。

12 月,钱恂致电两江总督端方,建议国内在南京创办专门学校,接收来自南洋地区的华侨子弟就学。端方赞同其议,奏请朝廷。清廷准其所请。

1907 年

2 月上旬,南洋各属总视学员董鸿祎、瓜哇岛中华会馆董事张硕龙,护送爪哇华侨学生二十一名抵南京,是为华侨学生回国求学之始。

初借用实业学堂部分房屋,以为该生等寄宿及就学之用。两江总督端方饬令江宁提学使陈伯陶、洋务局总办温秉忠照料一切,旋派温秉忠为总理,郑洪年办理庶务,聘请教职员四五人。嗣因各埠华侨学生陆续回国,原校舍无以收容,仍由温总理禀准,将南京城中之妙相庵初级师范旧址拓作暨南学堂。

3 月 23 日,迁入新校舍,国内第一所华侨学府暨南学堂开学,郑洪年任堂长,是为暨南学堂成立之始。

1908 年

春,暨南学堂开设中学,添聘教员,购置理化仪器、博物标本,气象为之一新。

1909 年

6 月 9 日,两江总督端方奏《暨南学堂医药书籍等费请仍由闽海等关分拨片》:"本年全班学生一百七十余人,购办英文书籍,添置理化器具,共需银二千两。"

1910 年

夏,学堂出版纪念刊,刊载创校有关文献、章程、教职员名册及照片。

1911 年

10 月,辛亥鼎革,师生星散,暨南学堂停办。

1914 年

1 月 22 日,暨南学校筹办员朱寿颐《呈教育部(暨南学校派员保管情形由)》及 2 月 19 日《呈教育部(暨南学校借设江苏陆军测量局由)》均提到:查本部曾于民国元年八月函致江苏都督,暨南学校现难续办,请将留校学生酌予资助,并派员保管校舍等因在案。现拟以该堂房舍借设江苏陆军测量局,以免旷废,而省保管其书籍器具等件并发交省立法政专门学校妥为保存。

12 月 26 日,《指令华侨联合会函请就暨南学校招生开校由》:"应俟该会筹足经费,推定经理人,拟订章程,呈奉教育部核准在案,准予另行指拨相当校舍一所,以资开办。"

1917 年

夏,教育部委托黄炎培赴南洋考察教育状况,既归,决定规复暨南学校。

11 月 1 日,教育部派黄炎培筹办暨南学校。

11 月 27 日,江苏省长派员点交处理前暨南学校校舍、教具、书籍、仪器等事。

1918 年

1 月,在南京暨南学堂旧址正式复校开课,改名暨南学校。

2 月 26 日,第一期《中国与南洋》校志脱稿。

3 月 11 日,校内设学生阅书报室。

4 月 16 日,教育部准照办《暨南学校五年间进行计划表并造送七年度预算册》:预备期(六年十一月至七年七月),筹备附设图书馆(普通图书及南洋图书);七年度,图书馆开办。

4 月 18 日,颁布《阅书报室规则》九条。

6 月,《中国与南洋》创刊。

10 月 6 日,图书馆行开幕式,计有图书 1213 册。

10 月 20 日,图书馆添购《百科全书》等英文书籍多种。

11 月 14 日,赵校长由北京返校,携带教育部发给本校图书 200 余卷。

12 月 13 日,购到英文图书多种,中有值价一百五十圆之《商业政治地理大全》一部。

1919 年

1 月,《中国与南洋》第 4 期刊载《暨南学校职员办事总则》。“系统服务”中,教务主任下设“图书馆理事”一职。

4 月,《中国与南洋》第 5 期刊载《暨南学校一年间大事记》。

春,《留美学生季报》第 6 卷第 1 期刊载沈鹏飞《图书馆与留学生之将来》。

12 月，《中国与南洋》第 8 期刊载《暨南学校概况报告书（第一次）》：图书馆藏书虽未臻闳富，然普通参考图书殆已尽具，现正陆续扩充。截至是月 20 日止，图书馆藏书统计约 1840 种，2024 部，5429 册（不含附属小学图书分馆之书）。

1921 年

5 月，《中国与南洋》第 2 卷第 2/3 期刊载《暨南学校图书馆志谢赠书人名一览》。

11 月，函商上海宝山县，以官价收买真茹乡（离上海约四英里）为本校新址，凡二百数十亩。

1922 年

1 月 4 日，黄炎培、赵正平两校董由上海至南京，参与东南大学图书馆立础纪念。

1 月 10 日，本校新（赵正平）旧（柯成楙）校长在礼堂交替。

2 月 9 日，赵正平校长在开学式上宣布，已在上海附近购定校址，在短时期内设法兴建新校舍。

2 月 14—17 日，校长宣布训育事项，将月刊之《中国与南洋》及《暨南周刊》两种印刷物合并为一种。

1923 年

秋，暨南学校真茹新校舍落成，学校图书馆同期竣工。

是年，草创附属中学图书室。

1924 年

9 月，“江浙战争”（又称“齐卢战争”“甲子兵灾”）爆发，真茹当兵火之冲，本校为营垒者两月，图书仪器荡然无存。

1925 年

9 月,师范科宿舍特设一室,购置杂志、日报多种,以陈列其间,任同学课余随时浏览之。

《暨南周刊》第 1 期刊载《图书馆布告(九月八日)》。

9 月 28 日,教育部训令第二五三号(中华民国十四年九月廿八日):本部兹派姜琦为国立暨南学校校长。

10 月,《本校会计报告:民国十四年九、十月份收支对照表》:(九月)支图书洋二百十六元三角另一厘。(十月)支图书洋五十三元一角七分。

《暨南周刊》第 3 期刊载潘序伦《改进暨南学校商科大学旧制高中计划书》:商科之设备,重要者则系参考书一项。本校图书馆所藏参考书寥寥无几,实不足供师生搜考学问之需。私意亟应筹集款项,添购中外普通专门参考书籍多种备用。至于图书馆设备经费之筹集,不外下列数种办法:(一)向国库请发临时费。(二)向外界捐募。(三)本校教职员酌量捐助。(四)每学期担任图书馆费洋两元,新生入学时缴纳图书费洋五元。

11 月,《本校会计报告:民国十四年十一月份收支对照表》:支图书洋九十四元三角七分。

《暨南周刊》第 11 期刊载国立暨南学校图书馆《鸣谢》:潘序伦、田寿昌、施伯珩、王怀琪、丘瑞续赠书。

12 月,《本校会计报告:民国十四年十二月份收支对照表》:支图书银十元二角。

冬,初中部在学生宿舍内特辟图书室一所。举凡各大报章新出杂志及一切关于常识所必需之书籍图表等,置备甚多,经费颇充,各种参考书搜罗尤富。

1926 年

1 月,颁布《本校组织大纲》(民国十五年一月改订)。第十四条

（二）：图书馆、科学馆等设置委员会。

2 月 25 日，第九次校务会议，关于图书馆议决事项：（一）议决本学期征收学生图书费，商大每人二元，高中每人一元半，初中每人一元，旧制商科三年级收费与大学同。（二）议决学校每学期补助图书馆费与收到学生所缴数目同。（三）所用图书经费及其他应办事宜，统由各科主任会同图书委员会支配办理。（四）添聘图书馆管理人员。

3 月，《本校会计报告：民国十五年一至三月份收支对照表》：（一月）开除支图书银十一元四角一分八厘。（二月）开除支图书银一元四角二分。（三月）开除支图书银十三元。新收图书银六百二十九元五角。开除支图书费银七百三十四元九角。

《暨南校刊》第 167 期刊载《本校附属中学图书室落成纪念征集纪念物品启》。

3 月 10 日，第十一次校务会议，关于图书馆事务：（一）议决由收入总数中提出百分之十为购备公共报章杂志之用。（二）议决所余百分之九十按照各科收入比例分配。（三）议决各科应办书籍由各科主任办理之。（四）议决每班设立奖励学额一名，免其学费之全部（其详细办法另订之）。

第十一次校务会议议决：本学期图书费，除将十分之一购置公共报章杂志外，余均分别添办各科书籍，以为学生参考之用。

3 月 31 日，在上海爱多亚路纱布交易所暨南村通讯处开校董会议。校长姜琦提议募捐建筑新图书馆，议决通过。

4 月，《本校会计报告：民国十五年四月份收支对照表》：（一月）开除支图书银四角。（四月）新收图书费银十九元，开除支图书费银三元七角九分。

校长函请日本文化局捐助《南洋丛书》等书籍多种，以供本校研究南洋问题之用。

4 月 14 日，第十四次校务会议及图书馆委员会联席会议：议决通过图书馆募捐委员会规程；推定王曦晨为图书馆委员会主席。

4 月 28 日，第十六次校务会议，图书馆募捐委员会成立。一、公推校长姜伯韩为图书馆募捐委员会委员长,贾佛如为会计员。二、议决图书馆募捐由全体教职员及学生分队劝募,其方法另订之。

春,初中部扩充图书室。

5月,呈报教育部《本校概况》称,拟向国内外热心教育诸公募集捐款,建立图书馆一所。兹已组织图书馆募捐委员会着手进行。议决新馆建筑聘请杜定友、王云五诸君赞襄一切。建筑费以一万五千元为度。范文照绘图,张源兴营造厂中标。馆图为凸字形,分上下两层,占地六分零九毫四丝。有三室:左右翼为阅览室,突后一室为书库。下层共五室:馆长室、阅报室、编目室、书库、馆员室。阅览室可容一百二十八人,阅报室可容八十人。

本校行政系统"总务主任(总务处)"下设"图书管理员(图书馆)"。

《本校会计报告:民国十五年五月份收支对照表》:新收图书费银二十二元。开除支图书费银十九元五角一分。

《暨南周刊》第25期刊载《女子部消息》:阅书室中因图书甚少,校中撙节出杂费百元,以为购书之资,并请周翥青女士为阅书室主任。各种图书用杜威十进法分类,取阅及陈列均甚便利。且各级除向阅书室阅书外,又皆组织阅书会,书费自出,颇有精神。

《暨南周刊》第29期刊载《图书馆募捐委员会规程》。

5月27日,新图书馆奠基。

6月,举行图书馆募捐。校董郑洪年认捐五千元,教职员自捐或向外募捐亦五千元。

7月,图书馆募捐结果得万余金。

9月,《图书馆学季刊》第1卷第3期报道暨南学校扩充图书馆之计划。

10月30日,召集赴南京募捐会于东亚酒楼开会。

12月,图书馆开工,原定半年竣工。校务会议议决,定名"洪年图书馆"。

赴南京募捐代表许克诚(荷属)、雷宾南(菲律宾)先后出发。

1927 年

2 月,因沪宁路线发生战事,全校师生迁徙沪上,馆舍建筑因此停工。

5 月 27 日,先行洪年图书馆开幕典礼,继续开工。

6 月 14 日,国立暨南学校改组升格为国立暨南大学。

9 月,因兵复来校且盘踞月余,馆舍工程受阻。

9 月 5 日,郑洪年正式就任校长。

9 月 9 日,第一次教务处处务会议:分配职务除了教务处,注册、图书两课得自行办理。

10 月,公布《国立暨南大学教务处办事细则》。第三条:教务处图书课得分下列各股办事:(一)征集股　司图书之选择征集等事;(二)编目股　司图书之分类及编目等事;(三)出纳股　司图书之借出收入及阅览等事;(四)登录股　司图书之登记报告等事。第九条:图书课关于购书办法得另定单行细则,由两部(大学部、中学部)教务长转呈校长核准施行。

《教务处职员表》:图书课课长许克诚,助理杨昭悊,课员董善培、崔陟巍(课员兼教务处办事)、凌翔。

图书馆批准为秋野社增购文学书籍,由导师等开列书单。

《暨南周刊》第 1 期刊载《大学部教务会议规程》,大学部教务会议议决事项包括"各科系设备及图书购置事项"。

10 月 10 日,公布实施《借书及阅览规则》十六条、《教职员借书规则》五条。

10 月 17 日,第八次教务会议,图书课课长许克诚提出"全校各科各系应如何添购参考书籍案"。议决:请校长指定本学年各科各系购书经费数目,再由各主任酌量购办。

10 月 31 日,第九次教务会议:上届议决案已由校长核准公布关于添购参考书籍案批明"由各系开列必不可少之参考书,交教务长核定执行"。

11月8日，第七次部务会议：由刘南风报告与校长接洽经过，图书费今年暂定三千元，明年当可扩充至一万元，常务会与特别委员会须赶速组织议案。

11月15日，第八次部务会议：推刘南风起草搜罗南洋馆材料办法；函事务处预定南洋馆用房二间；组织南洋研究会，由指导股起草章程。

11月16日，第十次大学部教务会议，图书课来函：上海不能购买之书，请各系开一总单于月内提出，以便向外洋一次购买。

11月19日，图书课职员布置图书馆，迁移书库，暂停借书、阅书、还书。

11月21日，图书馆正式开馆。建筑费计银一万三千八百零七两，设备、器具、装修等费计银五千余元。除支用捐款外，余为爪哇及菲律宾华侨捐款。

时为沪上各校图书馆之最大者。开馆初期，所藏中文书计16,000册（约150,000卷），西文书计6000册，日文书500册，外国杂志60种，中国杂志79种。中西书籍之分类，均采用杜定友氏之“世界图书分类法”。目录分书名、著者及类名三种，混合排列。每日到馆借阅人数平均约300人。学生领取借书证者482人，教职员借书者158人。

11月24日，南京教育特刊社寄来《教育特刊》一册，交图书课陈列阅览室中。

12月1日，着手编辑《国立暨南大学一览》。

12月6日，大学部第十一次教务会议，添购书籍案：议决请各系主任开列最要书籍单以资购置。

12月17日，中学部在图书馆举办图画展览会。

1928年

1月，《南洋研究》第1卷第1期刊载新落成之洪年图书馆照片。

《暨南周刊》新年特刊刊载国立暨南大学教育研究会成立纪念摄影（在洪年图书馆门前）。

1 月 12 日,图书课课长许克诚由南京发来函报,宁校校具损失甚多,拟会同韩甲光保管员将剩存物件收拾妥当再行回校。

1 月 25 日,图书馆从教务处分离出来,改为独立机关,设馆长一人,由校长聘英文系主任叶崇智(公超)兼任馆长,杨昭悊、许克诚为助理。职员共十五人,分三股办事。编目股西文主任金敏甫、中文主任刘纪泽,典藏股主任许克诚兼,登录股主任凌翔。规定本年上学期购书费二万元。

2 月 29 日,图书馆发函教务处,说明阅览室拨作教室不过一时权宜办法。自本学期始,所有楼下各阅览室未便假与校内各团体开会。

3 月,截止到本月,总共募得大洋二万三千九百二十五元一角三分八厘。

图书馆改组扩充,始设中西文编目股,增加馆员人数,着手编制字典式目录(混合书名目录、著者目录、分类目录卡片,依字顺排列)。

《国立中山大学图书馆周刊》第 1 卷第 1—4 期连载金敏甫《中国现代图书馆概况》。

《图书馆学季刊》第 2 卷第 2 期报道暨南大学图书馆大扩充。

《暨南周刊》第 2 卷第 4 期刊载符大昺《洪年图书馆记》;《洪年图书馆日记(三月五日至十日)》《国立暨南大学洪年图书馆新书目录(民国十六年度下学期布告第四次)》。

《暨南周刊》第 2 卷第 5 期刊载《洪年图书馆启事》《洪年图书馆规定条例》《洪年图书馆日记(三月十一日至三月十七日)》《国立暨南大学洪年图书馆新书目录(民国十六年度下学期布告第五次)》。

3 月 1 日,本校会计规则第十七条:原购置图书须由庶务课经手,现图书馆独立,经校长核准,以后购置图书可由该馆直接办理。

3 月 2 日,范文照建筑师开来建筑图书馆账单一纸,送交图书馆核付。

3 月 3 日,校长谕,派宋荫瀛为图书馆办事员。

3 月 7 日,公布本馆新订教职员借书简章。

3 月 8 日,南满铁道株式会社赠送书籍 14 册。

3月13日,秘书处奉校长谕通知各科系主任,请将各该系本期拟购图书额开单报告,以便统筹支配比。以图书馆既经独立,此项通知应由馆办理。

3月14日,秘书处昨日查阅本年一月十五日校务会议录,载有购书问题一则,关于各科系购书款额均分别划定,当即照额列表呈校长核阅,略有更改并嘱本期购书款额即照此表开支。昨议由图书馆通知各科系主任征集报告单一案,应即撤销。

秘书处照抄各科系本期购书款额表一份,通知图书馆叶馆长请照办理。

秘书处通知各科系主任,请依照指定本期购书款额开具购书单,交图书馆配购。

3月15日,图书馆去函教务处,嗣后各科系教员如有中途停职者请随时通知,以便索还借阅书籍。

教务处收到美国纽约书店寄来关于心理学参考书目三件,交教育学系主任查收。

教务处收到初中教员杨人楩送来应购历史参考书单一纸,交图书馆查照。

民智书局赠书籍106种,计138册。

3月16日,校长谕,本期各科系指定购书款额单内数学系原定七百元应改为一千元。

曹裕到馆,代替符滋李职务。

3月17日,校长批准图书馆规定条例即日实行。

教务处收到教员黄若明来条请购《佐拉小说集》《普希金小说集》等书,交图书馆查照。

3月19日,据会计课姬主任报告,现校中存款无多,本月发放薪水尚差数千元,校长面嘱各项购置应暂停止,秘书处当即通知图书馆及庶务课查照。

3月23日,教务处通知,各教授教员购置书籍,须交图书馆购办,不必由教员直接向书店购书。

校长交下图书馆开报十六年九月至十二月、十七年一月至三月十七日各科系购书账目各一份,秘书处当即检交会计课仔细核对。

3 月 30 日,校长条谕,聘陈钟凡先生为图书设计委员会委员长。

函杨汝梅教务长,说明对于办理第一次图书设计委员会议决案办法。

3 月 31 日,校长布告第三十八号:图书馆后面球场运动声浪宏大,殊于图书馆阅书之人有碍,凡在上午八时起至十二时止,下午一时起至三时止,各生不得在图书馆后球场运动。

4 月,《暨南周刊》第 2 卷第 6 期刊载《洪年图书馆日记(三月十八日至二十四日)》《新书目录(民国十六年度下学期布告第六次)》。

《暨南周刊》第 2 卷第 7 期刊载《洪年图书馆日记(三月二十六日至三十日)》《国立暨南大学洪年图书馆新书目录(民国十六年度下学期布告第七次、第八次)》。

《暨南周刊》第 2 卷第 8 期刊载《洪年图书馆日记(三月三十一日至四月十三日)》。

《暨南周刊》第 2 卷第 9 期刊载《国立暨南大学洪年图书馆新书目录(民国十六年度下学期布告第九次)》。

4 月 16 日,校长谕,派龙自强在图书馆登录股办事。

许克诚出席上海图书馆协会会员大会。

北京图书馆函索章程及课程一览各二份。

函复商务书馆批发处订定购书办法,每月往来额定数目并寄印鉴三纸。

函复国民政府财政部驻沪调查货价局,请寄新译劳工问题书十四种。

发函锦文堂书坊,催换缺页书籍。

曹裕、刘纪泽本日到馆。

公布自四月十一日起至十五止,本馆图书借书人数、次数统计表,并抄送校长鉴核。

上海图书馆协会本日下午开会,由许克诚出席,并缴会费五元。

4月17日,函请校长派刘纪泽到馆办事,抵冯沅君女士遗缺。

林思温、林培镛赠送《内功十三段图说》40册。

顾仲彝赠《美利坚小史》等6册。

日本大正一切经刊会寄到《大藏经》提单,当请庶务课派员提书。

秘书处通知,奉校长谕,调韩禄生回注册课办事,派曹裕到图书馆服务。

文书课通知,奉校长谕,派龙自强、刘纪泽至本馆办事。

开送本馆已购及定购各书并印刷费等应付款项数目至秘书处查核。

4月18日,函复农科同学会来单请购各种农报杂志已分别照购。

补函通知龙自强、曹裕、刘纪泽三人请即日到馆办事。

4月19日,送第九次新书目录至出版处,请在本期周刊发表。

4月20日,编目员冯淑兰女士调中国教育系助教,韩禄生仍回注册课办事,均于昨日离馆。

吴文蔚赠《中国国有铁路运货报告》英文10册12本。

4月27日,杨人梗请购周传儒编《世界史》。陈志强送来数理参考书购书单。

5月,《菲律滨研究》第1期刊载暨南大学洪年图书馆照片。

《中山大学图书馆周刊》第2卷第2期刊载金敏甫《中国图书馆学术史》。《中山大学图书馆周刊》第2卷第4期刊载金敏甫《中国现代图书馆教育述略》。

《暨南周刊》第2卷第10期刊载叶崇智(公超)《国立暨南大学洪年图书馆之经过及概况》《国立暨南大学洪年图书馆新书目录(民国十六年度下学期布告第十次)》《洪年图书馆日记(四月二十一日至二十七日)》。

《暨南周刊》第2卷第11期刊载金敏甫撰《洪年图书馆编目概况》《图书馆日记(四月二十八日至五月四日)》《国立暨南大学洪年图书馆新书目录(民国十六年度下学期布告第十一次)》。

《暨南周刊》第2卷第12期刊载《图书馆日记(五月七日至十二

日）》《国立暨南大学洪年图书馆新书目录（民国十六年度下学期布告第十二次）》《洪年图书馆启事（二则）》。

《暨南周刊》第3卷第1期刊载《洪年图书馆日记（五月十四日至十九日）》《国立暨南大学洪年图书馆新书目录（民国十六年度下学期布告第十三次）》。

5月7—8日，校务评议会临时会议，议案一：第二期建筑礼堂、高中宿舍、体育馆，扩充图书馆及饭堂案。议决：第二期各项建筑照计划进行。礼堂暑假前动工，其余待第一期建筑完工时再行动工。礼堂图样下次评议会提出讨论。宿舍、体育馆、扩充图书馆及饭堂图样推石颎、叶渊、叶崇智、林思温四先生审查。议决：十七年度大学、高中、初中、师范学生每学期缴纳图书费三元。

5月14日，洪年图书馆函请教务处，请遇教员中途离校随时通知，以免借出书籍无从索还。

5月16日，送第十三次新书目录至出版课，请登周刊发表。

5月17日，刘士木赠《博物奇观》等书23种计27册。

函寄修正之《本馆概况》与上海图书馆协会出版股登入会刊。

5月18日，日本丸善（M. WZEN）书局函请教务处，将下学期应用之书早日开示，将函送图书馆查照。

刘士木赠《日本早稻田大学行政法各论参考书》10册、《日本早稻田大学商业讲义参考书》22册。

5月22日，送出版课第二十一次新书目录一份，请在周刊发表。

5月23日，奉馆长函，龙自强在中文编目股办事，符滋李调在登录股办事。

5月28日，刘士木赠《表解丛书》计32种共38册（绝版本），又《冯玉祥军纪实》2册。

5月29日，洪年图书馆举办陶冷月（艺术院中国画学系主任）画展，展品百余件。

刘士木赠《会计学》等洋装书18种，计18册。

6月，《图书馆学季刊》第2卷第3期刊载金敏甫《图书馆字体及其书法》。

《中山大学图书馆周刊》第2卷第6期刊载金敏甫《图书馆事业之发展》。

《暨南周刊》第3卷第2期刊载《国立暨南大学洪年图书馆新书目录（民国十六年度下学期布告第十四次）》《洪年图书馆日记（五月二十一日至二十六日）》。

《暨南周刊》第3卷第3期刊载暨大实小小暨南图书馆照片、《国立暨南大学洪年图书馆新书目录（民国十六年度下学期布告第十五次）》《洪年图书馆启事（三则）》《图书馆日记（五月二十八日至六月二日）》。

《暨南周刊》第3卷第4期刊载《洪年图书馆日记（六月四日至六月九日）》《国立暨南大学洪年图书馆新书目录（西文）（民国十六年度下学期布告第十六次）》。

《暨南周刊》第3卷第5期刊载《洪年图书馆日记（六月十二日至六月十六日）》《洪年图书馆启事》。

6月1日，图书馆登录股主任凌翔回新加坡省亲请假半年，其职务由股员尹霭川代理。

6月2日，在图书馆楼下第二十七教室正式成立暨南文艺研究会，由在校同学许敏等80余人发起，章铁民、汪静之指导。

6月4日，刘士木赠《德国六法》等书24部计25册，内有7种绝版。

6月5日，图书馆函请购买三千法郎汇票，邮汇法国定购生物学系及数理系大宗书籍。

6月6日，刘士木赠《法律大词典》等共33种计33册。

6月8日，初中美术第二次展览会在图书馆楼上开幕，展出教员徐绍曾和会员的作品。

国立劳动大学图书馆来函请寄《南洋研究》。

6月18日，公布六月十一日至十七日止本馆阅览人数及借书人数统计表，并抄送校长备查。送第十六次新书目录至出版课，请登周刊发表。

6 月 23 日,图书馆馆长叶崇智请假一月,许克诚暂代馆长职务。

《校长布告》第八十七号:十七年度各处职员经校长核定公布,聘许克诚为图书馆助理,派宋策鳌为图书馆文牍员,金善培、鲍益清、刘德泽、刘纪泽、宋荫瀛、龙自强、凌翔、尹霭川、符滋李、曹裕、汪善禄、柳灿、戴淮清、黄振汉为图书馆馆员。

7 月,上半年阅览统计:每日平均借阅人数 125,每日平均阅览人数 175,每日平均来馆阅览及借阅人数 300。

《暨南周刊》第 3 卷第 6 期刊载《洪年图书馆日记(六月十八日至廿三日)》《国立暨南大学洪年图书馆新书目录(民国十六年度下学期布告第十七次)》。

《国立暨南大学校务特刊(十六年度)》刊载《洪年图书馆十六年度概况》。

7 月 1 日,国立暨南大学艺术院在洪年图书馆举办中国画研究会成绩展览。

7 月 3 日,图书馆函请教务处开示下学期离职教员名单。

7 月 7 日,藏书室移至东首小房间内,即原编目室。

7 月 9 日,公布本月二日至九日本馆阅书借书人数次数及各系分类统计表四张,并抄呈校长备查。

7 月 10 日,胡适之赠送《白话文学史》上卷一册。

7 月 11 日,馆长室迁至朝南房间,即前第二十六教室。

7 月 17 日,图书馆向教务处函索下半年不续聘教职员名单。

7 月 19 日,上海务本女学校长贾佛如来馆参观。

7 月 21 日,编就本馆概况。

《申报》第 11 版报道《暨大洪年图书馆之蔚观》:现藏中文书籍 150,000 卷,精订 16,000 余册,西文书 8000 余册,日文书 500 册。每日平均到馆阅览在 500 人以上。

7 月 24 日,教务处函图书馆,请检阅馆内有无关税问题参考书,倘无,请照附上单据速购。

8月,《本校收入报告表(中华民国十七年八月份)》,图书馆捐款:由南洋捐款户转来12,311.260,收回前往募捐委员会借支捐款8,685.400,总额20,996.660。图书费共收2000。

《本校支出报告表(中华民国十七年八月份)》,图书馆捐款:前任募捐委员会共享摄影费500.000,前任募捐委员会共享印捐册603.440,前任募捐委员会共享川资3,900.000,(捐款)建筑余款销童军用费等2,185.850,总额7,189.290。图书馆购南新各种书籍119.030,共付3,320.000。

《中华图书馆协会会报》第4卷第1期刊载《国立暨南大学洪年图书馆之经过及现况》。

《中山大学图书馆周刊》第4卷第3期刊载金敏甫《西文图书馆字体及其书法》。

8月8日,西文新旧书籍字典式目录编就。

8月13日,中华图书馆协会来函,公布本届董事为胡适等五人,正部长袁同礼,副部长杜定友、刘国钧。

9月,《国立暨南大学收支月计报告表(中华民国十七年九月份)》:本学期共收大学部图书费1,310.000、高中部图书费765.000、初中部图书费612.000、师范部图书费294.000,总额2,981.000。收回图书馆购书费624.730。

《国立暨南大学支出月计报告表(中华民国十七年九月份)》:图书馆购各种书籍1,101.337。大东茶话费及图书会费117.300,总额8,885.494。

《暨南周刊》第3卷第7期刊载《图书编目之原则》《洪年图书馆日志(六月二十五日至七月七日)》。

《暨南周刊》第3卷第8期刊载《洪年图书馆日记(七月九日至二十一日)》。

《暨南周刊》第3卷第9期刊载《洪年图书馆日记(七月二十三日至八月廿八日)》《洪年图书馆启事》。

《暨南周刊》第3卷第10期刊载《洪年图书馆日志(八月廿九日至

九月九日)》。

《暨南周刊》第3卷第11期刊载《洪年图书馆日志(九月十日至十六日)》。

9月1日,本校体育区业已划定,原有图书馆后面体育场应即迁移。

9月6日,《申报》报道:国立暨南大学洪年图书馆前向欧美各邦定购书志一批运到,计值国币八千余金。馆长叶公超氏前赴平津一带考察各大图书馆之设施,对于该馆亦拟有具体发展计划,将次第见诸实施。

9月7日,校长向秘书处交图书馆抄送十六年度各系购书总数。

9月11日,图书馆布告:自本日起,除凭缴费单领得借书证者外不得借书出馆,但仍可在阅览室借阅。

自本日起,本馆阅报室移至楼下左首大房间内。

9月17日,自本日起,实行全日工作。

9月18日,秘书处来函,奉校长条开,本馆尹霭川调充教务处,原职不另补人。北平图书馆请寄本校刊物。

9月21日,图书馆布告:凡领取借书证者,必须凭缴费单、注册证,不能替用。

9月22日,美国芝加哥大学寄赠1926至1927年一览。

9月23日,《申报》第12版报道《暨大洪年图书馆征求地方志》。

9月26日,秘书处来函,奉校长条开尹霭川仍回图书馆办事。

9月27日,公布上星期西文新书目录并抄送出版室,请登周刊。

10月,《国立暨南大学收支月计报告表(中华民国十七年十月份)》:本月共收各生图书费234.000。

《国立暨南大学支出月计报告表(中华民国十七年十月份)》:商大图书支洋180.000。图书馆购各种书籍51.4345。

《暨南周刊》第3卷第12期刊载《洪年图书馆日志(九月十七日至廿三日)》。

《暨南周刊》第4卷第1期刊载《洪年图书馆日志(九月廿四日至

卅日)》《洪年图书馆西书目录(英文)》。

《暨南周刊》第4卷第2期刊载《洪年图书馆日志(十月一日至七日)》。

《暨南周刊》第4卷第3期刊载郑洪年呈大学院报建筑设备文:七月三日付图书馆木器512两。

10月1日,公布九月二十四日至三十日本馆借书阅书人数次数及各系分类统计表。

10月6日,秘书处通知会计室,开送图书馆捐款名单,以便刻石。

10月8日,公布上周西文新书目录并抄送出版室,请登周刊。

上海新民大学图书馆函索本馆详章。

10月22日,印度孟买大学寄赠1928至1929年详章一册。

10月23日,国民政府外交部图书室函索本校刊物。福建思明县寄赠《厦门志》12册。

10月26日,上海图书协会来函,定本月二十八日在总商会图书馆开常会,讨论紧要事宜,请派员列席。

10月27日,商务印书馆送赠《公司财政》《事务管理》两书。

10月30日,秘书处通知图书馆,自本年七月起,各系购书数目开列清单交处备查。31日,秘书处转来福建福清县政府寄来该县县志12册,由图书馆收藏。

11月,《本校收入报告表(中华民国十七年十一月份)》:本月份共收图书费大学部21.000、高中部39.000、初中部45.000、师范科6.000,总额111.000。办回图书馆建筑尾款780.550。

《本校支出报告表(中华民国十七年十一月份)》:图书馆建筑费第末次付规元562.000,合洋779.740。图书馆购商务书馆各种书籍1,885.000、购别发洋行各种书籍2,038.000、购中美法文等书局书籍1,231.510,总额15,247.010。

《暨南周刊》第4卷第4期刊载《洪年图书馆日志(十月八日至二十一日)》《洪年图书馆西书目录(英文)》。郑洪年《呈大学院造送建筑图书馆收支经费文》:自十五年五月开始募捐,至十七年三月止,总计收入大洋二万三千九百二十五元一角三分八厘。计支出之建筑费及募捐委员会用费共计大洋二万一千七百三十九元二角九分。收支相抵,实存洋二千一百八十五元八角四分八厘。

《暨南周刊》第4卷第5期刊载《洪年图书馆日志(十月廿二日至廿八日)》。

《暨南周刊》第4卷第6期刊载《洪年图书馆日志(十月廿九日至十一月四日)》《洪年图书馆书目录》。

11月7日,中学部十七年度第九次教务会议,议决:图书馆叶馆长允予中学生借阅书籍之特别便利办法(六条)。其一"由中学部将应买之书籍开单于图书馆照买,并另架庋藏"。

11月27日,公布《洪年图书馆启事》一则。

12月,《本校收入报告表(中华民国十七年十二月份)》:本月份共收图书费大学部6000、高中部9000、初中部27,000、师范科9000,总额51,000。《本校支出报告表(中华民国十七年十二月份)》:图书馆预支购书洋10,000。

《中华图书馆协会会报》4卷3期报道暨大洪年图书馆征求地方志。

12月16日,大中学两部第五次联席会议议决:一、图书馆夜间展至十时闭门。二、图书馆星期六下午照常开馆,星期日下午及夜晚均应照常开馆(叶崇智提出)。

1929年

《暨南周刊》第4卷第7期刊载陈辅撰《洪年图书馆的十小问题》,刊载《国立暨南大学洪年图书馆新书目录(民国十七年度上学期布告第五次)》。

1月,《暨南周刊》第5卷第1期(新年号)刊载《洪年图书馆启事》《国立暨南大学洪年图书馆新书目录(民国十七年度上学期布告第二次)》。

《暨南周刊》第5卷第3期刊载叶崇智《洪年图书馆来函》《图书

馆馆长叶崇智先生及〈周刊〉四卷七期投稿者陈辅同学君鉴》，回复第4卷第7期陈辅的《洪年图书馆的十小问题》。

1月14日，校长在上海大东酒楼招待教职员学生代表茶会。席上演词提到十七年度七月至十二月财政情形：前任校债十四万余元，借用图书馆捐款八千六百余元。

1月24日，中华图书馆协会年会筹备处声明：本馆早经入会，惟系用暨南学校图书馆名义，现更名为洪年图书馆，请改正。

1月26日，本馆派金敏甫、刘纪泽等赴宁参加中华图书馆协会年会，并带去提案六项。

1月28日—2月1日，中华图书馆协会在南京金陵大学举行第一次年会，到会代表百六十余人，机关代表五十余人。大会通过议决案凡十二条。暨南大学图书馆金敏甫、刘纪泽、鲍益清、张凤、陈钟凡等会员代表参加，并提交"提高图书馆员待遇案"。

1月30日，上午分组会议，暨南大学图书馆提交"大学图书馆经常费应占全校经费百分之二十并保障其独立案"，议决通过。

2月22日，校长布告第一五六号：陈敬为图书设计委员会副委员长；第一五七号：张凤专任历史社会学系副主任兼图书设计委员会委员。

3月4日，图书馆馆务会议议决事项十则。

3月24日，图书馆请金敏甫代表本校出席上海图书馆协会会议。

3月25日，图书馆公布第十六次西文新书目录及借阅图书人数统计表四纸。

4月，《暨南周刊》第5卷第4期刊载《洪年图书馆日志（一月七日至三月三日）》，《国立暨南大学洪年图书馆新书目录》（民国十七年度下学期布告第八次、第九次、第十次）；郭盛尊《希望学校当局有以注意及之》，提出"整顿图书馆内杂志"。

《暨南周刊》第5卷第5期刊载曹聚仁《暨南创校以来大事年表（1907—1926.7）》。

《暨南周刊》第5卷第5—6期刊载《国立暨南大学洪年图书馆新

书目录(民国十七年度下学期布告第一次、第二次)》。

《国立大学联合会月刊》第2卷第8期刊载《国立暨南大学组织大纲》,第二章(行政)第二十一条:本校图书馆设馆长一人,统理全馆事务;文牍一人,专司办理公文、函件、编辑、报告等事;设馆员若干人,分任登录、编目、典藏事务。第四章(委员会)第二十四条:本校设图书设计委员会。第五章(特种设备)第二十六条:本校次第举办各项设备:科学馆、图书馆、农场、体育馆、南洋馆。

4月28日,上海图书馆协会会员大会假交通大学图书馆举行。暨南大学教授张凤博士演说,略谓各图书馆之分类法。

5月,广州图书馆协会出版发行金敏甫撰《中国现代图书馆概况》。叙述1912年至1927年6月间中国图书馆事业的状况。附录《图书馆学著作选目》等2种。

《暨南周刊》第5卷第7期刊载《国立暨南大学洪年图书馆新书目录(民国十七年度上学期布告第五次)》。

5月24日,《申报》报道南洋华侨教育会议之筹备:会场地点定在暨南大学洪年图书馆。将阅书室二间暂时让出,一作会场,一作休息室。

6月,《图书馆学季刊》第3卷第1—2期刊载金敏甫《评王云五的中外图书统一分类法》。

6月7日,《申报》第27版报道暨大洪年图书馆增订开放时间:凡遇假期亦一律开放。

6月8—12日,真茹暨南大学师生组织中国画研究会、西洋画研究会、篆刻研究会美术作品展览会,在洪年图书馆举行。

7月,因图书馆馆长叶崇智就职于北平,学校另聘张天方(凤)博士继任馆长,许克诚为副馆长。①

---

① 国立暨南大学洪年图书馆编《国立暨南大学洪年图书馆略述》,载《国立暨南大学洪年图书馆概要》,上海:国立暨南大学洪年图书馆1933年,第3页。《申报》1929年7月6日报道《暨南重要职员之更替》称“改聘翟氏继任馆长”,“翟氏”即翟俊千,疑误。

《中华图书馆协会第一次年会报告》7月号《议决案汇录》刊载金敏甫“协助各图书馆选择图书案”。《订定中国图书馆学术语案》刊载金敏甫《审定图书馆学名辞案》。

8月,《本校八月份收支月计报告表》:图书费共收细数六万九千元,总额六万九千元;共付细数三万元,总额三万元。

《中国学生(上海1929)》第1卷第8期刊载暨南大学图书馆照片。

9月,校长布告第十六号:洪年图书馆学生图书费,每学期现只收大洋三元,自十八年度起,一律增收大洋五元。

《图书馆学季刊》第3卷第3期刊载金敏甫撰《国立暨南大学洪年图书馆年度概况》。

9月6日,大中学部教务联席会议,议决事项:本学年课室不敷应如何设法案。议决:图书馆叶前馆长所住之室及对过之存书室暂改为课室。

9月9日,《暨南校刊》创刊,郑洪年题签。每周二期,逢星期一、四出版。

9月12日,大中学部教务联席会议(第七次),图书馆提议:(一)图书费大学部中学部分别收取。(二)新出版物本馆及学生可提出购办。(三)整理教员借书事宜。

9月18日,文学院院务会议(第一次),议决事项(十):本院预定各系购买图书费应由各系主任开单交图书馆照办案。

10月,《中华图书馆协会会报》第5卷第1—2期报道暨南大学图书馆之学生图书费。

《暨南校刊》第13期刊载《本校七月份收支月计报告表》。图书费共收:十万五千元。

《暨南校刊》第14期刊载《洪年图书馆启事》《本校七月份收支月计报告表》。图书费共收:八万一千元。

《暨南校刊》第15期刊载《洪年图书馆启事》《本校八月份收支月计报告表》。图书费共收:六万九千元。

10 月 23 日，中学部第五次教务会议，议决事项：上海中学函约合定《万有文库》本部应否购置案。

11 月，《暨南校刊》第 16 期刊载《洪年图书馆星期报告（十月十九日）》《洪年图书馆阅览人数统计表（十八年十月七日至十月十三日）》《洪年图书馆各类图书借阅统计表（十八年十月七日至十月十三日）》。

《暨南校刊》第 19 期刊载《洪年图书馆书籍报告》《洪年图书馆星期报告（十月廿六日至十一月二日）》《洪年图书馆十月份登记书籍报告（十八年十一月五日作）》。

《暨南校刊》第 21 期刊载《洪年图书馆星期报告（十一月九日至十五日）》。

《暨南校刊》第 22 期刊载《洪年图书馆阅览人数统计表（十八年十一月四日至十一月十日）》《洪年图书馆图书借阅次数统计表（十八年十一月四日至十一月十日）》。

12 月，《图画时报》第 620 期刊载暨南大学图书馆前之女生照片。

《暨南校刊》第 24 期刊载《洪年图书馆星期报告（十一月十六日至廿二日）》。

《暨南校刊》第 25—27 期刊载《洪年图书馆阅览人数统计表（十八年十一月十日至十一月十七日）》《洪年图书馆各类图书借阅统计表（十八年十一月十一日至十一月十七日）》《洪年图书馆图书借阅次数统计表（十八年十一月十一日至十一月十七日）》。

《上海图书馆协会会报》冬季学术讲演专号及 1930 年新年特刊刊载金敏甫《标题目录概述》。

是年，上半年统计：馆长叶公超，职员 14 人，每年经费四万元，每日阅览人数 251。

编印《国立暨南大学洪年图书馆概况（十七年度）》。

1930 年

1 月，《暨南校刊》第 28—32 期刊载《洪年图书馆星期报告（十八年十一月卅日至十二月六日)》《洪年图书馆十一月份登记书籍报告(十八年十二月四日作)》《洪年图书馆藏书统计表(十八年十二月作)》;藏书8342部,26224册,价值37267.66元;张凤《洪年图书馆布告(未完)》。

《暨南校刊》第33—36期刊载《洪年图书馆星期报告(十二月二十一日至廿七日)》《洪年图书馆阅览人数统计表》《洪年图书馆图书借阅次数统计表》《洪年图书馆各类图书借阅统计表(十八年十二月十六日至十二月二十二日)》。

《暨南校刊》第37—40期刊载《洪年图书馆星期报告(十八年十二月二十八日至十九年一月十日)》《洪年图书馆图书借阅次数统计表(十八年十二月二十三日至十二月二十九日)》《洪年图书馆阅览人数统计表(十八年十二月二十三日至十二月二十九日)》《洪年图书馆图书借阅次数统计表(十九年一月七日至一月十三日)》《洪年图书馆阅览人数统计表(十九年一月七日至一月十三日)》。

《暨南校刊》第41期刊载《洪年图书馆星期报告(一月十一日至十六日)》。

2月,《上海图书馆协会会报》2月号刊载金敏甫《中西文编目连贯论》。

《暨南校刊》第45期刊载《洪年图书馆新书目录(民国十八年度下学期布告第一次)》。

《暨南校刊》第47期刊载《洪年图书馆星期报告(十八年度下学期二月廿二日至廿八日)》《洪年图书馆阅览人数统计表(十九年二月十九日至二月二十三日)》《洪年图书馆各类图书借阅统计表(十九年二月十九日至二月二十三日)》《国立暨南大学洪年图书馆阅览人数统计表(十九年二月十九日至二月二十三日)》《洪年图书馆图书借阅次数统计表(十九年二月十九日至二月二十三日)》。

3月,《暨南校刊》第52期刊载《洪年图书馆一二月份书籍登记报告表》。

4月,《暨南校刊》第53期刊载《洪年图书馆星期报告(三月十五日至四月十一日)》。

5 月,《暨南校刊》第 55 期刊载《洪年图书馆阅览人数统计表(十九年三月十七日至三月廿三日)》《洪年图书馆各类图书借阅统计表(十九年三月十七日至三月廿三日)》《洪年图书馆阅览人数统计表(十九年三月十七日至三月廿三日)》《洪年图书馆图书借阅次数统计表(十九年三月十七日至三月念三日)》。

《暨南校刊》第 56 期刊载《洪年图书馆阅览人数统计表(十九年三月廿三日至三月三十日)》《洪年图书馆各类图书借阅统计表(十九年三月廿三日至三月三十日)》《洪年图书馆图书借阅次数统计表(十九年三月廿四日至三月三十日)》。

《暨南校刊》第 57 期刊载《洪年图书馆星期报告(四月十二日至十八日)》《洪年图书馆各类图书借阅统计表(十九年三月卅一日至四月六日)》《洪年图书馆阅览人数统计表(十九年三月卅一日至四月六日)》《洪年图书馆图书借阅次数统计表(十九年三月卅一日至四月六日)》《洪年图书馆新书目录(民国十九年度下学期布告第三次)》。

《暨南校刊》第 59 期刊载《国立暨南大学经临收入明细表/图书费》。

《暨南校刊》第 60—61 期刊载《洪年图书馆阅览人数统计表(十九年四月廿一日至四月廿七日)》《洪年图书馆阅览人数统计表(十九年四月廿一日至四月廿七日)》《洪年图书馆各类图书借阅统计表(十九年四月廿一日至四月廿七日)》《洪年图书馆图书借阅次数统计表(十九年四月廿一日至四月廿七日)》。

《暨南校刊》第 62 期刊载《洪年图书馆星期报告(五月三日至九日)》《洪年图书馆阅览人数统计表(十九年四月廿八日至五月四日)》《洪年图书馆各类图书借阅统计表(十九年四月廿八日至五月四日)》《洪年图书馆图书借阅次数统计表(十九年四月廿八日至五月四日)》。

5 月 8 日,上海图书馆界中坚人物在大中华酒楼西餐,暨南大学图书馆馆长张凤等赴会并合影。

5月10日，江苏省立松江中学、新闻学班参观团参观暨南大学，文学院院长陈钟凡、图书馆馆长张天方（凤）讲演。

5月16日，《暨南校刊》（财务特刊）刊载《国立暨南大学收支决算表（民国十六年六月十四日起至十八年六月三十日止）》：收入图书费9,938,000元；支出图书费29,156,264元。《国立暨南大学存该表（民国十六年六月十四日起至十八年六月三十日止）》：图书馆暂记款项10,000元。《国立暨南大学收支百分率表（民国十六年六月十四日起至十八年六月三十日止）》：图书费9,938,000元，百分率0.96；图书费29,156,264元，百分率2.80。

6月，图书馆总务股编印《十八年度国立暨南大学洪年图书馆概况》。目次：摄影、述略、组织条例、办事细则、借书及阅览规则、教职员借书规则、图书分类表、图书类名索引举要、中文书籍卡目排列说明书、各种表卡、各项统计比较表、职员一览。刊载照片有：本馆全体职员合影、本馆馆舍全景、阅览室、杂志室、阅报室、书库、借书处、馆长室、办公室。

《暨南校刊》第65—66期刊载《洪年图书馆星期报告（五月十七日至廿三日）》《洪年图书馆阅览人数统计表（十九年五月十二日至五月十八日）》《洪年图书馆各类图书借阅统计表（十九年五月十二日至五月十八日）》《洪年图书馆图书借阅次数统计表（十九年五月十二日至五月十八日）》。

《暨南校刊》第67期刊载洪年图书馆照片，并刊载《洪年图书馆星期报告（五月十日至十六日）》《洪年图书馆阅览人数统计表（十九年五月五日至五月十一日）》《洪年图书馆各类图书借阅统计表（十九年五月五日至五月十一日）》《洪年图书馆图书借阅次数统计表（十九年五月五日至五月十一日）》《洪年图书馆新书目录（中文，民国十八年度下学期布告第五次）》。

《暨南校刊》第68期刊载《洪年图书馆星期报告（五月廿四日至卅日）》《洪年图书馆阅览人数统计表（十九年五月十九日至五月廿五日）》《洪年图书馆各类图书借阅统计表（十九年五月十九日至五月廿

五日)》《洪年图书馆图书借阅次数统计表(十九年五月十九日至五月念五日)》。

《暨南校刊》第69期刊载《洪年图书馆星期报告(五月卅一日至六月六日)》《洪年图书馆阅览人数统计表(十九年五月廿六日至六月一日)》《洪年图书馆各类图书借阅统计表(十九年五月廿六日至六月一日)》《洪年图书馆图书借阅次数统计表(十九年五月念六日至六月一日)》。

《暨南校刊》第70期刊载《本校收支对照表》(十八年七月份起至十九年五月份止):收入图书费10,115.000元。《本校经临各费收支月计表》:收入图书费199元。支出图书费1,485.742元。购置图书1,485.742元。

《暨南校刊》第72期刊载《洪年图书馆阅览人数统计表(十九年六月二日至六月八日)》《洪年图书馆各类图书借阅统计表(十九年六月二日至六月八日)》《洪年图书馆图书借阅次数统计表(十九年六月二日至六月八日)》。

7月,《暨南校刊》第74期刊载教育部训令(字第六二七号):令暨南大学根据中华图书馆协会第一次年会决议案,于文学院或教育学院内,酌量添设图书馆学课程或图书馆学系。并刊载《洪年图书馆星期报告(六月七日至二十日)》《洪年图书馆阅览人数统计表(十九年六月九日至六月十五日)》《洪年图书馆各类图书借阅统计表(十九年六月九日至六月十五日)》《洪年图书馆图书借阅次数统计表(十九年六月九日至六月十五日)》。

《暨南校刊》第75期刊载《洪年图书馆星期报告(六月廿一日至七月四日)》《洪年图书馆阅览人数统计表(十九年六月十六日至六月二十九日)》《洪年图书馆各类图书借阅统计表(十九年六月十六日至六月二十九日)》《洪年图书馆图书借阅次数统计表(十九年六月十六日至六月二十九日)》。

11月11日,《申报》第8版报道:暨大新添图书仪器。

12月,暨大图书仪器设计委员会委员邓胥功因高就出缺,改聘沈亦珍补充。

《中华图书馆协会会报》第6卷第3期报道暨南大学藏书:本学期添购大中学部教科参考图书四千元,中西杂志百余种,计一千五百元,合算各项仪器费已至一万一千五百元。图书目录西文部分已刊行,中文部分已付印。所有历年存储报纸分别装订。馆内设研究室,添设各科导师,聘请专家定期莅馆指导。

12月6日,《申报》第10版报道:暨大图书馆规模恢弘。

是年,现任职员:馆长张凤,助理兼编目主任许克诚,总务股主任孙岫人,总务佐理宋荫奎,编目佐理周梅安、龙自强、林大沾、鲍益清、宋仲平,登记佐理汪善禄,登记股主任曹裕,典藏股主任尹霭川,典藏股员潘文周、陈允熙,典藏佐理符滋李。

是年,《中国大观图画年鉴(1930)》刊载暨南大学图书馆照片。

1931年

2月,《中华图书馆协会会报》第6卷第4期报道洪年图书馆历年增书。

6月,创校二十五周年、大学成立四周年纪念,秘书处编印《国立暨南大学一览(十九年度)》,刊载《洪年图书馆规程》《洪年图书馆各股办事细则》。

《南洋研究》第3卷第5期刊载洪年图书馆照片。

10月,图书设计委员会议决图书馆扩充办法,五年之内最少增加图书十万元,分年进行,本年度先进一万元图书,已陆续到馆。

是年,编印《国立暨南大学洪年图书馆概况(十九年度)》。

现任职员:馆长张凤,副馆长许克诚,馆员鲍益清、汪善禄、龙自强、温文耀、谌然模、沈景乾、蔡春曦、陈辅、郝春德、陈镇和、庄世鸿、江善敬、黄兆霖。

1932年

1月28日,日军侵略上海,制造“一·二八”事变,真茹镇沦为战区,学校再次遭受重大损失。

春,统计藏书量 41,162 册,其中中文书籍 33,626 册,外文书籍 7536 册。

2 月 2 日,(南京)蔡元培电国联文化合作委员会云:此次日陆战队及飞机二十余架,在上海之闸北横施暴行,故意摧毁文化机关,如中国最大出版事业之商务印书馆、东方图书馆、暨南大学等均被焚殆尽。

2 月 21 日,奉校长命开始搬运图书馆藏书,一部分暂存华龙路中华职业教育社,一部分存于莫利爱路本校临时办公处。

3 月,《暨南校刊》第 8 期刊载《国立暨南大学损失报告》称,因"沪变"("一·二八"事变)损失校产中中外书籍杂志报章类五千元;教职员书籍类二万元;学生书籍类十六万元。

《暨南校刊》第 9 期报道:图书馆行将开放。藏书共四万余册,最近四年来增书十万余元。

《暨南校刊》第 10 期报道校舍分称两院:一在赫德路,称为一院,设文学院、法学院、教育学院、商学院、秘书处、教务课、总务课、财务室等;一在新闸路,称为二院,设理学院、图书馆、南洋研究委员会、男生寄宿舍、校医室、邮电室等。图书馆开放一部分:"本校新闸路第二院之图书馆,经连日整理,已见头绪。楼下作藏书室,楼上先行开放一部分,以供员生参阅书报。"

3 月 19 日,校长布告第三号:兹聘张凤兼秘书处图书课主任,许克诚为图书课副主任。

3 月 27 日,因本校临时办公处房屋不敷,图书馆迁入新租的新闸路 1758 号馆舍。

4 月,《暨南校刊》第 14 期报道《图书馆近况》:现正登记未编目图书,催还上期各教职员借阅之书,新到杂志均上架陈列。

4 月 22 日,新闸路图书馆全部图书整理就绪,25 日正式开放阅览,截至 30 日,阅览人数每日平均 120。

5 月,《淞沪停战协定》签字。经检查发现暨南校园受到严重破坏。

《暨南校刊》第15期刊载《图书馆规复报告书》:新闻路图书馆计有藏书室3间、阅览室1间、阅报室1间、参考室1间、办公室2间、未编书籍及报纸杂志存放室1间,书架15座。馆员任务分配:凡馆员皆兼典藏。汪善禄兼事务及整理西文卡片;龙自强兼整理中文卡片;鲍益清兼整理未还图书;温文耀兼整理杂志及管理;谌然模兼文书及整理未编图书。

《暨南校刊》第16期报道图书馆近况:所订报纸有《申报》《新闻报》《时报》《时事新报》4种。南洋及内地各属所赠计中文报纸12种,西文报纸1种,中文杂志180册,西文杂志87册,其他图书10册。

《暨南校刊》第17期刊载《图书课工作报告(五月十六日至廿一日)》。

《暨南校刊》第18期刊载《图书课周报告(自五月廿三日至五月廿八日)》。

5月4日,《申报》报道"暨南大学图书馆无恙":暨南大学以地理上之关系,时受日空军之重大威胁,早经分迁往上海、苏州、广州照常上课,而该校图书馆所藏中西文图书颇多,"一·二八"事变后,即设法迁来沪上,除一部分报纸及未装订之杂志外,其余均无损失。现已赁定新闻路洋房一幢为藏书之所,业经整理就绪,开放阅览,一切状态规复如旧,日夜阅览人数平均约有百余人。该馆藏书约数万册,今得保存无恙。

5月23日,暨南大学战后整理委员会校舍组开始接收和清理真茹校舍。本馆派汪善禄随本校接收人员到真茹视察图书馆损失情形,并从各处搜回书架30余件,往真茹维持会搬回各项不全书籍、杂志、印刷品等十数麻袋。

6月,郑洪年往粤,将本校驻粤大学部结束并筹办中学部迁广州。

7月,《暨南校刊》第25期刊载《图书馆职员一览表(二十一年度)》:馆长张凤,副馆长许克诚,馆员:温文耀、龙自强、周梅安、汪善禄、陈辅、鲍益清、谌然模、蔡春曦、庄世鸿、郝春德、冯运佑、陈镇和、平祖仁。

7月13—23日,新闻路图书馆用房租赁期满,13日开始回迁真茹校区,16日全部搬运完毕。回迁图书凡1991组(捆),分装木箱225个,麻袋117包。23日,搬回真茹洪年图书馆的图书全部整理完成。除原有阅览室外,加辟杂志阅览室1间,阅报室3间,同时可容200人阅览。

8月,《暨南校刊》第27期刊载《图书馆工作报告》。

8月9日,校长视察全部校舍,指示初中宿舍楼下中间五大间留为图书馆。

9月,《暨南校刊》第33期刊载《图书馆图书统计表》:原有图书41,162册,中文33,626册,西文7536册;价值68,000元。损失图书2932册,中文2300册,西文632册;价值15,000元。添置图书中文200册,西文200册,中文杂志15种,西文杂志70种;价值(未付)4200元,书籍3000元,杂志1200元。

《暨南校刊》第38期刊载《二十一年度上学期本校临时设备费预算》:图书馆添置椅桌预算数273.50(已办已付清)。

9月24日,截止至是日,图书购置费共4200元,添置桌椅2735元。

11月,《暨南校刊》第42期刊载《图书馆一周间工作报告(十一月十四日至二十日)》。

11月12—13日,暨南大学每年一次的菊花展览在洪年图书馆举行,同时展出教职员私人所藏金石书画古物及日寇所遗械器等。

12月,《暨南校刊》第43期刊载《图书馆第十一周工作报告(十一月二十一至二十七日)》。

《暨南校刊》第45期刊载《图书馆第十二周工作报告(十一月二十八日至十二月四日)》《图书馆新编书籍表》。

《暨南校刊》第46期刊载《洪年图书馆日记摘要》《图书馆一周报告(十二月十二日至十二月十八日)》。

12月2日,中学部训育课布告(第二十九号):兹经在图书馆编定桌位,专供本部普三及师三学生晚间自修之用。

12 月 18 日,上海图书馆协会举行第七届年会,本馆派温文耀代表出席。

是年,图书馆总务股编印《二十年度国立暨南大学洪年图书馆概况》。目次:本馆面积图、本馆述略、本馆组织、阅览规则、图书分类表、图书类名索引、各种卡片、各项统计表、本馆职员表。

1933 年

2 月,《厦门图书馆声》第 2 卷第 2 期刊载《国立暨南大学洪年图书馆概况》。

3 月,《暨南校刊》第 47—49 期刊载《图书馆第十六周工作报告》《图书馆第十七周工作报告》。

《暨南校刊》第 51 期刊载《图书馆布告第十四号(二月九日)》《图书馆布告第十五号(二月九日)》。

3 月 31 日,本馆派龙自强、陈辅、蔡春曦三人随同本校诸职员,前往同济大学,分门考察,以资借鉴。

4 月,《暨南校刊》第 53 期刊载《新订各教员调取书籍办法》。

《暨南校刊》第 54 期刊载《图书馆工作报告(二月二十日至二月二十六日)》。

5 月,《暨南校刊》第 56 期刊载《图书馆工作报告(三月六日至三月十二日)》《洪年图书馆近况》《征求各地方志函》。

5 月 25 日,国立中央图书馆筹备处公函(总字第一一七号):教育部第一二〇二九号令,派蒋复璁为国立中央图书馆筹备处主任,遵于四月二十一日租定本京沙塘园七号为筹备处,业经开始筹备。贵大学出版刊物,谠论宏旨,后学津梁,务恳颁赐全份,藉光典藏。

6 月,因馆长张凤专任教务,学校聘胡肇椿兼图书馆主任,又加聘龙自强为助理图书馆馆务。

《暨南校刊》第 60—61 期刊载《洪年图书馆新到书籍表(二十一年度下学期三月十六日)》《图书馆工作报告(四月十七至廿三日)》。

《暨南校刊》第 62 期刊载《洪年图书馆新到书籍表(二十一年度

下学期四月二十一日）》。

《暨南校刊》第 63 期刊载《洪年图书馆新到书籍表（续上期）（二十一年度下学期四月二十一日）》《图书馆一周报告（五月一日至五月七日）》。

《南洋情报》第 2 卷第 3 期刊载洪年图书馆照片。

6 月 14 日，本校大学部成立六周年纪念，图书馆楼上下阅览室均陈列中西名画，参观者极为踊跃。

7 月，《暨南校刊》第 64 期刊载《图书馆工作报告提要（五月八日至十四日）》《暨南大学图书馆新到书籍表（二十一年度下学期五月十六日）》。

《暨南校刊》第 65 期刊载《图书馆工作报告概要（五月十五日至廿一日）》。

《暨南校刊》第 66 期刊载《暨南大学图书馆新到书籍表（续）（二十一年度下学期五月十六日）》；蒋复璁《国立中央图书馆筹备处公函总字第一一七号（五月二十五日）》。

《暨南校刊》第 67 期刊载《本校概况/图书》《暨南大学图书馆新到书籍表（续）（二十一年度下学期五月十六日）》。

8 月，编辑出版《国立暨南大学洪年图书馆概要》（二十一年度），郑洪年题签。目次：本馆面积图、本馆述略、本馆组织、阅览规则、图书分类表、图书类名索引、各种卡片、各项统计表、本馆职员表。刊载照片有：藏书之府、本馆面积图、书标、馆徽（洪年图书馆出版标记）。

《暨南校刊》第 68 期刊载《图书馆工作概要（五月廿二至廿八日）》。

《暨南校刊》第 69—70 期刊载胡肇椿《图书馆布告第廿二号（六月廿九日）》；《图书馆工作报告概要（六月十二至十八日）》《图书馆新到书籍表（二十一年度下学期六月十六日）》。

《暨南校刊》第 71 期刊载《二十二年度全校职员一览表 · 图书馆（二十二年度第一学期）》。

8 月 11 日，洪年图书馆二十二年度第一次馆务会议，主席：胡肇椿。出席者:胡肇椿、龙自强、温文耀、汪善禄、鲍益清、黄兆霖、郝春德。报告事项:(一)本学期添购图书情形。(二)增加阅书桌椅及加辟特种阅览室。(三)此次中华图书馆协会在北平开会,因胡肇椿事忙,已由校长指派本馆龙自强、鲍益清代表出席。议决事项:1. 特种阅览室采用开架制,内加置丛书及复本书,专供职教员阅览。但职教员仍得在普通阅览室阅读。2. 典藏工作时间分配。3. 修正教职员借书规则。4. 印行《国立暨南大学洪年图书馆概要》一册,以备随时分赠到馆参观来宾,及中华图书馆协会年会开会时,本馆出席人员亦可携同北上分赠协会会员,以资宣传。

8 月 28 日,临时校务会议修正通过《教务委员会洪年图书馆办事细则》《教务委员会洪年图书馆阅书规则》《教职员借阅图书规则》。

中华图书馆协会第二次年会在清华大学开幕。出席会员二百余人。大会讨论之要题为图书馆经费及民众教育二项。暨南大学图书馆助理馆务龙自强、馆员鲍益清代表参加。

《暨南季刊》创刊号刊载洪年图书馆照片。

《暨南校刊》第 72 期刊载《洪年图书馆二十二年度第一次馆务会议纪录(八月十一日)》《教务委员会洪年图书馆办事细则(二十二年八月二十八日临时校务会议修正通过)》《教务委员会洪年图书馆阅书规则(二十二年八月二十八日临时校务会议修正通过)》《教职员借阅图书规则(二十二年八月二十八日临时校务会议修正通过)》。

《暨南校刊》第 73 期报道:洪年图书馆新年度之扩充与中学部图书室之增设:图书之激增与补充情形,大阅览室之加筑新计划,中学部图书室之新设置,商务印书馆惠赠《大学丛书》。

《暨南校刊》第 74 期报道本校出席图书馆年会代表消息。

《暨南校刊》第 75 期报道心理研究室之进展:开辟阅览室,建筑动物园。

10 月,《暨南校刊》第 76 期刊载《图书馆新到书籍表(二十二年九月一日至九月三十日,第一次)》。

《暨南校刊》第 77 期报道:教务处图书馆第二次馆务会议(十月十

三日上午十时)。

《暨南校刊》第78期报道临时校务会议记录:附属中学图书室简章、图书室阅览规则、教职员借阅图书规则草案。

《厦门图书馆声》第2卷第6期刊载《上海暨南大学洪年图书馆之概况》。

10月13日,教务处图书馆第二次馆务会议,主席:胡肇椿。出席者:胡肇椿、龙自强、汪善禄、温文耀、鲍益清、黄兆霖、曾毅夫。报告事项:购书预算及其处理办法。讨论事项:(一)特种阅览室应如何规定藏书范围案;(二)西文杂志价值过巨,易于散失,应如何保管案;(三)已装及未装报纸之存置及阅览应如何办理案;(四)待装书报甚多,应如何从速装订,以备应用案;(五)"一·二八"幸存书籍应如何处置案;(六)二十二年度图书总目录应速行编定案。

10月22日,临时校务会议,报告事项:附属中学图书室简章、图书室阅览规则、教职员借阅图书规则草案等。前经第三次校务会议议决,交黄祖培、谌然模审查修正文字,送校长核准公布。《二十二年度第二学期收入学费图书等费预定用途表》,经校长核定,按遵支配实行。

10月27日,谌然模以中学部图书室事务纷繁,不能多任教课,请将师二课本史一科另行请人接授。

10月29日,本校国文教材阅览室拟附设文史研究室内。

10月30日,本校与南新书社订立《租用房屋及商品范围合同》,第四条:甲方大学部及附属中学学生所用教科书暨参考书得归乙方承办,惟价目不得超过上海各大书局门市价格。

11月,《暨南校刊》第81期报道经济研究室近讯:开辟阅览室,新购书籍一百余册,拟组织读书会。

《暨南校刊》第82期刊载《洪年图书馆星期报告(九月九日至十六日)》《洪年图书馆借书规则(附上学期学生借书未还一览)》。

《暨南校刊》第83期刊载《洪年图书馆阅览人数统计表(十九年九月十五日至九月廿八日)》《洪年图书馆图书借阅次数统计表(十九

年九月十五日至九月廿八日)》《洪年图书馆各类图书借阅统计表(十九年九月十五日至九月廿一日)》。

11 月 8 日,教务处出版课第一次课务会议,讨论事项:据兼图书馆主任胡肇椿面称:国内外各学术机关寄来交换刊物,因馆中定期出版品不多,无法酬答,且为节省购订杂志费起见,亦拟将本校出版刊物自动寄出,向其他刊物交换。兹拟与出版课合作,本校学术刊物请由出版课供给,由图书馆出资付邮,则预算可以少费而增加学术刊物杂志五百种以上。

11 月 13 日,教务处第一次处务会议,讨论事项:指导课拟请图书馆在大饭厅附设之阅报室迁让,俾将原有房间支配学生团体之用案。

12 月,暨南大学发生驱逐校长郑洪年风潮。

《上海各大学联合会会刊》创刊号刊载《国立暨南大学概况》:本校现藏中文书籍 33,045 册,外文书籍 8157 册,总计 41,202 册,价值约 60,000 元。洪年图书馆内,备有书库三、阅览室二、办公室一,外在第三宿舍附设阅报室。全馆工作人员 13 人。馆长以下分总务、登录、编目、典藏四股。

《暨南校刊》第 84 期刊载《洪年图书馆星期报告(十月一日至七日)》《洪年图书馆阅览人数统计表(十九年九月廿九日至十月五日)》《洪年图书馆各类图书借阅统计表(十九年九月廿九日至十月五日)》《图书馆新到书籍表(二十二年十月一日至十月三十日,第二次)》《图书馆新到西文书籍表(二十二年十二月二日)》《图书馆近讯》。

《暨南校刊》第 86 期刊载《图书馆西文新书目录(民国二十二年十二月十二日)》。

《暨南校刊》第 87 期刊载《图书委员会规程》《洪年图书馆星期报告(十月十五至廿七日)》《洪年图书馆阅览人数统计表(十九年十月十三日至十月十九日)》《洪年图书馆各类图书借阅统计表(十九年十月十三日至十月十九日)》《洪年图书馆图书借阅次数统计表(十九年十月十三日至十月十九日)》《图书馆新到西书及西文杂志表》《文学院教育研究室本学期新购图书目录》。

12 月 6 日,二十二年度第五次校务会议,讨论事项:拟设立图书委员会,并拟具《组织规程草案》。议决:推胡肇椿、吕子方、张凤三位为该会委员,以胡肇椿为召集人。《组织规程草案》交胡、吕、张三位审查修正,送校长公布。

12 月 8 日,国文教材用书一部分已由图书馆借出,存放于文史研究室,以供诸教授参考。

是年,全馆职员共 13 人。藏有中文书籍 33,045 册,外文书籍 8157 册,总计 41,202 册,价值约 60,000 元。计洪年图书馆内,备有书库三,阅览室三,办公室一,外在第三宿舍附设阅报室。阅览室容量为 250 人。

现任职员:主任胡肇椿,馆员龙自强(兼助理全馆馆务)、鲍益清、汪善禄、温文耀、谌然模、郝春德、黄兆霖、钟勇森、张宛若、陈婉慈。

1934 年

1 月,"驱郑会"以郑氏"欺世盗名",将"洪年图书馆"易名为"暨南图书馆"。

1 月 23 日,教育部训令(第七九〇号):国立暨南大学校长郑洪年,业经由部派往南洋视察教育,并筹募基金,兹派沈鹏飞代理校长职务。

2 月,胡肇椿辞职,从第二学期开始,改聘杜钢百为图书馆主任。

孟寿椿接任文学院院长,添设各项专门学程至 40 余种,教育学系新添"图书馆学"课程。

《暨南校刊》第 88 期刊载《洪年图书馆星期报告(十月廿七至十一月二日)》《洪年图书馆阅览人数统计表(十九年十月二十日至十月廿六日)》《洪年图书馆各类图书借阅统计表(十九年十月二十日至十月廿六日)》《洪年图书馆图书借阅次数统计表(十九年十月二十日至十月廿六日)》。

2 月 1 日,代理校长沈鹏飞到校接事。图书、仪器、校具、文卷、簿册,由各该主管负责人分别造册移交。

2月26日,暨南附中第一次部务会议,讨论提案:本部图书仪器不甚完备如何充实案。

2月28日,本校图书馆第一次馆务会议,主席:杜钢百。出席者:杜钢百、汪善禄、张契灵、温文耀、郝春德、谢石农、李敬伯。报告事项:1. 接收事宜,函请前主任办理移交。2. 今后扩充计划,请求校长确定原有经费,并增加预算。讨论事项:1. 重订本馆图书目录案。2. 检查本馆残缺各书,以便从速补购案。3. 清理未装订图书案。4. 从速取回付装订之图书案。5. 修补残破图书案。6. 添购图书杂志报纸案。7. 催还未还图书案。8. 督率工设注意馆中整洁案。工作分工:总务股股长孔德,文书张契灵,登记谢石农,干事陈婉慈;编目股股长汪善禄,编目郝春德;典藏股股长温文耀,典藏李敬伯、黄蕙英、黄兆霖、庄世鸿、石英亚。

3月,《暨南校刊》第89期刊载《本校图书馆近讯》《附属中学图书室布告第六号(二月十八日)》《第七号(二月二十四日)》。

《暨南校刊》第90期刊载《本校图书馆第一次馆务会议(二月廿八日)》《附属中学图书室布告第八号、第九号(三月五日)》《附属中学图书室近讯》。报道附属中学图书室开办仅一学期,扩充图书已至5500余册,杂志增至55种。近又新到《万有文库》第一集416种808册。

《暨南校刊》第91期刊载《暨南附属中学二十二年度第二学期临时组织纲要》,第二条:设图书室。第六条:图书室设室主任一人,商承附中主任掌理全部图书杂志,并审核图书购置与设计事宜。第十一条:设图书仪器委员会。

《暨南校刊》第92期刊载《图书馆布告(第廿八号)》《暨南大学图书馆新到书籍表(三月一日至三月十五日)》。

3月8日,附中第二次部务会议,讨论提案:本附中节下经费应如何支配应用案。议决:尽量扩充图书仪器等设备。

3月9日,附属中学本学期第一次教务会议,讨论事项:扩充中学部图书仪器及各种设备案。议决:组织图书仪器及各种设备委员会,并推徐主任、张教务主任、图书室主任以及吕炳水、周寿铭、王隐秋、庄世鸿、谢荫荣、褚绍唐等为委员。

3月10日,馆藏《万有文库》拨存附中图书室。

附属中学图书室第二次室务会议,主席:谌然模。出席人:谌然模、李庆文、陶孝英。报告事项:1. 本室延长日夜开放时间,增加借书册数。2. 本室过去一期工作。3. 本室开放阅览日数。4. 阅书统计。讨论事项:1. 本图书室关于科学方面以及外文图书极感缺乏应如何充实案。2. 本室地位狭小,不足容纳,亟应如何力求扩大改进案。3. 征求赠书应具如何办法案。4. 计划本室读书标语案。工作分配:谌然模主任,总理室内外一切事务,兼任中西文编目标题工作;李庆文干事,事务,出纳,抄写书目,查对卡片,剪贴报纸;陶孝英干事,登记,出纳,编排形位检字卡片,英文打字,书写卡片。

3月19日,二十二年度第二学期第二次校务会议,讨论事项:教务处提请确定原有经费添置图书案应如何办理,请公决。

3月22日,图书馆第二次馆务会议,主席:杜钢百。出席者:杜钢百、孔德、张契灵、汪善禄、郝春德、李敬伯、石英亚、庄世鸿、黄兆霖、温文耀、黄蕙英、谢石农。讨论事项:1. 严密借书办法案。2. 整理杂志案。3. 整理备装订图书案。4. 购买新书及杂志案。5. 馆内点缀花草案。6. 春假期内值日时间分配案。

3月30日,中国语文学系学生赴沪参观中华书局公开展览之《钦定古今图书集成》。拟俟该书影印后,请本校图书馆定购一部。

4月,《暨南校刊》第93期刊载《本校图书馆第二次馆务会议记录(三月廿二日)》《图书馆新到西文书籍目录(三月二十六日)》。

《暨南校刊》第94期报道:中国语文学系阅览室即日开放。

《暨南校刊》第95期刊载《本校图书馆新书目录(续前)》《本校附属中学图书室新编书录(待续)》。

《暨南校刊》第96期刊载《暨南大学图书馆新到书籍表(续)(三月十六日至三月卅一日)》《本校附中图书室新编书录(续)》。

4月15日,中国语文学系在莲韬馆所设阅览室开放,收藏图书不下千余册,包括该系主任张世禄寄存私人藏书多种。该系教授龙榆生借出私人藏书若干部。

5 月,上海世界书局出版陈祖怡编《上海各图书馆概览》,介绍暨南大学洪年图书馆。

《暨南校刊》第 98 期刊载《附中图书室新书目录(续)》。

《暨南校刊》第 99 期分别刊载《图书馆新到西文书籍目录(四月二十七日)》《图书馆新到书籍表(四月一日至五月十日)》《附中图书室新书目录》。

5 月 15 日,附中第二次教务会议,报告事项:筹划扩充图书仪器设备情形,已组织委员会,拟定计划,分别办理。

6 月,《暨南校刊》第 100、101 期刊载《女生宿舍阅报室规则》《附中图书室目录》《附属中学扩充图书仪器设备计划》:选址附中教室左侧平房。内分书库、阅览室、办公室、阅报室、储藏室、杂志室。刊载《本校图书馆新到西文书籍目录(五月二十三至二十八日)》。

6 月 4 日,校训育委员会布告(第十六号),公布《女生宿舍阅报室规则》四条。

7 月,上海世界书局出版庄文亚编《全国文化机关一览》,介绍国立暨南大学洪年图书馆。

《中华图书馆协会会报》第 9 卷第 4 期介绍暨南大学附中图书馆:二十二年九月创设一图书馆,定名附属中学图书馆。聘谌然模为主任,掌理全室事宜。陶孝英、李庆文为干事,分掌登记、编目、典藏事务。每月由本附中拨购书费 200 元。其他设备薪金等费则由大学事务课支配。馆舍暂设于附中办事处,计三大间,为阅览室及书库。由大学部图书馆拨来者教科书 777 册,《万有文库》2231 册,新购图书 2200 余册,订购杂志 63 种,总合约 6000 册。

7 月 30 日,国立中央图书馆筹备处公函(第四七五号):本处奉令影印四库珍本,委托商务印书馆承办,业已将次出版,经本处呈准教育部,对于贵大学赠送一部,以资备览。

9 月,图书馆主任杜钢百因故辞职,由查修继任。

《暨南校刊》第104期刊载《本校图书馆新书目录》《附中图书室书目》。

《暨南校刊》第105—106期分别刊载《国立中央图书馆筹备处公函》(九月七日)。

9月7日,国立中央图书馆筹备处公函:呈准赠送暨大《四库珍本》一部。第一期已出版,凡59种,426册。

9月8日,商学院第一次院务会议,报告事项:本学期商学院应定图书杂志,请各主任各教授开示目录。

9月19日,文学院二十三年度第一次院务会议,报告事项:各系应购图书杂志,可由各主任临时开单交由本院办公处,汇送图书馆办理。

9月28日,图书馆馆务会议,主席:查修。出席者:查修、汪善录、温文耀、李敬伯、黄兆霖、黄蕙英、汤若楣、张契灵、高寿崧、徐寄尘。报告事项:(一)对于本馆的希望。(二)工作分配:文书股股长张契灵,登记李竞仲、汤若楣;编目股股长汪善录,编目徐寄尘;典藏股股长黄蕙英,典藏黄兆霖、李敬伯、高寿崧、黄蕙英。讨论事项:(一)如何进行编制新图书目录案。(二)整理杂志案。(三)增购新书及杂志案。(四)清查未还图书案。(五)馆内点缀花草案。(六)增加阅报室案。

10月,《暨南校刊》第107期刊载《国立暨南大学附属中学图书室新编书录》。

《暨南校刊》第108期刊载《图书馆馆务会议(九月二十八日下午三时)》《暨南大学图书馆新书目录(十月二日至二十三日)》《国立暨南大学附属中学图书室新编书录》。

管理中英庚款董事会赠送外交史料一部,计147册。

《暨南校刊》第109期刊载管理中英庚款董事会赠书公函及书单。

10月5日,编审委员会第一次会议,讨论事项:组织《国立暨南大学一览》编辑委员会,其委员包括本会推请秘书长、各院长及注册课、出版课、图书馆等各主任,呈请校长聘任之。

10月10—16日,中国国际图书馆主办世界图书馆展览会在福开森路393号开幕。参加者有十六国66所图书馆。国内有暨南大学图书馆等24所,国外有德国国立柏林图书馆等42所。

11月,《暨南校刊》第112期刊载《国立暨南大学图书馆新编书录》《国立暨南大学图书馆新到西书录(十月三十日)》《国立暨南大学附属中学图书室新编书录》。

《暨南校刊》第114期刊载《国立暨南大学图书馆委员会规程》《图书目录》。

11月27日,主任查修拟就《图书委员会规程》提交二十三年度校务会议讨论,议决由法规委员会审核,在本校预算规定图书购置费准由图书馆自行办理。

12月,《暨南校刊》第119期刊载《国立暨南大学图书馆委员会规程》。

《暨南校刊》第120期刊载《国立中央图书馆筹备处来函》。

1935年

1月7日,上海图书馆协会举行会员联欢会。到会者计有国立暨南大学图书馆主任查修、交通大学图书馆主任杜定友等百余人。

1月8日,国立中央图书馆筹备处公函:通知暨南大学就近向上海商务印书馆提取《四库全书珍本(第二期)》一部。

2月,《暨南校刊》第125期刊载《国立中央图书馆筹备处复赠送地球仪函》《国立暨南大学附属中学图书室新编书录》。

3月,海外文化事业部二十三年度第二学期第一次部务会议,议决事项:整理图书杂志。1. 点查及分类登记现有之图书杂志。2. 以后每部同人借用图书杂志须切实依照手续向保管人声请登记。3. 点查现有各种杂志,如有缺少,应即函请原出版机关补寄以便装订庋藏。以上清理登记由吴熙文负责。

本学期另辟商学院研究室一所,委助教萧燕宾为主任。图书方面已向本校图书馆借出商学院各系中西书籍77种,又向本外埠订阅经济杂志及新闻报纸等多种,陈列室内以供各同学研究参考之用。

3月,《暨南校刊》第127期刊载《附中图书室二十三年度第一学期工作实况》。

3 月 6 日，附中图书室第二学期第一次会议。主席：谌然模。出席者：谌然模、李庆文、陈镇祥、许宗望。报告事项：上学期工作概况，见校刊。讨论事项：一、本室每日应用对象，颇为困难，应如何自行购买，以利工作案。二、教职员借书，应如何规定案。三、同学常有未经本室许可，即径行闯入书库，检取书籍，应如何制止案。四、尚有少数同学，未领借书证，应如何办理案。五、本室工作人员，应如何分配职务案。六、编制图书目录案。

3 月 25 日，总理纪念周，董院长讲演《提高学术空气问题》，提到实现提高学术空气的方法：充实图书馆，增加图书和设备。

4 月，商学院研究室阅览概况：除例假、纪念日或其他特别事故外，每日开放三次，计共开放 102 次，连前月共计 179 次。借阅书籍 124 册。

《暨南校刊》第 130 期刊载《图书目录》。

《暨南校刊》第 131—132 期分别刊载《国立暨南大学附属中学图书室新编书录》。

5 月，《暨南校刊》第 135 期刊载《一月来商学院研究室工作概况（阅览统计/借书统计）》。

《暨南校刊》第 136 期刊载《国立暨南大学附属中学图书室新编书录》。

5 月 3 日，文学院二十三年度第二学期第一次院务会议，讨论事项：如何充实各系研究室书籍设备案。议决：请学校每日图书费中拨款一百元交各系自由购买图书。

5 月 4 日，理学院二十三年度第二学期第一次院务会议，讨论事项：本院应须之图书杂志如何催促学校订购案。议决：由院长负责向图书馆接洽之。

7 月 2 日，代理校长沈鹏飞辞职，教育部令何炳松接任校长。在其发展计划《理想中的本大学》中说："就本校实际情形论，似乎在最短期间非添造实验学校、校舍、体育馆、较大的图书馆以及较好的学生宿舍,实不足以应付国立大学基本的必要的需要。”

7月28日,上海图书馆协会举行第八届年会。交通大学图书馆杜定友、暨南大学图书馆查修等四十余人出席。

9月,编印《国立暨南大学概览》,其中《图书馆概况》刊载照片有:阅览室之一隅、杂志阅览室。

《暨南校刊》第142号刊载《文学院二十四年度第一学期课程一览》:教育系查修开设“图书馆学”课程。

《暨南校刊》第144期刊载《国立暨南大学附中图书室新编书目录(续前)》。

9月6日,校长布告第十五号,公布《国立暨南大学组织大纲(修正)》,第十三条:本校设图书委员会。

秋,校长拨款为附中图书室购新版图书凡千余册,并筹款勘地,别建附中图书室一所,赐名“暨中书屋”。

10月,《暨南校刊》第145期刊载《暨南大学图书馆新到图书目录》。

《暨南校刊》第146期刊载《暨南大学图书馆新到图书目录(续前)》《图书目录(英文)》;许宗望《附中图书设计委员会第一次会议录》;《国立暨南大学附属中学组织大纲》,第四条:本附属中学设图书室等,分别办理各该课室部事务。第九条:图书室设主任一人,商承附中主任办理图书室事宜。第十二条:本附属中学设校务会议,由图书室主任等组成。第十六条:本附属中学得设图书设计委员会。

商学院研究室近讯:为提高研究学术空气起见,特将该院研究室(大饭厅旁)大加扩充。除将图书馆原有该院各系参考书杂志全部移至研究室陈列外,并新由该院教授介绍应购图书60余种、杂志50余种,现闻此项新书业由图书馆购齐不日即可移交研究室陈列。

《暨南校刊》第147期刊载《民国二十三年度第二学期附中图书室工作总报告》。

《暨南校刊》第148期刊载《国立暨南大学附属中学图书室新编书目(第五十次)》。

10 月 1 日,国立暨南大学附属中学第一次教务会议,公布《国立暨大学附属中学教学实施方案草案(二十四年度)》:组织图书设计委员会添置应用图书并扩充阅览室。

10 月 7 日,附中图书设计委员会第一次会议。主席:谌然模。出席者:徐上周、谢武衡、吕炳水、余文伟、张季信、张方洁、刘自切、王隐秋、褚绍唐、程俊英、谌然模。甲、报告事项(略);乙、讨论事项:一、关于南洋问题图书杂志应如何设法增加案。二、新馆舍格式及设备应如何规定案。三、附中图书设计委员会规程应否修改案。四、本学期拟购图书业经图书室分类开列交来应如何分别审查决定案。

10 月 8 日,第一次校务会议,张耀翔教务长报告:图书馆亦请各教授尽量开列书单。议决案:各种委员会名单案。议决:图书委员会及编译出版委员会委员除追认行政会议推定之各委员外,加推各学院各学系系主任为委员。

11 月,《暨南校刊》第 150 期刊载图书馆新到图书目录(英文),《国立暨南大学附属中学图书室新编书目(第五十一次)》《附中图书室二十四年度第一学期九、十月份阅览图书分类统计》《附中图书室二十四年度第一学期九、十月份阅览人数统计表》。

《暨南校刊》第 151 期刊载《国立暨南大学图书馆新到书籍(十月五日至十一月八日)》。

《暨南校刊》第 152 期刊载图书目录(英文),《国立暨南大学图书馆新到书籍(十月五日至十一月八日)》。《图书馆近讯》:图书馆添置同学介绍书籍箱。

11 月 13 日,附中第十次校务会议,报告事项:图书室建筑式样已打好,即将由大学庶务课招工兴建。

12 月,《暨南校刊》第 153—154 期刊载《国立暨南大学附属中学图书室新编书目(第五十三、五十四次)》。

《暨南校刊》第 155 期刊载《两月来之商学院研究室》。

《暨南校刊》第 156 期刊载《附中图书室二十四年十一月份阅览图书册数分类统计表》《附中图书室十一月份阅览人数统计表》。

《暨南校刊》第157期刊载图书目录(英文),《国立暨南大学附属中学图书室新编书录(第五十五次)》。

12月11日,附中第十二次校务会议,讨论事项:《附属中学图书室大学部学生借阅图书规则》。

12月26日,理学院论文奖金评定委员会第一次会议,讨论事项:图书馆参考不敷,撰述论文之用应如何充实案。议决:由各委员分别开单转送图书馆添置,每系以50元为度。

是年,图书馆藏书量约37,200册。

1936年

1月5日,上海图书馆协会在八仙侨青年会举行联欢大会。参加者计有交大、暨大、市图书馆等。

1月7日,上海图书馆协会在文朝路市立图书馆举行新年联欢大会。到会者计有国立暨南大学图书馆主任查修、交通大学图书馆主任杜定友等。

1月27日,附中图书室开标。委托上海启明建筑事务所绘图设计,并登报招标,由王恩记营造厂得标,计洋3420元。

《暨南校刊》第158期刊载《图书馆近讯》《商学院研究室本学期购买图书和阅览工作概况》《暨南大学附属中学图书馆新到图书目录》。

2月,《暨南校刊》第160期刊载《图书馆近讯》《暨南大学图书馆新到图书目录》。

《暨南校刊》第161期刊载《暨南大学图书馆新到图书目录》《二十四年度第一学期附中图书室工作总报告》。《图书馆杂闻》:现有馆舍不敷应用,现拟另建规模较大之新馆舍,前托上海启明建筑事务所代绘之图样,现已送请本大学校长核阅,最近期内计划可能实现。

2月7日,第二次校务会议,杜大学秘书兼总务长报告:在附中方面,添建一图书室,现已投票决定,即将兴工,估计共需3500元。本校图书仪器,素来贫乏不堪。上学期因各部费用甚多,未能大事扩充,但亦添购许多,约共费去20,000余元。

校长宴请全体教员,演词提到:至关于本校的改进计划,最重要的莫过于大中学部分离的问题。详细计划,业已送呈教部,王部长对于我们的计划,非常赞同,并谓本校如果能节省一部经费,教部再拨助一部分,即可使该种计划于本年九、十月间开始实现。同时大学部新图书馆的建筑,亦包括在该项计划之中。

2月27日,海外文化事业部二十四年度第二学期第一次部务会议,讨论事项:关于资料应如何整理案。决议:杨世海任史地;林仲达任教育;俞君适任物产;邱致中任人种风俗;苏鸿宾、周汇潇任政治;彭胜天任侨务;其余本部职员共任经济。

3月,《暨南校刊》第162—164期分别刊载图书馆新到图书目录。

《暨南校刊》第163期刊载《秘书室暨总务处工作报告(自二十四年七月至二十五年一月)》,会计课呈送概算:由校长拟具计划,请求在下年度内拨临时费299,800元,以备建筑大学图书馆、附中办公室、图书室、教室、饭厅及购地之用。财政概况:关于购置事项,本课购置分为两组,一组系采办校内各部处馆课等用品,一组系代图书馆及附中图书室订购各种书籍杂志等。

《暨南校刊》第165期报道《图书馆汇印西文教育类书本目录》《图书委员会近讯》《暨南大学图书馆新到图书目录》。

《暨南校刊》第166期报道商学院研究室增加图书杂志,出版《商学月刊》,刊载《暨南大学图书馆新到图书目录》《暨南大学附属中学图书目录》。

3月5日,附属中学暨中书屋举行奠基,兴工建筑,五月内可完成。

4月,《暨南校刊》第167期刊载《暨南大学图书馆新到图书目录》。

《暨南校刊》第168号报道:为便利同学研究南洋问题起见,特向海外购到大批关于南洋方面的书籍和大宗地图表册。刊载《教务处组织规程》,第四条:教务处设图书馆。第七条:图书馆掌图书之登记、编目、典藏及出纳等事项。刊载《暨南大学图书馆新到图书目录》。

《暨南校刊》第169期刊载《暨南大学图书馆新到图书目录》。

4月24日，文学院二十四年度第二次院务会议，报告：从二月一日起至六月底止，文学院共有图书费2188元，现已耗用半数。以中文史地二系所用最多，教育系购买李石岑先生遗书1500元，每月付款百元。以后拟多注意于外文系图书的购置。议案：请学校尽量增加图书费案。

4月26日，《暨南学报》创刊号出版。

5月，《暨南校刊》第170期刊载《暨南大学图书馆新到图书目录》。报道《图书馆近讯》：历届毕业论文装订、新购影印《永乐大典》。

《暨南校刊》第171期刊载《暨南大学图书馆新到图书目录》《国立暨南大学图书馆赠刊志谢（四月廿一日至五月五日）》。

《暨南校刊》第172期刊载《图书馆近讯》《国立暨南大学图书馆赠刊志谢（五月六日至十二日）》《暨南大学图书馆新到图书目录（英文）》《国立暨南大学附属中学图书目录》。

《暨南校刊》第173期刊载《国立暨南大学图书馆赠刊志谢（五月十三日至十八日）》《暨南大学图书馆新到图书目录》《国立暨南大学附属中学图书目录》。

5月29日，文学院第三次院务会议，报告事项：本院四系于本年度添购新书不少。中文系除新书尽量购置外，并添购缩本《四部丛刊》。外文系最近新到图书一批，计有数十种。教育系购置故教授李石岑先生遗书之全部。史地系此后拟多注意西书舆地图之添置。

6月，《暨南校刊》第174期刊载《图书馆近讯》《暨南大学图书馆新到图书目录（英文）》《国立暨南大学附属中学图书目录》。

《暨南校刊》第175期刊载《国立暨南大学附属中学图书目录》。

《暨南校刊》第176期（大学成立九周年创校三十周年纪念专号）刊载查修《图书馆发展计划》。

《暨南校刊》第177期刊载《暨南大学图书馆新到图书目录》《国立暨南大学图书馆赠刊志谢（五月二十一日至六月五日）》。

6月4日，外文系第三次系务会议，讨论事项：请图书馆每月支给本系五十元作为临时购书之用案。

6 月 12 日,第三次校务会议,何校长报告:大学图书馆确有扩充的必要。杜总务长报告:原要请求一些临时费,以为建筑图书馆、体育馆及实现其他重要计划之用,但事实上恐尚不能达到目的。

6 月 13—15 日,本校图画研究会在图书馆举办国画展览会。计陈列作品有导师黄宾虹及俞剑华之旅行写生风景八大帧,仿古山水十帧;导师谢公展之花卉十余帧。其余如会员邓明治、江宗淮、林文瑞、戴咏雪、苏乾英等作品凡七十余帧,均极精妙之作。

6 月 14 日,本校完成大学九周年纪念日,暨中书屋落成定期开放,并举行劳作展览及图画展览。

9 月,因图书馆主任查修到交通大学任事,学校另请林仲达担任。

《暨南校刊》第 179 期刊载《附中图书室二十四年度第二学期工作总报告》《暨南大学图书馆新到图书目录(英文)》《国立暨南大学附属中学图书目录》。

《暨南校刊》第 180 期刊载《国立暨南大学附属中学新编图书目录》。

《暨南校刊》第 181 期刊载《暨南大学图书馆新到图书目录(英文)》《国立暨南大学附属中学新编图书目录》。

9 月 5 日,文学院中文外文史地教育四系第一次联席会议,讨论事项:文学院各系书籍购置应如何使其合理化案。议决:先行尽量购置基本书籍及各学程参考必要之书籍。

9 月 7 日,大学部图书馆馆务会议。主席:林仲达。出席人:林仲达、汪善禄、李敬伯、温文耀、张契灵、汤若楣、胡曼君、李先治、徐寄尘。报告事项:上年度工作概况。工作分配:文书股张契灵(文书)、章柱(购置)、李先治(登记图书兼整理杂志)、汤若楣(登记杂志);编目股汪善禄、高寿崧、徐寄尘(兼整理杂志);典藏股温文耀、李敬伯、许荣水、胡曼君。讨论议决事项:(一)现有馆舍不敷应用各种研究室无法设置馆内应如何办理案。(二)购书标准应如何确定案。(三)新到书籍杂志应如何办理案。(四)整理杂志应如何克期完成案。(五)续订杂志应于何时办理案。(六)缺期杂志亟待补充应定何时办妥案。(七)据上年度工作报告关于清查书籍尚有待查之处应如何克期完成案。(八)上年度教职员未还图书应于何时清查报告案。(九)教授有时需入书库应如何应付案。(十)阅览室管理应如何注意案。(十一)本馆馆舍建筑已有十年而藏书日增对于安全问题应如何注意案。(十二)编制统计图表案。(十三)如何协助馆员进修案。

附中开学典礼,陈主任报告:图书馆方面仍由谌然模主持,现正拟添购书籍,以供同学需用。

9月10日,《教育部指令(二十五年发国肆柒第一三六二七号)》,令国立暨南大学:一图书仪器费仅约占购置费实际开支总数之半,殊属不合。应即遵照一五七一三号训令,尽量提高设备费,务使至少占百分之十五,所有其他各项支出,均应力予缩减。二该校图书最感缺乏,物理仪器仅足供低年级之用,高深光学仪器及无线电普通电磁学之设备均欠充实,概须设法补充。

9月12日,新生生活指导谈话会,教务长吴泽霖训话:图书馆外表的规模不大,但亦已有中西文书籍60,000余册,中西文杂志300余种。

9月23日,何校长《呈文》:关于图书仪器一项,校长鉴于本校经"一·二八"之役,基本图书仪器缺乏太甚,一年来业已尽先加以补充。此后自当着手购置高深之图书仪器,以谋研究工具之充实。

9月24日,校务会议第四次会议,卢前临时提案:请学校切实扩充图书仪器,以利研究案。

9月28日,附中总理纪念周,大学部图书馆主任林仲达作《谈谈青年学生读书问题》的演讲。

10月,《暨南校刊》第182期刊载《本年度本大学各种会议及委员会一览》,图书委员会主任:林仲达。委员:吴泽霖、郑振铎、程瀛章、程瑞霖、戚叔含、周予同、张耀翔、孙荣、李熙谋、王子瑜、张素民、周宪文、汤心济、张世禄、汪永、俞君适、杜佐周。刊载《附中成立图书设计委员会》《国立暨南大学附属中学新编图书目录(续)》。

《暨南校刊》第 183 期刊载《国立暨南大学附属中学组织大纲》，第七条：图书室设主任一人，秉承附中主任办理图书室一切事宜。第十三条：本附属中学得设图书设计委员会。刊载《暨南大学图书馆新图书目录》《国立暨南大学附属中学新编图书目录（续）》。

《暨南校刊》第 184 期报道：本校参加世运代表尹贵仁君赠图书馆世运刊物。刊载《暨南大学图书馆新到图书目录（英文）》《国立暨南大学附属中学新编图书目录（续）》。

《暨南校刊》第 185 期刊载《暨南大学图书馆新到图书目录（英文）》《国立暨南大学附属中学新编图书目录（续）》。

10 月 2 日，文学院教育系第二次系务会议，讨论事项：添置图书仪器案。议决：注重基本的图书仪器，由各教授开列，汇齐后请学校分期购买。

10 月 15 日，附中成立图书设计委员会。聘陈振鹭、谌然模、谢武衡、褚绍唐、余佑人、蒋建策、程俊英、吕炳水、陈辅、马维忠、黄俭等十一人为设计委员，着手计画附中图书室之改进事宜。

11 月，海外文化事业部编订《南洋图书目录》，添置书架，整理藏书杂志及本部出版刊物。

《暨南校刊》第 186 期刊载《暨南大学图书馆新到图书目录（续）》。

《暨南校刊》第 187 期刊载《文化部最近工作摘要》，购置参考书籍：在暑期后本部新购之中西文参考书不下七八十种，由图书馆编就目录，存入本部。又俞主任在南洋各地亲自选购之新出版书籍亦有二十余种，此后并拟尽量搜罗，陆续购买。整理图书杂志与零碎资料。刊载图书馆新到图书目录（英文），《国立暨南大学附属中学新编图书目录》。

《暨南校刊》第 188 期刊载《暨南大学图书馆新到图书目录》《国立暨南大学附属中学新编图书目录（续）》。

《暨南校刊》第 189 期报道刘絜敖、李故教授石岑夫人胡曼君两先生赠送图书馆杂志书籍。刊载图书馆新到图书目录（英文），《国立暨南大学附属中学新到图书目录(续)》。

《暨南校刊》第190期报道《各学院各系研究室新编暂存书目付印》:本校图书馆原有书库不敷应用,因将常用各科教本及参考图书,分别陈放各院系研究室。文学院中文系研究室、教育系研究室、史地系外文系研究室为便于师生随时检阅便利起见,将新旧藏书编成各系研究室暂存书目三种,每种数百册。刊载图书馆新到图书目录(英文),《国立暨南大学附属中学新到图书目录(续)》。

12月,出版课编印《国立暨南大学职员学生名录》(民国二十五年度),图书馆:主任林仲达,事务员兼文书股长张契灵,事务员兼编目股长汪善禄,事务员兼典藏股长温文耀,事务员李敬伯、汤若楣、许荣水、李先治、高寿崧,书记徐寄尘,临时办事员胡曼君。

《暨南校刊》第191期刊载图书馆新到图书目录(英文),《国立暨南大学附属中学新到图书目录(续)》。

《暨南校刊》第192—193期分别刊载《图书馆布告》,图书馆新到图书目录,《国立暨南大学附属中学新编图书目录》。

《暨南校刊》第194期刊载图书馆新到图书目录。

12月6日,文学院教育系第三、四次系务会议,分别于十一月六日及十二月六日举行。议决案:教育参考室图书应如何扩充案。议决:应先购置基本书籍,与教育有关之论文索引,并收集各省教育公报,补充以前所缺之各期杂志。

是年,图书馆藏书量约90,970册。

1937年

1月,《暨南校刊》第195—196期分别刊载《国立暨南大学附属中学新到图书目录》。

1月4日,校长何炳松在总理纪念周报告中再提图书馆的重造。

2月,《妇女生活(上海1935)》第4卷第3期报道暨大女同学寒衣援绥运动:以大学部图书馆阅览室作为制作棉衣的工场。

《暨南校刊》第197期刊载《国立暨南大学图书馆新到图书目

录》。

《暨南校刊》第 198 期报道:校友朱化雨任职广州第二中学训育主任,寄赠母校图书馆近著《华侨社会生活与教育》《中华民族海外发展》。刊载图书馆新到图书目录(英文)。

2 月 12 日,秘书室通告第三十三号:查本大学学生阅览图书,应按照阅览规则第四条之规定,先持注册证向图书馆领取阅书证,然后凭证借阅。

2 月 16 日,图书馆主任林仲达因前往广州勷勤大学任教而辞职,所遗职位由文学院院长郑振铎兼任。

2 月 19 日,本学期图书馆第一次馆务会议。主席:郑振铎。出席者:郑振铎、徐懋棠、徐寄尘、李曼君、李先治、温文耀、李敬伯、汪善禄、许荣水、张契灵、汤若楣。报告事项:任职经过、国内外各大学图书馆之状况、对于本馆之希望。工作分配:张契灵文书购置,汤若楣图书登记,徐寄尘杂志登记及图书杂志整理装订,汪善禄编目,李敬伯楼上典藏,许荣水楼上典藏,李先治楼上典藏,李曼君杂志室典藏。决议事项:1. 各院部购置图书经费数,应每月报告一次。2. 赶速完成中西图书目录。3. 除编制上述书目外,每月出新书目录一种。4. 赶编中西文杂志目录。5. 购书标准,首为必要参考书,次为某本书,再次其他。6. 购订杂志经费与购书经费,此后应分别确定。7. 每月举行会议一次,时间规定每月之第四星期,星期五下午一时。8. 典藏对于书库,每日应点阅一次,每星期清查一次。9. 教授借阅必要参考书,经系主任及院长签字者,得借一学期,其他书籍经两星期之久即应催还。

3 月,截止至是月,图书馆藏书达 60,000 余册。

《暨南校刊》第 200、201 期刊载《二十五年度上学期图书馆工作报告》:新书入库书籍 1394 册,杂志单本 2850 册、合订本 1433 册。阅览人数平均每日 705。学生借书 6021 册,教职员 143 人 971 册。图书经费 12,198.18 元。编有《南洋研究参考书目及索引》。

《暨南校刊》第 201 期刊载《图书经费概况表(二十五年九月至二十六年一月)》。

《暨南校刊》第202期刊载《国立暨南大学图书馆新到图书目录》。

《暨南校刊》第203期刊载《国立暨南大学图书馆新到图书目录》《本校图书馆每周收到书籍及定期刊物报告(自3月8日至3月13日)》。

3月13日,何校长到北京公干,参观北京图书馆,受馆长袁守和的邀请,为全体馆员讲暨南大学最近改进的情形。

3月17日,图书委员会会议。主席:郑振铎。出席者:郑振铎、戚叔含、程瀛章、吴泽霖、李熙谋、王子瑜、杜佐周、张耀翔、程瑞霖、周予同。报告事项:一、图书馆本年度上学期工作概况。二、本学期工作计划。讨论事项:一、同学借书问题。二、阅览规则付讨论。三、教职员借阅图书暂行规则。

4月,《暨南校刊》第204期刊载《国立暨南大学图书馆阅览规则》《国立暨南大学教职员借阅图书暂行规则》。

《暨南校刊》第206期刊载《本校图书馆每周收到书籍及定期刊物报告(自3月8日至3月13日)》。

4月21日,中非商务调查代表朱轰抵沪,到真茹国立暨南大学参观,捐赠图书费国币二百元,嘉惠侨教。本校已全数购置图书,捐赠各书已盖图记以垂久远。

4月24日,《国立暨南大学图书馆馆报》创刊号出版。目次:发刊缘起、南洋史籍解题(苏乾英)、嘉靖本篆文阳春白雪跋(郑振铎)、介绍与批评、本馆藏书统计简表、三月份各类借书统计、三月份阅览人数统计、本学期图书委员会会议录、阅览规则、教职员借阅图书暂行规则、三月份中日文图书目录、三月份西文图书目录等。

5月,《暨南校刊》第207期刊载《本校图书馆每周收到书籍及定期刊物报告(自3月8日至3月13日)》《国立暨南大学最近出版物一览》。

《暨南校刊》第208期刊载《本校图书馆每周收到书籍及定期刊物报告(自4月26日至5月1日)》《国立暨南大学最近出版物一览》。

《暨南校刊》第 209 期刊载《本校图书馆每周收到书籍及定期刊物报告(自 5 月 3 日至 5 月 8 日)》。

《暨南校刊》第 210 期刊载《上海文献展览会章程》《上海文献展览会征品办法(附录本会职员题名、各地征集主任)》《本校图书馆每周收到书籍及定期刊物报告(自 5 月 10 日至 5 月 15 日)》。

《暨南校刊》第 211 期刊载《本校图书馆每周收到书籍及定期刊物报告(自 5 月 17 日至 5 月 22 日)》。

5 月初,教务处将关于教务注册、训育、图书馆等处现行规程编订成册,出版《暨大学生须知》。

5 月 24 日,《国立暨南大学图书馆馆报》第二号出版。目次:关于《大唐西域记》(郑振铎)、南洋史籍解题(苏乾英)、邹式金杂剧新编跋(郑振铎)、介绍与批评、四月份中国出版界(詹聿修)、南洋关系论文索引、各院系参考室陈列书籍杂志统计、四月份新增图书统计、四月份各类借书统计、四月份阅览人数统计、朱轰先生捐赠图书目录、四月收到赠书志谢、四月份新到中文图书目录、四月份新到西文图书目录。

6 月,在图书馆楼下杂志室举办出版物展览。内容分三部:一为在校教职员著译,凡 240 余种。作品最多者,计文学院院长郑振铎 24 种,外文系教授傅东华 15 种,大学秘书杜佐周 14 种,曾作忠教授 14 种,董任坚教授 13 种,他如张世禄、谢六逸、周予同诸教授亦在 10 种以上。二为文化部出版物。计杂志 5 种,新旧丛书 32 种,杂著 17 种。三为出版课出版物。计定期杂志 5 种,现代问题讲座丛刊 6 种,杂著 10 种,旧存停刊杂志 12 种,铅印油印新编讲义 27 种。

《暨南校刊》第 212 期刊载《本校图书馆每周收到书籍及定期刊物报告(自 5 月 24 日至 5 月 29 日)》。

《暨南校刊》第 213 期(创校三十一周年完成大学十周年纪念专号)刊载《校庆纪念出版物展览品目》。吴熙祖《校誉校刊与校友》:图书馆增购图书过多,馆内已收藏不下,移往各研究室,近且有改建图书馆的计划。

《暨南校刊》第 214 期刊载《本校图书馆每周收到书籍及定期刊物

报告(自6月7日至6月12日)》。

6月7日,本校经济学会举行本学期第三次全体大会,讨论通过向导师会员募征书籍,成立经济学会图书室。

6月14日,完成大学十周年纪念暨第九届毕业典礼聚餐会在图书馆举行。

校庆(创校三十一周年完成大学十周年)纪念暨毕业典礼大会。校长报告:上年度新建附中图书室等,所费共约五万元以上。至于图书仪器的添置,亦已在五万元以上。在近二年来,图书册数的增加,据统计等于二十余年来的总量,这是因为过去图书在"一·二八"时损失很大未曾补充之故。我们从去夏起就着手筹备南洋文库的设立,曾托牛津大学的朋友在英国各图书馆中代为搜集关于南洋的书目,本校图书馆主任林仲达先生根据这种书目编了一种西文的南洋图书目录,今年文学院院长郑振铎先生亦主编了一册中国人所著的南洋图书目录。日本的亦已着手调查。所以现在关于南洋研究的中西文的书目已有了相当的头绪。拟在本年暑假内先行购置一部分,以为南洋文库的基础,务使暨大成为一个真正南洋问题研究的机关。

6月15日,本校欢送第九届毕业生茶会在图书馆二楼东厅举行。

6月21日,校长布告第一七九号:本大学新旧学生应缴各费中,新旧生应缴图书费每学期五元。

7月,《上海法租界纳税华人会会报》第2卷第13期刊载《国立暨南大学概况》:图书馆所藏图书计中日文44,127册,西文11,009册,合计55,135册。杂志中日文3690册,西文1706册,合计5396册。共计60531册。

7月2—11日,上海市博物馆、上海市通志馆联合地方各界、各地藏家共同发起并举办"上海文献展览会"。

8月13日,"八一三"战事爆发,战火再度殃及真茹校区。

8月19日,日军飞机轰炸真茹校舍,图书仪器被毁者难以估计。

9月20日,学校奉令迁入上海公共租界继续办学,时间长达四年之久。

1938 年

6 月,《东方画刊》第 1 卷第 6 期刊载战事美术作品《暨南大学图书馆被炸》。

7 月 8 日,编印《暨南大学图书馆劫馀书目》两册。上册为中文附日文之部,下册为西文之部。前言:本校图书馆原有图书及杂志 80,000余册。经“八一三”战役,中日文之杂志、日报 20,000 余册,全部毁失。中日文之图书亦丧失大半。惟西文之图书杂志及比较重要之中日文图书幸获保存。

12 月 6 日,《申报》报道:(“八一三”事变)损失最大者如市中心图书馆、南市文庙图书馆以及同济、暨南、复旦、交通等学校图书馆。总计损失图书达四十余万册。

是年,学校先后搬迁到法租界陶尔斐斯路四合里 38 号、威海卫路新寰中学、公共租界康脑脱路 528 号教堂上课。

1939 年

6 月,编印《国立暨南大学图书馆新编书目》第一卷第二号。

是年,学校稍为安定,渐次扩充了图书仪器,从江西运回来的书籍也启箱取出陈列,并且买了不少新书。

1941 年

3 月,吴榕藩《抗战中的暨南大学》记载:大学部觅得美租界小沙渡路 826 号侨光中学的房屋,分租了一半为临时校舍,其中图书储藏室、阅览室各一所。

4 月,《大学季刊》第 2 卷第 1 期刊载邹袭枫《国立暨南大学概况》:“八一三”事起,校舍烬于炮火,然暨南实质,丝毫未毁,盖图书仪器等物,事先早已搬出。目下在康脑脱路上课,一本革新后精神进行。

5 月,《暨南通讯》第 1 期刊载谢章浙《潜伏的三年半——母校迁入上海租界内的经历》:“八一三”战事爆发之初,学校将仪器图书装了两百多箱运往九江,以准备迁校江西。部分重要图书仪器转移到法租界内的中华学艺社安置。

夏,教育部强令暨南大学即刻办理内迁,遂由周宪文、吴修赴闽筹设暨南大学建阳分校。

11 月,建阳分校正式开学。

12 月 8 日,太平洋战争爆发,日军占领上海公共租界,暨大师生全体分批南迁建阳。

1942 年

2 月,暨南大学陆续迁闽,将图书设备、文件档案等装箱,分别秘密寄存上海某处。

夏,总校迁闽完毕,建阳分校的名称遂被取消。

在建阳,图书馆由崇圣祠改建而成。初期,图书资料非常缺乏,后来逐步向江山、南平、福州等处商务印书馆搜集购买到少数书籍,还特派郭虚中驻福州专职搜集采购图书,经多方努力,才先后购得中文图书数千册,其中还有不少善本。另蒙在福州的外国朋友惠赠外文书数百册。经数年经营,图书馆购置中西文图书 6000 余册。

1945 年

8 月,抗战胜利。暨南大学校务委员会决定准备迁回上海。

1946 年

春,筹备复员回上海真茹校舍。

2 月,《国立暨南大学复员计划建筑房屋之种类及造价估计(甲项)》,名称:图书馆;建筑种类:二层宫殿式中西合璧建筑;座数:一座;每座容纳人数:六百;价格估计:八万美元;备注:楼下书库,楼上阅览室。

3 月,全校师生携带图书仪器及随身用品自闽转往上海。

4 月,何前校长与交通部公路总局机械筑路第一工程总队订立借用上海真茹校址及残存校舍合约，为期五年。

5 月，教育部调何炳松任国立英士大学校长，其缺由国立重庆大学校长李寿雍接任。

6 月，暨南大学返沪之后，原真茹校舍遭战火严重损毁，成了一片废墟。国民政府行政院划拨上海东体育会路 330 号前日本第二女子高等学校及宝山路前日本第八国民小学旧址，作为暨南大学临时校舍。东体育会路校区和宝山路校区分设图书馆，与办公室、教室、实验室、礼堂等在同一幢办公楼。

1947 年

3 月，截至是月，藏书达 60,000 余册。

上海图书馆协会筹办图书馆学及档案管理二讲习科。每科各招生四十名。报名地点上海市林森中路明德女子中学、宝山路暨南大学图书馆孙心磐①处。

4 月 13 日，上海图书馆协会在林森中路明德女子中学内特设图书馆学讲习科，由暨大图书馆主任孙心磐等主讲。

7 月 19 日，《申报》报道暨大图书馆馆舍分二处：第一院图书馆，在东体育会路 330 号，为理商学院图书馆，除专置理商学图书外，近得教育部配给敌伪所占图书 30,000 册；第二院图书馆，在宝山路，为文学院图书馆，专置文法图书，除原有图书 30,000 余册外，近又应备《东方杂志》全份，各省通志，各大学学报，中央研究院地质调查所刊物，美国图书馆协会赠送一九四〇年至一九四六年关于文法类图书杂志多种，交换到吧省图书馆赠送南洋图书 20 余种。全部中西图书，均已整理编目就绪。

9 月 25 日，第七次校务会议，决议本年进修教授之川旅图书补助费，通知其编造预算，转请教育部拨发。比照本市其他国立大学收费标准，决议学费图书费五千元。

① “孙心磐”一作“孙心盘”。

10月，《国立暨南大学校刊》复刊第1期刊载《本校概况》：校务处设注册、出版两组及图书馆。各组馆置主任一人，组员、馆员、雇员若干人。《本校图书统计表》：图书馆藏书87,717册，包括原存上海图书、建阳迁沪书籍、接收日本女子中学书籍、接收分配陈群藏书、美国附送教科书杂志、教部驻沪文物分配委员会分配、日本岩波书店赠书、上海临大寄存书、在沪添购新书。

11月，《国立暨南大学校刊》复刊第2期刊载《理学院概况》：本院图书受战事摧毁，损失殆尽，现正努力购置，以应需求。化学系于上学期购入龙门书局影印书籍多册，并订阅《美国化学会杂志》《英国化学会杂志》《化学教育》《化学摘要》等西文期刊。人类学系，去年初创时，即承英国文化委员会赠送大批人类学方面之图书，其最有价值者，为《英国皇家人类学会会刊》，自1872年迄1942年，如斯巨帙，洵属可珍。去年在本埠购得参考书百余册，最近拟购图书目录，正呈部核阅，即可拨汇充购。其他各系之图书，均在请购中。

《国立暨南大学校刊》复刊第3期刊载《国立暨南大学图书馆新到西书目录》。

11月29日，第九次校务会议，报告教育部人字第五九三七九号训令：联教转赠《大英百科全书》，经分配本校一部。

12月，《国立暨南大学校刊》复刊第4期刊载《国立暨南大学图书馆新到西书目录》。

1948年

1月，教育部向国立中央图书馆为暨大订购《玄览堂丛书》一套。国产绵料纸影印本。全书20种，凡7200余页，装订120册。

《国立暨南大学校刊》复刊第7期报道：1. 本校毕业在校服务同学会捐赠《玄览堂丛书续编》，在二院图书馆编号入库。2. 教部分配《大英百科全书》，图书馆已接收编号。3. 岩波书店赠书将送到。

1月29日，第十次校务会议，报告教育部高字第六四二一四号代电：饬知日本岩波书店第二次赠书。教育部高字第六八〇一一号代电:电示本校订购图书仪器一案。教育部驻沪图书仪器接运清理处事字第七九五号通知书:通知前往提取《大英百科全书》。教育部驻沪图书仪器接运清理处事字第八三四号函:附送分配本校美国赠送书刊目录一份。

2 月,《国立暨南大学校刊》复刊第 8 期报道:毕业在校服务同学会续赠本校南洋研究图书。

《国立暨南大学校刊》复刊第 9 期刊载《玄览堂丛书目录》《国立暨南大学图书馆图书目录》。

2 月 20 日,教育部代电发文高字第九九一九号:分配国立暨南大学西文书籍 300 册。

3 月,《国立暨南大学校刊》复刊第 10 期刊载《国立暨南大学图书馆图书目录》。

《国立暨南大学校刊》复刊第 11 期报道:本校东体育会路第一院图书馆,新添阅览室两间,并由校方拨出第二、第三两教室以资应用。刊载《国立暨南大学图书馆图书目录》。

4 月,《国立暨南大学校刊》复刊第 13 期报道:为充实图书室设备,本校招标添置木器;校友姚肖廉十种著作捐赠本校图书馆。

5 月,编成《暨南大学图书馆中文线装书目录》(1947 年 6 月至 1948 年 5 月)。有孙心磐抄本。

《国立暨南大学校刊》复刊第 15 期报道:教部分配美国赠送期刊,图书馆已开放阅览。

6 月,《国立暨南大学校刊》复刊第 17—18 期刊载《本校教务处概况 · 图书馆》。

《南光月刊》(广州)第 1 卷第 2 期刊载《国立暨南大学概况 · 图书》:总计旧存暨接收新购之书达 80,000 余册,杂志达 300 余种。

1949 年

6 月 24 日,上海军管会正式接管暨大。

6 月 28 日,校产"清点委员会"正式成立。

8月1日,上海军管会发布暨大校务委员会名单。李正文、王延青等九人为常务委员。

8月20日,上海军管会正式发布命令,将暨南大学文、法、商三院归并于复旦大学,理学院归并于交通大学,地理学系归并到南京大学,人类学系归并到浙江大学。留校员工处理善后日常事务,筹划复课事宜。

1950 年

5月,编成《暨南大学图书馆中文线装善本普本书目录》,作为移交清单。

将分别藏于一、二院的《丛书集成初编》合并整理登记,编成《中文平装丛书集成初编目录》,作为移交清单。据黄松涛《绪言》,目录凡三本,记录图书6167册。其中正本记录3249册、副本一记录2250册、副本二记录668册。

12月,华东教育部饬令暨大从速拟订迁校南京计划,校务委员会奉令即刻办理,包括整理校具、档案、图书等。嗣后因南京校址问题未能及时解决,迁校计划无果。

1951 年

3月22日,中央人民政府教育部在北京召开暨南大学处理问题座谈会,议决暨南大学处理方案草案,其中包括暨南大学现有日文图书、期刊及有关南洋研究的书刊全部运往北京,其余均由华东教育部处理。

6月4日,中央教育部决定,着令暨南大学暂时停办。一部分办理侨教有经验的人员派至燕京大学工作,其余人员由华东教育部予以安置。

8月,清点并改正《暨南大学图书馆中文线装善本普本书目录》《中文平装丛书集成初编目录》。

9月3日,办理《暨南大学图书馆中文线装善本普本书目录》《中文平装丛书集成初编目录》的交接手续。主管人：王延青；移交人：周轼贤；接收人：陈裕光；监交人：郑惠枫。

夏秋间，暨南大学所存之文卷档案、仪器、家具及图书 91,850 册全部移交给华东教育部保存处理。王延青等人携教务处注册组资料及图书 28,468 册北上燕京大学侨务组工作。其余大部分图书则由复旦大学、交通大学等校领取。

11 月，华东师范大学（筹备委员会）具领前国立暨南大学图书（中文线装）凡善本 2089 册，线装书 36,118 册，共计 38,207 册。

1952 年

冬，“上海停办高校办事处”将曾藏暨大之陈群“泽存文库”遗书一批，拨交复旦大学图书馆。

后 记

《中国近代华侨教育史料丛编》源起于“暨南大学与华侨教育”丛书。

“暨南大学与华侨教育”丛书原计划分为六集——《华侨教育集》《学人研究集》《暨南影像集》《暨南讲演集》《校史资料集》《图书馆史料集》，由李炳球同志于2015年前后倡议并统筹、罗志欢同志搜集梳理资料并负责学术把关、刘强同志负责编校出版诸事宜。

历经数年，《华侨教育集》《学人研究集》《暨南影像集》首先面世。

在编选后续诸集过程中，我们发现很多资料的覆盖面和代表性已经超出了我们的设想，而有了更广泛的社会意义，于是我们尝试以“中国近代华侨教育史料丛编——以暨南大学为主线”为题，申报国家图书馆“革命文献与民国时期文献整理项目”。承蒙不弃，“中国近代华侨教育史料丛编”被列为该项目成果。呈现在读者面前的就是该成果全部。

我们怀着感佩前贤、感恩文化、感念教育的初心整理这套丛书，尽管不敢懈怠，或仍不免鲁鱼亥豕之误，亦盼望方家指教。

“暨南大学与华侨教育”丛书的整理出版有幸得到暨南大学校友、校董梁志斌先生倾情资助，丛书的成果已经转化提升为本书的部分成果，在此表示感谢。同时，本书有幸得到国家图书馆“革命文献与民国时期文献整理项目”支持和资助，在学术等方面受益于暨南大学党委副书记兼纪委书记夏泉博士的研究成果，以及其他众多先贤时俊的学术成果，在此一并致以崇高的敬意和诚挚的谢意。

编 者

2019年11月